고구려의 시와 노래

김창룡

도서출판 월인

서문

경유(景游), 고구려에 놀다

– 김창룡의 『고구려의 시와 노래』를 읽고 –

고구려는 고분벽화의 찬란한 형상이 가리키는 대로 고구려인의 웅혼한 기상에 어울리는 문화를 간직하고 있었다. 시와 노래의 서정 갈래도 벽화에 걸맞는 고구려 언어문화의 정수를 지니고 있을 터인데, 아쉽게도 남아있는 몇 줄 기록으로는 그 전모에 다가서기 어렵다.

김창룡 교수는 가전소설 연구의 개척자로서 난삽한 전고의 숲을 끈기로 헤쳐 나가는 모습에 누구라도 외경심을 가지기 마련이었다. 같은 스승 아래 교유를 나누면서 그의 내력을 조금씩 알게 되면서 나는 평양 원적의 이 학자에 대한 궁금증을 더하게 되었다.

경유(景游)라니! "크게 놀아본다"는 그 호기에 위축도 되면서 나는 백강(白江)이며 몽벽(夢碧)이며 스승께서 끼치신 김 교수 아호의 의미를 곱씹어 왔다. 우리 겨레가 백두산에서 발원하였음과 대동강(大同江) 부벽루(浮碧樓) 가에서 찬란한 문화의 꽃을 피웠음을 상기시키는 이들 아호의 본뜻이 김 교수의 『고구려의 시와 노래』에서 결정하였음을 이제부터 증언하려 한다.

자기의 파편처럼 빛나는 고구려 서정 갈래의 쪼가리를 그 성분분석이라도 하는 양, 면밀히 분석하는 자세에는 실증을 중시하신 스승의 면모가 뚜렷하다. 다른 누가 이 파편을 이리도 자세히 들여다보았겠는가? 비록 잃어버린 물건이지만, 생산 과정서부터 사용 경로까지 추상한다면 그 물건의 실체 이전 본체가 드러날 수 있는 것처럼, 고구려 시와 노래는 그의 탐구를 통하여 완연한 본모습을 드러내게 되었다.

여기서, 하나의 깨달음을 가지게 되니, 고대의 복원은 강역을 되찾는 물리적인 데만이 아니라, 우리 정신의 깊이에 그 문화의 정수를 심는 일을 통하여 성취될 수 있음이라! 난데 없는 지평에 솟구친 고석(孤石)의 실체를 면밀한 고증에 의해 가감 없이 드러나게 한 솜씨는 기량이라기에는 그 기울인 정성이 지극을 다하였음이라! 서책의 배면까지 뒤지는 한결 같은 지성이 천고에 은폐된 경지를 펼쳐 냄이라! 패강(浿江)에 나린 인연의 은정(恩情)이 경유(景游) 안에 깃들어있기에 공중에 아스라한 바위돌과 같은 고구려인의 드높은 심성에 가 닿았을 수 있었으리라.

시가 생활에서 우러나오고, 그 생활이 시에 뭉친 덩이는 역사의 줄기를 이루는 것임을 을지문덕의 〈여수장우중문시(與隋將于仲文詩)〉에 대한 경유의 독법에서 새삼 깨닫게 된다. 여러 차례의 위기를 슬기롭게 극복하면서, 마침내 오래 뜻하던 바를 달성하는 을지문덕의 생활 자체가 시의 재료에 들어맞으며, 그 정합을 위한 문예 양식이 오언고시로 귀결함을 명징하게 보임으로써 위작의 의혹을 깨끗이 씻어낸 것만도 두고두고 되새길 공업이라 할만하다. 을지문덕의 무공에 대한 칭송이 역대에 혁혁하다면, 그를 기리는 김 교수의 노고에 대한 경외도 따라 오래일 것임을 믿는다.

한편, 고구려인들이 염원하던 높고 굳센 정신이 표출된 시와 노래를 그 당대의 목소리로 재현시킨 노고는 자신을 불태워 남을 밝히는 〈연양(延陽)〉 노래의 속뜻에 가닿아 있기도 하다. 저를 버리고 남을 위할진대 바라는 바가 있을 수 있겠는가? 켜켜이 높아 올린 변증의 어구들은 난공의 산성을 쌓아올려 중과부적의 전황을 역전시킨 고구려인들의 충심을 떠올리게 한다. 어디 그뿐이랴? 유리왕의 애정사를 둘러싸고 있는 국제적인 문제며, 가족사까지, 살필 수 있는 것이면 돌아가지 않고 세세히 살펴보는 그의 예민한 시각을 통하여서만이 완곡한 구비의 서도(西都) 소리를 추상케 하는 애정요 〈황조가(黃鳥歌)〉의 실체를 대

면할 수 있게 되지 않았던가? 이로써 무훈(武勳) 주제의 〈여수장우중문시〉가 지니는 웅혼한 기백과 애정 주제의 〈황조가〉에 담긴 연면한 정조가 한 줄기의 고구려 정신에서 나왔음을 알게 되었으니, 장차 고구려 문화의 복원을 꾀하는 방도가 이 두 시가 사이의 거리 조정에서 찾아질 것임이 절로 드러나지 않았던가?

존재는 시방(十方)으로 연계 되어서만이 그 본체를 밝힐 수 있다는 불교의 발상을 이끌어 나온 듯이 그 참구(參究)의 손길은 닿는 곳마다 두루두루 미쳐 하나의 언어에 만상이 깃들이는 통로를 열어 놓았다. 이 길은 정해진 대로의 순서가 있지 아니하고 가다가 만나는 계기에 따라 한참 에돌기도 하는데, 그리해서만이 한 말에 담긴 수많은 의미를 두루 습득할 수 있기 때문이리라. 하늘의 별을 바라며 시공의 좌표를 측정하였던 고구려인들의 정신이 이래야만이 되살아날 수 있으니, 물과 뭍의 경계를 넘나들어 인연을 성취하고마는 〈명주(溟州)〉 노래의 본의도 이 정신을 드러냄에 있음을 경유의 인도로써 알게 되었다.

시나 노래가 한 때의 흥취에 그치고 마는 것이 아니라 삶의 깊은 의미를 담고 있음을 알려주는 귀중한 문화 자산, 드러남이 적기에 오히려 깊은 숨김이 있음을 알려주기도 하는 은밀한 비사(秘詞), 정취의 들고 남을 통하여 우리들이 지닌 정서의 원 가락이 무엇인지 알려주는 아득한 지표, 고구려 시와 노래의 비의는 경유의 은근한 노고에 의하여 풀려난 것이어니와, 이 책의 갈피마다 깃들인 그의 정성과 애정이 고구려 정신을 동경하는 이들의 눈길에 닿아 길이 후대에까지 전해져, 먼 훗날 우리 문화의 강역 회복이 이루어질 때에 이 시와 노래가 다시 울려 퍼질 것을 대망한다.

단기 4346년 개천절

윤덕진 삼가 씀

차례

제1부
한시편

한국 최초의 해외파 문학 <영고석(詠孤石)>

일반적으로는 서기 612년을 배경으로 하는 고구려 을지문덕의 〈여수장우중문(與隋將于仲文)〉 오언시(五言詩) 한 작품이 있으니 이를 한국 최초의 한시처럼 인지해 왔던 우금의 문학사 현실이 있다. 7세기 초반이지만, 기실은 같은 고구려 안에서 이보다 이른 시간대인 6세기 후반에 조성된 한시가 있었으니, 다름 아닌 고구려의 승려 정법사(定法師)가 지었다는 〈영고석(詠孤石)〉이다.

5언 8행 형태의 이 한시는 명나라 풍유눌(馮惟訥, 1512~1572)이 1557년에 중국 선진(先秦) 때부터 수나라 때까지의 시가를 모아 156권으로 편찬한 『고시기(古詩紀)』란 책에서 정법사(定法師) 작으로 처음 소개한 것이다. 우리나라에서는 1772년 편자 미상의 『청구시초(靑丘詩抄)』의 안에 〈여수장우중문〉 시의 뒤에 실었고, 한치윤(韓致奫, 1765~1814)을 이은 조카 한진서(韓鎭書)의 1823년 완성본 『해동역사(海東繹史)』에서는 을지문덕 시의 앞자리에 넣었다. 또한 1918년 장지연(張志淵, 1864~1921)이 우리나라의 역대 시가를 모아 엮은 『대동시선(大東詩選)』에도 〈여수장우중문〉의 뒤에 수록하고 있다.

迴石直生空　아스란 바위는 공중에 치솟았고
平湖四望通　평평한 호수는 사방으로 트였네.
巖根恒灑浪　바위 밑동은 노상 파도에 씻기고
樹杪鎭搖風　나뭇가지는 흔들바람에 눌리킨다.
偃流還漬影　물결 너머에 건듯 그림자 잠기고

侵霞更上紅	노을에 젖어 더욱 붉은빛 띠누나.
獨拔群峰外	홀로 뭇 봉우리 가운데 뽑히어서
孤秀白雲中	단연 흰 구름 사이에 빼어나구나.

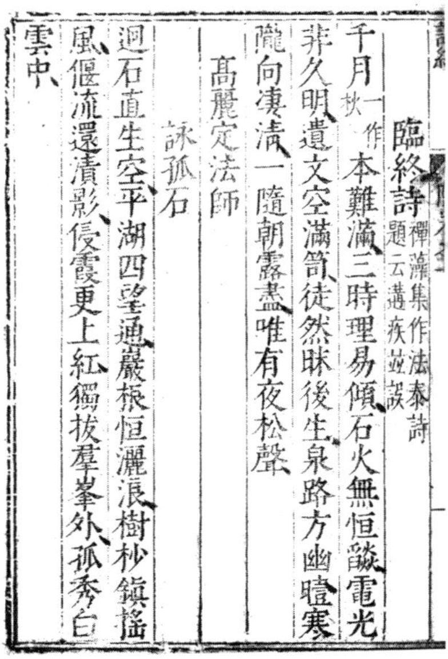
臨終詩 禪藻集作法泰詩題云遘疾並說
千月(一作秋)本難滿三時理易傾石火無恒焰電光非久明遺文空滿笥徒然昧後生泉路方幽噎寒隴向凄淸一隨朝露盡唯有夜松聲
高麗定法師
詠孤石
迥石直生空平湖四望通巖根恒灑浪樹杪鎭搖風偃流還漬影侵霞更上紅獨拔羣峯外孤秀白雲中

『古詩紀』에 수록된 정법사의 <영고석>

시의 작가인 정법사에 대한 기록은 그 추적이 어렵다. 다만 『해동역사』에는 정법사가 고구려인이라고만 밝혔고, 『대동시선』에서는 '정법사는 고구려의 승려인데 일찍이 후주(後周)로 들어가서 그곳 표법사(標法師)에게 종유(從遊)하였다〔高句麗僧 嘗入後周 與標法師從遊〕'라고만 소개하여 있다. 아무런 출전을 밝힌 것이 없어 못내 아쉽고, 후주에 거주했다는 표법사라는 이 또한 그 어떤 문헌에서도 찾아볼 길 없어 막연하기 짝이 없다. 다만 후주란 나라는 북주(北周)라고도 하니, 557년에서 581년까지 존속했던 북조(北朝; 439~589)의 마지막 왕조이다. 북조는 439년 5호16국의 혼란을 통일한 북위(北魏)를 비롯하여 동위(東魏) · 서위(西魏) · 북제(北齊) · 북주(北周)의 5왕조이며, 북주 곧 후주가 581년 수나라에 멸망되면서 마무리된다.

우선 작가의 신분이 승려로 알려진 만큼 최소한 이 땅에 불교가 들어온 뒤의 일임이 자명하다. 이 땅에서의 불교 수입에 관련한 첫 번째 기사는 『삼국사기(三國史記)』에 처음 나타난다. 다름 아닌 고구려 소수림왕 2년(372) 6월에 전진(前秦)의 왕 부견(符堅)이 순도(順道)라는 승려를 통해 불상과 경전을 보내왔고, 이때 고구려에서는 성문사(省門寺)를 지어 순도를 머물게 했다고 한다. 다시 2년 뒤 아도(阿道) 스님이 입국했을 때 이불란사(伊佛蘭寺)를 지어 머물게 했다는 이것이 한국에 불교가 처음으로 전래된 것을 말해주는 공식적 최초의 기록이다. 공식적이라 했거니와, 아마도 그 이전에 민간 차원의 불교는 들어와 있었을 것으로 짐작된다. 곧 소수림왕 즉위 이전에 고구려 승려가 중국 강남 지역에서 활동하던 지둔(支遁, 314~366)이라는 승려와 교류한 사실이 중국의 『고승전(高僧傳)』에 적혀있던 사실로도 짐작이 가능하다.

불교의 유입은 반드시 종교적인 사건만 아니라 동시에 불교문학을 처음 정착시키는 계기와 변화도 함께 불러일으키는 보람을 가져다주었다. 요컨대 불교문화라는 거대한 뿌리 위에서 불교문학이라는 가지도 함께 자라났고, 결과적으로는 이 가지들이 이른 시기 한국 한문학의 새로운 기틀을 마련해주는 일정한 기여를 했다. 따라서 고구려의 정법사(定法師)라는 승려가 6세기 후반 무렵에 창작한 5언 8구 형식을 띤 이 고시(古詩)는 현재까지 발굴된 것 가운데 작자가 알려진 가장 이른 시기의 한시 내지, 한국 최초의 불교시로 자리매김 할만하다. 그리고 얼마 뒤인 7세기에는 원효(元曉) 및 의상(義湘) 대사 등에 의한 불교시들의 출현을 보게 되는 것이다.

시의 형식 문제에 관하여는 일찍이 이병기의 『국문학전사』와 권상로의 『조선문학사』에서 오언율시로 간주한 일이 있다. 일차적으로 오언시의 압운법에 정확히 합당한 형식을 갖추었으나, 다만 근체시의 수칙인 평측법을 적용하여 보았을 때 오히려 어긋남을 면치 못하는바 오언고시임이 타당하다. 〈여수장우중문〉과 이 〈영고석〉에 대한 형식적 접근은 문선규의 『한국한문학사』와 서수생의 『고대한문학연구』에서도 이 같은 시도를 한바 있다. 율시인지 고시인지를 애써 분간코자 하는 까닭은, 이것이 정녕 고구려의 시간대(B.C.37～A.D.668)에 이루어진 문예일진대 보다 구체적으로 어느 어간에 속하는지를 가늠해 보고 싶은 생의(生意) 때문이다.

당나라(618～907) 이전의 시를 고시(古詩) 또는 고체시(古體詩)라 하고, 문학사적으로 5언・7언・4언・6언 등 그 형태가 다양하게 나타났다. 특히 중국에서의 5언 고시는 전한 시대에 형성되었고, 7언 고시는 육조 말에 제대로 체재를 갖춘 것으로 본다.

당나라 이후에 완성된 시형식인 5언절구, 7언절구, 5언율시, 7언율시, 5언배율, 7언배율 등을 근체시(近體詩)라고 일컫는다. 금시(今詩) 또는 금체시(今體詩)라고도 하는바, 당대 이전에 대략 각운(脚韻)만을 지키던 풍토에서 일약 시 전반에 걸친 평측(平仄)의 염법(廉法)이 더해졌다. 발음에 높낮이가 없는 평자(平字)와 높낮이가 있는 측자(仄字)까지 엄격한 규칙의 운율을 따져서 짓는 새로운 형식인 것이다.

이렇게 근체시는 당나라 이후에 확립된 것이지만, 그렇다고 해서 고시에서 근체시로의 변화가 당나라의 시작과 함께 하루아침에 갑작스레 탈바꿈된 것은 아니다. 곧 당나라 이전 육조시대(六朝時代)에는 불전(佛典)을 번역하는 과정에서 범어와 비교 대조함에 중국어의 고유한 평(平)・상(上)・거(去)・입(入) 4종류의 성조(聲調)를 잘 살리면 홍취가 생겨남을 포착하고 거기에 맞춘 싯구 짓기에 착수하였다. 남조(南朝)시대 제(齊)나라의 영명(永明, 483～493) 연간에 유행한 시들 중에 이러한 기미가 엿보이니, 이렇게 일정 기간 동안의 시행착오 및 적응기간을 거쳐서 당나라 때 들어 일약 확립된 것으로 봄이 타당하다.

문선규, 『한국한문학사』에서의 다음 같은 설명도 그 취지에서 다르지 않은 것이다.

> 그러나 이것들[여수장우중문, 영고석]과 같은 시형(詩形)은 절구시 율시를 구분하는 금체시가 당에 들어 확립되기 전에, 이미 남북조시대에도 유행되었던 바이니, 체재만을 가지고 이렇게 속단할 것은 못된다. 실은 이것들이 제작된 때에는 중국에서도 아직은 금체시문학이 완성되어지지를 못했던 것이니, 이 양시(兩詩)를 금체시로 보는 것은 잘못이고…

그러면 이제 남북조시대에 이루어진 정법사의 한시에 자못 근체시다운 소질과 성향이 배어있는 현상 또한 별반 이상한 노릇은 아니다. 이에 따라 일찍이 허균이 중국 수나라 때 지어진 고구려 〈여수장우중문〉 시가 아무래도 을지문덕이 지었다고 믿기 어렵다고 했고, 의심의 근거는 역시 근체시가 유행하기 이전에 근체시다운 속성을 수상하게 여긴데 있었지만, 그러한 관점에서 보면 한낱 기우에 지나지 않는 것이다.

작품은 드넓은 호수 중간에 우뚝 선 외로운 바위를 제재로 한 것이다. 이에 시인은 역시 수도승답게 주관은 배제한 가운데 눈앞의 경관을 최대한 객관적으로 묘사하고 있다.

다만 여기서의 '평호(平湖)'와 '고석(孤石)'을 하필 특정한 어느 지소(地所)로만 국한시켜 감상할 나위 없이 일반명사로서의 드넓은 호수와 우뚝한 큰 바위를 연상한 것이라 해도 하등 손색 있을 까닭은 없다. 그런 중에도 기실은 고유한 지명으로 대개 이 호수가 중국 강서성 내에 자리한 파양호(鄱陽湖)를 가리키고, '고석(孤石)'은 파양호 한가운데 우뚝 솟아난 '대고산(大孤山)'을 일컫는다는 해석이 수반되어 왔다.

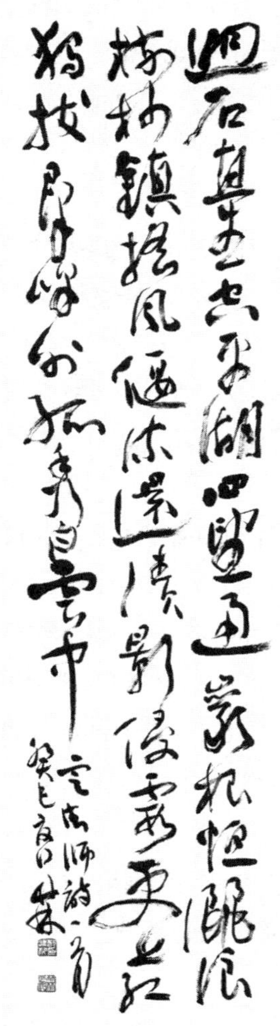

죽림 정웅표 筆,
정법사의 <詠孤石>

하지만 이 시가 보내는 메시지는 이것이 전부일 수 없다. 수련(首聯)·함련(頷聯)·경련(頸聯)까지는 고석의 외적인 풍모를 직접 전현(展現)했다고도 볼 수 있다. 하지만 각별히 맨 마지막 미련(尾聯)의 '獨拔群峰外 孤秀白雲中'에 이르면 단순히 객관적인 경관 묘사로만 한정시키기 어려운 국면이 따르는바, 인품의 청고(淸高)에 대한 암시가 고개를 든다. 그렇다면 이 시가 외연적으로 묘출해낸 대상은 바위이지만 그 이면에 내포된 실제는 사람의 인품이라 하겠다. 트인 흉금이 세간의 명리에 담박(淡薄)하여 세파에 좌우되지 않는 인간상을 암유적으로 나타냈다고 보는 것이다. 전반부 또한 인품 기준으로 보자면 의젓하고 위안(偉岸)한 자태가 외부의 흔듦에도 동요치 않고 요지부동하는 용사의 굳센 기상으로 본대도 별반 무리함은 없다.

보다 적극적으로는 호수 가운데 외로운 바위를 지은이의 자화상으로 보는 해석도 없지 않다. 다음은 정법사의 〈영고석〉에 대해 감평한 『선시삼백수(禪詩三百首)』 중의 글이다.

孤石其實就是作者的自畫像…通過展現湖中孤石超凡脫俗的形象　寓含了作者淸高離俗 不染纖塵的情懷 全詩寫景如畫 有全景描繪 有特寫鏡頭 對仗

大孤山 前景

工整 是一首藝術表現上成功的佳作.

고석(孤石)은 기실 작자의 자화상이다. … 호수 가운데 있는 고석의 초범 탈속한 형상을 표현하는 과정에 청고하여 속세에서 벗어나 있고 속세의 티끌에 물들지 않은 작자의 정회를 부쳐 담았다. 시 전체가 그림과도 같이 풍광을 묘사하되 전체 경치를 그려냄이 렌즈로 찍어냄과 같고, 대구(對句)가 정제(整齊)되어 있으니 이야말로 한 편의 예술 표현상 성공한 뛰어난 작품이다.

이가원도 『조선문학사』에서 고구려 평원왕인 고양성(高陽城; 평원왕의 본명) 시절(559~589)에 정법사가 지은 것이라 하면서, 덧붙여 다음과 같은 해석을 내렸다.

오언(五言) 오운(五韻)의 시로서 불자(佛子)의 고고(孤高)하고 청정(淸淨)한 경지를 잘 묘사하였으며, 아울러 정법사 자신에게 비긴 작품인 듯싶기도 하다. 이 시를 통하여 고구려 방외(方外) 문학의 자취를 엿볼 수 있겠다.

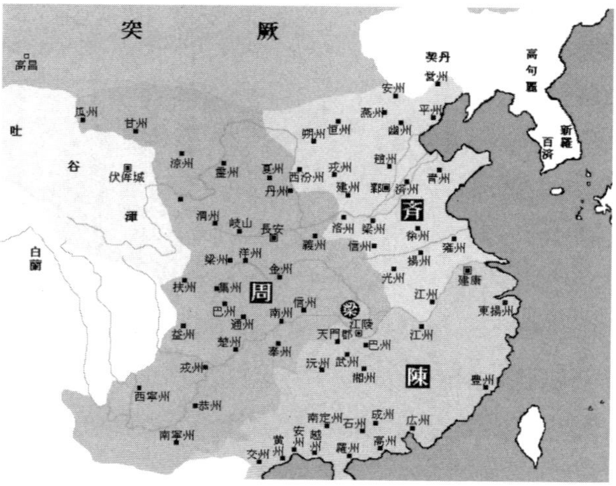

남북조시대 말엽의 지도

고고히 우뚝 솟아 하늘을 가리키는 드높은 기상하며, 밑동이 강고하여 어떠한 물살에도 전혀 흔들림 없이 우뚝 솟은 탈속(脫俗)한 형상은 바로 청고(淸高)하여 사소한 감정들에 물들지 않는 작가의 내적 형상을 우의(寓意)한 뜻이라는 것이다. 이렇게 본다면 이 시는 사물로써 사실을 밝힌〔以物喩理〕 경우이다. 다시 말해 자기의 뜻을 바로 말하지 못하고 다른 것에 비겨 나타낸다는 뜻의 '암유(暗喩)' 및 '탁의(託意)'에 성공한 영물시라 하겠다.

아울러 파양호가 중국 문학사상 사뭇 중요한 위상을 차지하는 명소였다 함은 「당대파양호경관시가논석(唐代鄱陽湖景觀詩歌論析)」이라는 논평의 요약 글 안에서 상세한 입증을 얻을 수 있다.

> 鄱陽湖景觀詩歌發端于東晋, 目前尙未發現東晋以前有此類作品. 在東晋南北朝時期, 存世作品也非常少, 据逯欽立輯校的 ≪先秦漢魏晋南北朝詩≫載, 涉及 鄱陽湖景觀的詩篇不過十餘首, 代表作如東晋湛方生的 ≪帆入南湖≫, ≪還都帆詩≫; 南朝宋謝靈運的 ≪入彭蠡湖口詩≫; 南朝梁釋惠標 ≪詠孤

石≫; 南朝梁朱超的 ≪詠孤石詩≫; 南朝陳劉删的 ≪泛宮亭湖≫; 南朝陳高麗定法師的 ≪詠孤石≫ 等.

파양호의 경관을 노래한 시가는 동진(東晋)에서 발단하였다. 동진 이전에는 이런 종류의 작품이 아직 드러나지 않았다. 동진과 남북조 시기 전반에 남아있는 작품은 대단히 적다. 녹흠립(逯欽立)이 집교한 〈선진한위진남북조시(先秦漢魏晉南北朝詩)〉에 실린 바에 따르면 파양호 경관과 관련된 시편은 고작 십여 수에 불과하다. 대표작으로 동진시절 담방생(湛方生)의 〈범입남호(帆入南湖)〉, 〈과도범시(過都帆詩)〉와, 남조(南朝)시대 송나라 사령윤(謝靈運)의 〈입팽려호구시(入彭蠡湖口詩)〉, 남조시대 양나라 승려 혜표(惠標)의 〈영고석(詠孤石)〉, 남조시대 양나라 주초(朱超)의 〈영고석시(詠孤石詩)〉, 남조시대 진(陳)나라 유산(劉删)의 〈범궁정호(泛宮亭湖)〉, 남조시대 진(陳)나라 정법사의 〈영고석(詠孤石)〉 등이 있다.

또한 이곳을 배경으로 한 파양호 경관시가 주요 문학적 소재로는 중국의 당나라였지만 그 발단은 동진(東晋) 이후의 문학적 성과 속에서 찾는다고 했으니, 실례로 동진시절 담방생(湛方生)의 〈범입남호(帆入南湖)〉·〈과도범시(過都帆詩)〉를 들었다. 다만 도연명이 있어 그가 생애 대부분의 시간을 파양호 주변에서 어정거리며 지냈지만 막상 〈전원(田園)〉이라는 시 외에는 직접 파양호 경관을 소재로 한 시는 없다고 하였다. 오히려 송(宋), 제(齊), 양(梁), 진(陳)이 차례로 흥망을 거듭한 남조(南朝) 시대에 들어와 보다 많은 경관시가 나타났다고 하였다. 그러면서 그 일례로서 송나라 사령윤(謝靈運)의 〈입팽려호구시(入彭蠡湖口詩)〉, 양나라 승려 혜표(惠標)의 〈영고석(詠孤石)〉, 역시 양나라 주초(朱超)의 〈영고석(詠孤石)〉, 그리고 진(陳)나라 유산(劉删)의 〈범궁정호(泛宮亭湖)〉와 함께 정법사의 〈영고석(詠孤石)〉을 들었다.

그런데 앞서 『대동시선』에서는 정법사가 일찍이 후주(後周)로 들어갔다 했는데, 여기서는 들어간 나라가 남조의 진(陳)이라 하였다. 그리고 정법사를 남조 진(陳)나라에 소속시키고 있는 놀라운 사실을 발견하게 된다. 북조의 후주는 북주(北周)라고도 하니 서기 557년에 일어나 581년에 멸한 왕조이고, 진나라는 557년에 흥했다가 589년에 수나라 양제에게 멸망 당한 남조의 마지막 왕조이다.

후주보다 진나라가 약 8년을 더 유지하였던 바, 그렇다면 그의 유력(遊歷)한 범위가 후주뿐 아니라 진나라에까지 두루 걸쳐 있었다고 볼 수 있다. 아무튼 정법사는 삼국시대 당시 중국으로 유학한 해외파 승려라는 사실 만큼은 틀림이 없고, 일찍이 표법사를 종유했다는 문헌상의 기록으로 미루어 아마도 중국에 유학하여 있던 당시 정법사가 혜표법사를 종유하던 차에 자신도 혜표법사가 일찍이 읊은 〈영고석〉 제목 그대로를 존중하여 음영하였을 것이란 추정이 가능하다.

간혹 정법사의 이 시보다 오언율시 근체시를 방불케 하는 분위기 때문인지 을지문덕의 시를 우선 배치하기도 한다. 그러나 당연히 612년을 배경으로 하고 있는 을지문덕의 〈여수장우중문〉 시보다 대략 반세기 정도 선행된 것임을 인지할 수 있는 것이다. 하물며 정법사가 중국 현지를 두루 돌며 불교와 한문화를 진지하게 수용하는 과정에 이러한 정도의 도저(到底)한 창작 역량을 십분 나타낼 수 있었다. 다시 말해 고구려에서 저 중국으로 건너간 이 승려 시는 한국 최초의 해외유학파 시라는 의미를 남겼을 뿐만 아니라, 그 실력 면에서 중국 본토의 명인들과 견주어 어깨를 나란히 하였기에 중국의 당, 송, 명, 청대에 이름난 문집과 시집에 선발되는 큰 광영을 누리기도 했다. 그리하여 오늘날 중국의 유수한 시선집인 『선시삼백수(禪詩三百首)』라든지 중국의 고등학교 고전 한시 교재 등에도 한 자리를 차지하고 있는 것이다.

그러면 이제 정법사가 중국을 유력하던 시절, 남조의 승려 혜표(惠標)가 지었다는 오언율시 〈영고석(詠孤石)〉이 부쩍 궁금하기만 하다. 이제 이 시를 살펴보되, 정법사의 시와 그 제목이 같을 뿐 아니라 5언

8행이라는 형식에서도 같고, 또한 자아내는 분위기 역시 혹초(酷肖)함에 너무도 기이한 일이 아닐 수 없다.

中原一孤石	중원에 오롯한 바위 있으니
地理不知年	정확히 나이는 알 길 없네.
根含彭澤浪	밑바닥은 팽택의 물살을 머금고
頂入香爐烟	향로봉 마루에는 흰 안개 스민다.
崖成二鳥翼	절벽은 두 새가 날개를 펼친 양
峰作一芙蓮	봉우리는 한 송이 연꽃만 같아.
何時發東武	어느 겨를에 하마 武城을 떠나
今來鎮蠡川	지금에 여천 땅 거머쥐고 있는가.

무성(武城)은 북방(北方)의 대명사로 많이 쓴다. 여천(蠡川)은 파양호

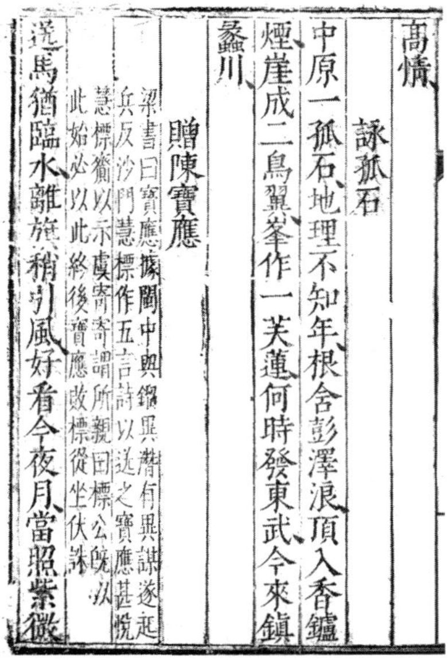
高情

詠孤石

中原一孤石地理不知年根含彭澤浪頂入香鑪煙崖成二鳥翼峯作一芙蓮何時發東武今來鎮蠡川

贈陳寶應

梁書曰寶應據閩中與鄰異潛有異謀遂起兵反沙門慧標作五言詩以送之寶應甚悅慧標猶以示虞寄寄謂所親曰標公既以此始必以此終後寶應敗標從坐伏誅

送馬猶臨水離旗稍引風好看今夜月當照紫微

『古詩紀』에 수록된 혜표의 <영고석>

가 장강(長江)으로 돌아드는 곳으로, 팽려(彭蠡)와 장강을 한데 아우른 말이다. 그리고 여기의 외로운 바위란 전언했듯 강서성 파양호(鄱陽湖) 소재의 대고산(大孤山)을 가리킨다. 그 산의 우뚝한 봉우리 생김새가 신발 모양을 닮았다 하여 혜산(鞋山)이라고도 한다.

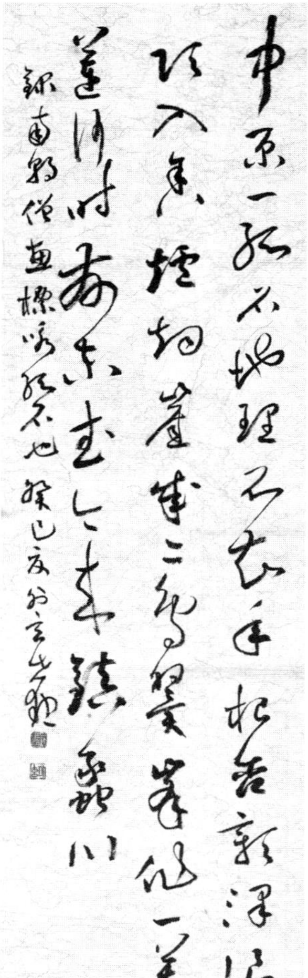

外玄 장세훈 墨, 혜표의 <詠孤石>

이 시의 작가인 승려 혜표에게는 오랫동안 다양한 풍광을 두루 겪으면서 산수(山水)를 음영한 시가 상당수 있으니, 이 시 또한 그 도정(道程)에서 나온 것이다. 웅위하고 드높은 기상에 숙련되고 세련된 운치가 느껴지고, 수사법상으로도 경쾌한 리듬이 청신 영롱한 분위기를 자아내고 있다.

혜표는 남조 진(陳)나라 때 민중(閩中) 출신의 고승이나, 이름과 본적은 미상이다. 서적을 널리 읽어 시문 모두에 재능이 넉넉하였으되 특히 오언율시와 절구로써 당시대에 성명(盛名)을 누렸다. 당시 지방 할거세력인 민주(閩州) 자사 진보응(陳寶應)이 민중을 장악하였을 때 혜표를 정중히 예우하며 매사 자문하였더니, 보응이 내란에 패배하자 그조차 연루되어 피해를 당한 일도 있다고 한다.

그런데 앞서 『해동시선』이란 책에서 '정법사가 후주의 표법사(標法師)를 종유했다'고 하는 언급이 있었는데, 그 자세한 내력과 경위를 알 수 없으나 문득 여기의 '표(標)'가 필경은 혜표(惠標)를 지적하는 뜻인가 싶다.

이왕에 〈영고석〉 편들을 읽어가는 마당엔 남조(南朝) 양나라 주초(朱超)의 〈영고석(詠孤石)〉 한 작품이 나란히 어깨를 겨루고 있었다. 게다가 마침 이 세 편의 〈영고석〉이 『고금도서집성(古今圖書集成)』의 17권 목록 '石部 藝文三 詩'에도 소개되어 있어 기이함을 더한다. '望孤石', '詠石', '醉石', '望夫石' 등도 있지만 오직 이 세 작품만이 그 제목에서 완합(完合)하는 경우에 들어간다.

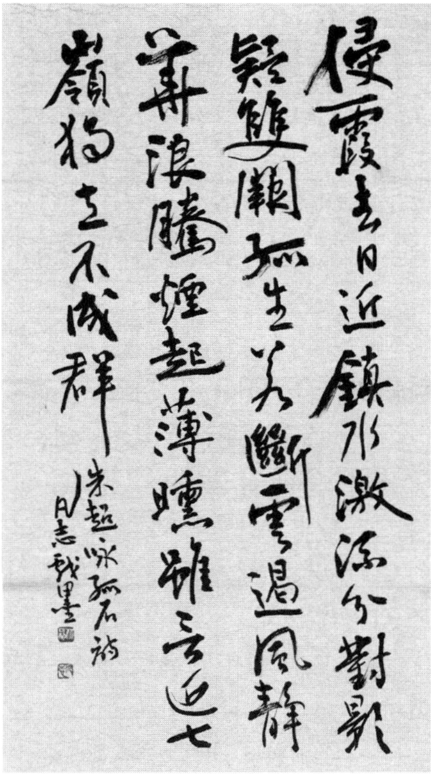

凡志 박정식 書, 朱超의 <詠孤石>

侵霞去日近　햇살 사라지며 엄습한 노을빛
鎭水激流分　부딪히는 물보라의 세찬 파열.
對影疑雙闕　마주한 모습은 큰 대궐문이런가
孤生若斷雲　의지할 데 없는 조각구름도 같아.
遏風靜華浪　바람 자고 눈부신 파도 진정되자
騰煙起薄曛　옅은 석양빛에 흰 안개 모락모락.
雖言近七嶺　일곱 마루 풍광과 근사하다지만
獨立不成群　비할 데 없이 홀로 우뚝한 존재.

주초(朱超)는 그 생애가 자세치 않은 중에 양나라에 벼슬하여 중서사인(中書舍人)을 지냈다는 정도만 겨우 알 수 있다. 주초라는 이름 말고도 주초도(朱超道)·주월(朱越) 등 시집에 실린 필명이 여러 가지로 보이지만 한 인물일 것으로 간주된다. 그에게는 이 시 외에도 〈영경(詠鏡)〉, 〈영동심부용(詠同心芙蓉)〉, 〈영전채화(詠剪綵花)〉, 〈영독서조(詠獨棲鳥)〉 등 영물시를 즐겨 읊은 자취가 있다.

제목과 제재가 같은 세 작품들 중에 정작 자주 역대의 시선(詩選)에 들어간 것은 고구려 정법사의 〈영고석〉이었다. 하지만 이것이 반드시 3자 간에 창작 능력의 우열을 판정한 결과로 보이지는 않는다. 그보다는 중국인들의 눈으로 동이(東夷) 고구려인의 작품도 나란히 창작되었다는 사실이 특이하고, 하물며 시가 지니고 있는 문학적인 함량이 전혀 본토 명작들에 비해 손색없음이 신기한 나머지 구색 맞춰 넣었을 것으로 여겨진다.

그럼에도 정법사의 〈영고석〉이 한국한문학사 내지 한국문학사에서 차지하는 위치는 자못 크다 하지 않을 수 없다. 지난날 조선시대의 한시와 시인에 관한 이야기를 담은 숱한 시화(詩話)의 총림 속에서 을지문덕의 〈여수장우중문〉을 언급할지언정, 이보다 먼저 이루어진 〈인삼찬(人蔘讚)〉이나 정법사의 이 작품을 언송(言送)해 다룬 경우를 찾기 어려웠다. 또한 근현대에 들어서도 역시 오언시의 시작을 운위할 때 그 전례를 거듭할 뿐이었다. 그러나 엄연한 진실은 이에 따로 존재했던 것이니, 한국 땅에 아직 오언시의 종적이 암막(暗漠)하던 시절에 정법사의 〈영고석〉이 처음 〈인삼찬〉과 함께 그 참신한 발자국을 찍어내었다. 어쩌면 〈인삼찬〉이 이보다 선행된 작품일 수 있지만 이 경우에조차 단순한 존재 생성의 차원을 넘어서, 특히 〈영고석〉이 저 중화 문단의 각별한 인정과 선택을 받을 정도의 도저(到底)한 수준을 나타냈다는 점에서 한국문학사상 의미 깊다고 하지 않을 수 없다.

동시에 해외유학파를 거론할 때 8세기 통일신라 경덕왕 때 인도의 유학승인 8세기의 혜초(慧超, 704~787)와 9세기의 최치원(崔致遠, 857~?)을 우선 연상한다. 그러나 그보다 훨씬 전인 고구려의 6세기 후반에 정법사와 같이 국위 선양한 실력 있는 승려 문도가 있었다는 사실 또한 한국 문단에 각별 새겨 특필할만한 일이 아닐 수 없는 것이다.

고구려인들의 인삼 사랑 <인삼찬(人蔘讚)>

三椏五葉	가지 셋에 잎사귀 다섯
背陽向陰	볕 등지고 그늘 쪽에 있지요.
欲來求我	나 있는 곳 찾아오려거든
椴樹相尋	자작나무 근처를 살펴나 보오.

사언(四言) 고시(古詩) 형태를 띤 고구려 작자 미상의 한시이다. 제목이 '人蔘讚'으로 표기된 데가 있는가 하면 '人蔘贊'으로 표기된 문헌도 있다.

맨 끝 행의 첫 글자는 모두 3가지에 나뉘어 달리 표기되어 있다. 송대 소송(蘇頌, 1020~1101)의 『본초도경(本草圖經)』에는 '단(椴)'으로, 조선조 허준(許浚, 1539~1615)의 『동의보감』에는 '가(檟)'로, 명대 이시진(李時珍, 1518~1593)의 『본초강목(本草綱目)』과 청대 왕사진(王士禛, 1634~

1711)의 『거이록(居易錄)』, 그리고 조선 박지원(朴趾源, 1737~1805)의 『열하일기(熱河日記)』 및 한치윤(韓致奫, 1765~1814)의 『해동역사(海東繹史)』 등에서는 '가(椵)'로 되어 있다. '椴'은 자작나무과의 낙엽교목인 자작나무라 하고, '椵'는 피나무과의 낙엽교목인 유자나무의 일종, '檟'는 능소화과의 낙엽교목 개오동나무라고 한다. 이런 어긋남에 대해 이가원(李家源)은 『조선문학사』에서 한 가지 고증을 빌어 '단(椴)'이 맞는 것이라 하였다.

> 한나라 양웅(揚雄)은 일찍이 '궐(橛)은 연(燕)의 동북과 조선 열수(洌水) 사이에서는 단(椴)이라 한다'라고 하였으니 이 기록 또한 단(椴)이 조선의 식물명임을 입증한 것이다. '단(椴)'은 타본(他本)에 '가(椵)'로 되어 있으나 그릇된 것이다.

열수(洌水)는 지금의 서울 한강을 말한다. 그런데 국어사전에서 '단목(椴木)'을 찾으면 '피나뭇과에 속한 낙엽 교목. 활엽수이며 높이는 20미터 정도이고, 잎은 넓은 달걀 모양으로 어긋나며 가장자리에 톱니가 있다. 6월에 세 개에서 스무 개의 꽃이 산형(繖形) 꽃차례로 달리며 9~10월에 열매가 익는다. 재목은 가구의 재료가 되며 나무껍질은 새끼 대신으로 쓰인다. 우리나라, 중국, 시베리아 등지에 분포한다. 학명은 Tilia amurensis이다'라고 되어 있다. 그런데 '가목(椵木)'을 찾아도 그 설명에서 한 글자 다르지 않고 똑같다. 다만 한자사전에서는 '椴'은 무궁화나무 단, 혹은 자작나무 단으로 읽고, '椵'는 유자나무의 일종이라 하였다.

첫 번째 행의 '삼아오엽(三椏五葉)'은 인삼의 외양적 형태를 표현한 말이다. 대개 일경삼아오엽(一莖三椏五葉)을 줄인 표현인가 한다. 곧 큰 줄기 하나에서 작은 줄기 셋이 나오고, 각각의 줄기에서 잎 다섯 개가

난다는 뜻이다. '椏'는 나뭇가지의 갈라진 부분인 '아귀'이다. '영아(靈椏)'는 바로 삼아오엽 형태를 한 산삼의 다른 명칭이기도 하다.

두 번째 행의 '배양향음(背陽向陰)'은 인삼의 정체성을 밝힌 것이다. 다시 말해 인삼에 최적한 환경을 일언이폐지한 표현이다. 『본초강목』에도 〈인삼찬〉 안의 '배양향음(背陽向陰)'이 거듭 인용되어 있다. 이 말에 덧붙여서 그늘진 곳 즉 산의 북쪽 경사면에서 자란다고 기록되어 있다. 또한 그 타고난 본성이 골짜기 깊은 곳에 자라고 바람과 햇빛을 싫어하므로, 음(陰)의 형질을 띠고 있다. 이렇듯 본체는 음(陰)이지만 그것이 발휘하는 효용은 강렬하여 양(陽)의 힘을 지니고 있기에, 이른바 '체음용양(體陰用陽)'의 약성을 지닌 약초로 인식되기도 한다.

3, 4행은 바로 두 번째 행과 연속관계를 이루는 구절이다. 곧 자신이 별 등지고 그늘 쪽에 있으니 자기를 차지하고 싶으면 그쪽으로 찾아오라는, 사람들을 향한 일종의 팁(tip)이다. 인삼을 주인공 화자(話者)로 인격화시킨 가운데 자신의 생태적 취향을 말한 뒤에 자신과 만날 수 있는 요령을 알려 주는 정도의, 아주 직설적이고 소박한 메시지만을 전하고 있다. 1, 2행이 자기 신상 소개라고 한다면 3, 4행은 세상과의 만남을 위한 소통의 메시지이다.

오늘날 〈인삼찬〉의 존재를 밝혀 준 가장 최초를 말할 때 저마다 『명의별록(名醫別錄)』을 치켜듦이 다반사처럼 되었다. 이 책은 일명 『별록(別錄)』이라고도 하니 모두 3권으로 되어 있고, 대략 한나라 말경에 완성된 정도로만 알려져 있을 뿐 편찬자는 전해지지 않는다. 일설엔 도씨(陶氏)가 지었다고 하는데, 『본초강목』의 저자 이시진은 그냥 도홍경(陶弘景, 456~536)의 저작이라고 하였다. 도홍경은 남조(南朝) 때 양(梁)나라의 본초학자(本草學者)로, 자는 통명(通明), 호는 화양은거(華陽隱居)이다. 정치에 나아가지 않았기에 당시 양나라 사람들이 산중재상(山中宰相)이라 칭하였다. 남제(南齊)의 하급귀족 집안에서 태어나

고전과 의약학・과학 등까지 두루 공부한 인물이다. 현실적으로도 『명의별록』의 편자를 아예 도홍경으로 단정 짓는 추세인 점을 감안하고, 또한 그 안에 〈인삼찬〉이 소개돼 있다고 할 때는 이 시 창작의 연대는 도홍경의 생몰년에 견주어 6세기초 이전임이 확실하겠다. 그리하여 만약 『명의별록』의 안에 이 작품이 들어있는 사실만 확인되면 과연 정법사가 활약한 서기 6세기 후반보다 앞선다는 사실까지 끌어낼 방도가 있다. 하지만 실제로 이 책의 '인삼' 항목을 찾았을 때 수록된 내용은 약리적 효과와 몇몇 별칭, 그리고 사람 모양을 닮아야 신통하고, 8월 상순에 뿌리를 캐어 바람 없는 햇볕에 말린다는 내용이 고작이다. 그것이 전부일 뿐, 다른 어디에도 〈인삼찬〉에 대해 언급한 부분은 전혀 찾아 볼 수가 없다.

이 땅에서는 조선 중종 때 어숙권(魚叔權, 1500경~?)의 『패관잡기(稗官雜記)』와 허준(許浚, 1546~1615)의 『동의보감』, 그리고 박지원(朴趾源, 1737~1805)의 『열하일기(熱河日記)』 중 '동란섭필(銅蘭涉筆)', 유득공(柳得恭, 1749~?)의 『영재집(泠齋集)』 중 〈동시맹서(東詩萌序)〉, 한치윤(韓致奫, 1765~1814)의 『해동역사(海東繹史)』 등에서 이 작품 소개와 함께 간략한 평설을 베풀어 놓았다.

먼저 『패관잡기』 안의 글이다.

> 新羅聖德女主之詩 載於唐詩品彙 高麗人人參贊 載於本草 而三椏五葉背陽向陰之語 自唐以來 詩人多使之.
>
> 신라 성덕여왕(聖德女王)의 시가 『당시품휘(唐詩品彙)』에 실려 있고, 고구려 사람의 〈인삼찬(人蔘贊)〉이 『본초강목(本草綱目)』에 실려 있는데, '가지 셋에 잎사귀 다섯이 볕 등지고 그늘 쪽에 있다 [三椏五葉背陽向陰]'는 말을 당나라 이후로 시인들이 많이 썼다.

다음은 허준 『동의보감』에 있는 글이다.

讚椏曰 三五葉 背陽向陰 欲來求我 櫃樹相尋 一名神草 如人形者有神 此物多生於深山中 背陰近櫃漆樹下濕潤處 中心生一莖 與桔梗相似 三四月 開花 秋後結子 二月四月八月上旬採根 竹刀刮暴乾.

〈인삼찬〉에는 '세 가지 다섯 잎, 그늘에서 자란다네, 나 있는 곳 알려거든 개오동나무 밑 보라네'라 하였다. 신초(神草)라고도 하는데 사람의 모양처럼 생긴 것이 효험 있다. 이것은 깊은 산 속에서 자라는데 응달쪽 개오동나무나 옻나무 아래의 축축한 곳에서 자란다. 가운데로 줄기 하나가 위로 올라간 것이 도라지와 비슷하다. 음력 3~4월에 꽃이 피고 늦은 가을에 씨가 여문다. 음력 2월・4월・8월 상순에 뿌리를 캐어 대칼로 겉껍질을 벗겨내어 햇볕에 말린다.

또 연암(燕巖) 박지원의 『열하일기(熱河日記)』 중 '동란섭필(銅蘭涉筆)' 안에 들어있는 〈인삼찬〉 소견은 이러하다.

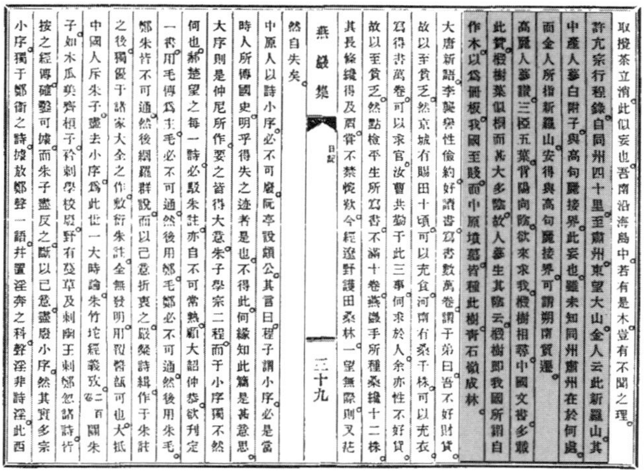
取撥茶立消此似妄也吾南沿海島中若有是木豈有不聞之理
許亢宗行程錄自同州四十里至肅州東望大山金人云此新羅山其
中產人蔘白附子與高句麗接界此妄也雖未知同州肅州在於何處
而金人所指新羅山安得與高句麗接界可謂朔南貿遷
高麗人蔘讚三椏五葉背陽向陰欲來求我椵樹相尋中國文書多[illegible]
此賈椵樹葉似桐而甚大多陰故人蔘生其陰云椵樹即我國所謂自
作木以爲冊板我國至賤而中原墳墓皆種此樹齊石嶺成林
大唐新語李襲譽性儉約好讀書寫書數萬卷謂子弟曰吾不好財貨
故以至貧乏然京城有賜田十頃可以充食河南有桑千株可以充衣
寫得書萬卷可以求官汝曹共勤于此三事何求於人余亦性不好貨
故以至貧乏然點檢平生所寫書不滿十卷燕巖手所種桑纔十二株
其長條纔得及肩嘗不禁悵然今經遼野護田桑林一望無際則又花
燕巖集 日記 三十九
然自失矣
中原人以詩小序必不可廢阮亭設頌公其言曰程子謂小序必是當
時人所傳國史明乎得失之迹者是也不得此何緣知此篇是甚意思
大序則是仲尼所作要之皆得大意朱子學宗二程而于小序獨不然
何也郝楚望之每一詩必駁朱註亦自不可常熟顧大韶仲恭欲刊定
一書用毛傳爲主毛必不可通然後用鄭毛鄭必不可通然後用朱毛
鄭朱皆不可通然後網羅群說而以己意折衷之嚴粲詩緝作于朱註
之後獨優于諸家大全之作敷衍朱註全無發明用[illegible]可也大抵
中國人斥朱子盡去小序爲此世一大時論朱竹垞經義考二百鬪朱
子如木瓜爲齊桓子衿刺學校廢野有蔓草及刺幽王刺鄭忽諸詩皆
按之經傳確鑿可據而朱子盡反之斷以己意盡廢小序然其實多宗
小序獨于鄭衛之詩據放鄭聲一語幷置淫奔之科聲淫非詩淫此西

『열하일기』 '銅蘭涉筆' 안의 <인삼찬> 기사

高麗人蔘讃 三椏五葉 背陽向陰 欲來求我 椵樹相尋 中國文書 多載此贊 椵樹葉似桐而甚大多陰 故人蔘生其陰云 椵樹卽我國所謂自作木 以爲冊板 我國至賤 而中原墳墓 皆種此樹 青石嶺成林. (燕巖集 卷15 別集)

고구려 〈인삼찬〉에, '세 가지에 이파리 다섯(三椏五葉) 햇볕 등지고 응달을 따르네(背陽向陰). 날 찾아오려거든(欲來求我) 유자나무 근처 살펴보소(椵樹相尋)'라고 하였거니, 중국의 문헌에 상당수 이 찬(贊)을 싣고 있다. 유자나무 잎은 오동잎처럼 매우 넓어서 그늘이 많이 지므로, 인삼이 이런 음지에서 자란다고 한다. 유자나무는 우리나라에서 책 판각에 쓰는 이른바 자작나무로서 아주 흔해빠진 것인데, 중국에선 무덤가에 다들 이 나무를 심으니, 청석령(青石嶺) 같은 데는 숲을 이루고 있다.

영재(泠齋) 유득공의 〈동시맹서(東詩萌序)〉 안에서는 이 시의 내력이 유구함을 얘기하고 있다.

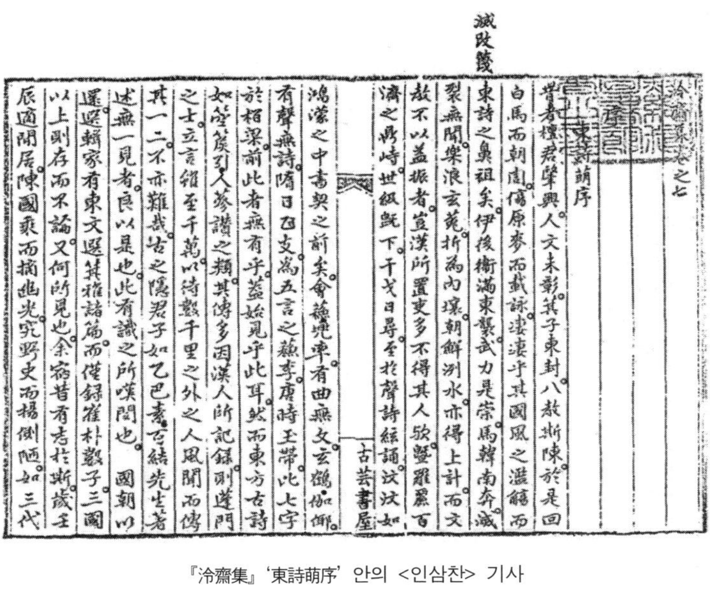
泠齋集卷之七
東詩萠序
昔者檀君肇興人文未彰箕子東封八教斯陳於是回
白馬而朝周傷原麥而載詠凄凄乎其國風之濫觴而
東詩之鼻祖矣伊後衛滿東襲武力是崇馬韓南奔滅
裂無聞樂浪玄菟折為內壞朝鮮洌水亦得上計而文
敎不以益振者豈漢所置吏多不得其人歟暨羅麗百
濟之鼎峙世級既下干戈日尋至於聲詩絃誦汶汶如
古芸書屋
鴻濛之中書契之前矣會蘇曉來有曲無文玄鶴伽倻
有聲無詩隋日乙支爲五言之藪李唐時王帶此七字
於栢梁前此者無有乎蓋始見乎此耳然而東方古詩
如箜篌引人蔘讃之類其傳多因漢人所記錄則蓬門
之士立言雖至千萬以待數千里之外之人風聞而傳
其一二不亦難哉古之隱君子如乙巴素古結先生者
述無一見者良以是也此有識之所嘆閔也　國朝以
還選輯家有東文選其雅諸篇而僅錄崔朴數子三國
以上則存而不論又何所見也余竊嘗有志於斯歲壬
辰適閒居陳國乘而摘幽光究野史而揚側陋如三代

『泠齋集』'東詩萌序' 안의 <인삼찬> 기사

> 然而東方古詩如箜篌引 人蔘讚之類 其傳多因漢人所記錄 則蓬門之士 立言雖至千萬 以待數千里之外之人風聞而傳其一二 不亦難哉 古之隱君子如乙巴素百結先生著述無一見者 良以是也.
>
> 하지만 동방의 〈공후인〉이나 〈인삼찬〉 같은 오래된 시는 그 전파가 대부분 중국인들의 기록을 말미암아 된 것이다. 곧 숨은 선비들이 지은 것이 엄청나게 많다 하더라도 수천 리 밖에 떨어진 중국 사람이 그것을 풍문에 들어서 전할 수 있는 경우는 한 둘일 뿐이니 참으로 어려운 일이 아니랴. 고구려 을파소나 신라의 백결선생 같은 옛 은군자의 작품이 중국 문헌에 하나도 눈에 띄지 않는 것은 진정 이 때문이었다.

특히 한치윤의 『해동역사(海東繹史)』 예문지(藝文誌)에서 남달리 괄목할 부분이 발견된다. 곧 『명의별록(名醫別錄)』에 고구려 사람의 작품이라 했다고 특필해 놓았음이 그것이다. 동시에 이를 고구려 최초의 한시로 세우면서 〈공무도하가(公無渡河歌)〉의 뒤, 〈영고석(詠孤石)〉과 〈여수장우중문〉의 앞에 두었다.

〈공무도하가〉를 앞에 세웠지만 기실 이 노래의 경우 시대와 국적이 모호한 작품인 점을 생각하면 반드시 〈인삼찬〉보다 선행한다고 단정지을 수도 없는 노릇이다. 더더욱 알 수 없는 일은 한치윤이 『명의별록』 안에 〈인삼찬〉이 있고 고구려 사람의 작품으로 소개되었다고 했지만, 위에 언급했듯 그 책 안에 이 시 자체가 들어있지 않다. 한치윤이 어디서 무슨 근거로 이런 얘기를 했는지 의아하지 않을 수 없다. 그래서 상량(商量)건대, 한치윤이 보고 인용했다는 책은 혹 이것 아닌 혼동을 줄만한 어떤 다른 책이 아닐까 싶다. 이를테면 한나라 말경에 도씨가 편찬했다는 그 『명의별록』 말고도 청(淸) 대에 황옥(黃鈺)이 편한 같은 제목의 책이 있었다. 황옥의 『명의별록(名醫別錄)』은 원래 『본경편독(本經便讀)』의 부록편 1권짜리 소책자로, 멀게는 바로 한대의 『명의별록』부터 아래로는 명나라의 『본초강목』까지 총 143종의 약재를 소개한 책이다. 게다가 이 책에는 한 가지 매우 두드러진 특색이 있었으니, 매 약(藥)의 항목마다 4언(四言) 형의 노래 한 수 씩을 함께 넣어서 음송(吟誦)하기 좋도록 만들었음이다. 그러면 한치윤은 바로 이 황옥의 『명의별록』 인삼 대목에서 〈인삼찬〉을 발견한 것은 아니었을까? 그도 아니라면 아예 다른 문헌에서 본 것을 그만 『명의별록』으로 착각했음이 분명하다.

대개 〈인삼찬〉이 고구려인 창작이라는 소식을 알려준 최초의 문헌은 10세기 초반의 송나라 태조 때 이석(李石, 1108~?)이 찬술한 『속박물지(續博物志)』로 알려져 있다. 고구려 국적이 언급되어진 첫 사례라 하겠다. 그리고 약 400여 년 뒤 명나라 이시진(1518~1593)이 편찬한 『본초강목』에도 이 작품이 실려 있음으로 하여 그 면모가 중원 땅에서 일찍부터 알려졌던 것으로 보인다.

특히 『본초강목』에는 기왕의 본초학에 관련된 저명 문헌들이 망라된지라 인삼에 관해서도 제일로 풍부한 정보가 담겨있다. 그리하여 고구려와 백제 인삼을 비교하여 언급한 부분 등에서도 좀 더 소상한 말

『續博物志』

을 들을 수 있어 괄목할 만하다.

> 俗乃重百濟者 形細而堅白 氣味薄於上黨者 次用高麗者 高麗卽是遼東 形大而虛軟 不及百濟 幷不及上黨者.
>
> 백제의 인삼을 소중히 여기거니와 형태는 가늘고 단단하며 희다. 성질과 효능은 중국 상당(上黨)의 인삼만 못하다. 다음으로 고구려 산(産)을 쓴다. 고구려는 바로 요동인바, 형태가 크고 속이 성글고 연해 백제 것만 못하다. 아울러 상당 것만 못하다.

중국 산서성(山西省) 쪽 태행산(太行山) 골짜기에서 나는 상당삼(上黨參)이 최고라 했지만, 애매한 점이 많아 채취가 중단되고 한국삼을 수입해 쓴다는 기록도 지나쳐 볼 수 없다. 또한 백제와 고구려의 인삼을 나란히 놓고 비교한 사실과 함께, 삼국시대부터 한국이 인삼의 명물지로 인식되었다는 점도 확인해 볼 길 있다. 특히 고구려가 중국을 상대로 수출한 한방 약재들, 이를테면 오미자·지네·다시마와 금은가루

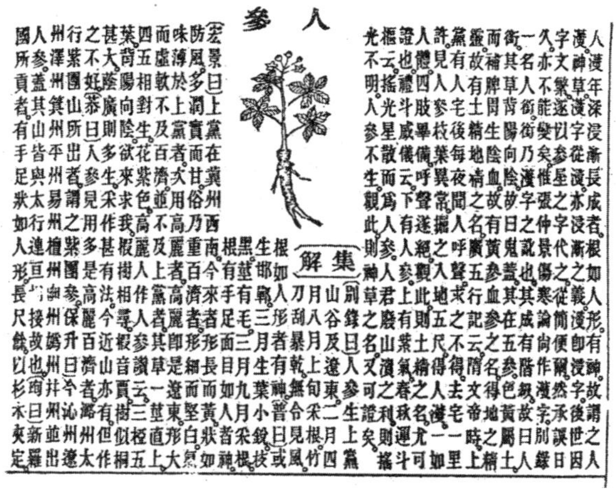
人參

集解

『본초강목』 草部 山草類의 '人參' 條

등등 많지만 그 중에 대표적인 특산물이 인삼이었음을 이 책을 통해 밝게 알 수가 있다.

아울러 백제는 지금 고구려에 신속(臣屬)되어 있는 까닭에 고구려가 바치는 인삼에 두 종류가 있게 된 셈이니 취사선택하라는 기사도 보이는데, 고구려가 백제를 복속시킨 상황이면 고구려의 국력이 위세를 떨치던 시간대 안에서의 기록임을 가늠할만하다. 고구려는 광개토대왕(재위 391～413)과 장수왕(재위 413～491) 때 나라 영토를 최대화하였고, 체재 정비를 위해 수도를 국내성에서 평양성으로 옮겼다. 장수왕 2년인 414년에는 고구려 시조인 동명왕을 연원으로 삼고 광개토대왕의 업적을 적은 〈광개토대왕비문(廣開土大王碑文)〉을 만들었고, 5세기 말에는 요동을 포함한 만주 땅까지 벋어나가는 최전성기를 구가하였다. 바로 이처럼 정치 군사 문학 등 각 분야에서 융성을 보이고 있던 일각에서 왕성한 활력의 상징인 인삼이 또한 은근히 국제적인 성가(聲價)를 높이고 있었다는 사실에 묘한 흥미마저 불러일으킨다.

〈인삼찬〉은 형식상 『시경(詩經)』이라든가 〈황조가〉·〈공무도하가〉 같은 초창기 고대 시가에서 자주 볼 수 있는 4언시 형식을 취하고 있다. 하물며 2행과 4행의 끝 자인 '음(陰)'과 '심(尋)'이 정확히 압운(押韻) 규칙에 입각해 있다. 곧 평성(平聲) 30운(韻) 중 '침(侵)' 운(韻)에 속하는 글자들인 것이다.

또한 제목을 '人蔘讚'으로 표기하는 데가 있는가 하면 '人蔘贊'으로 표기하는 문헌도 있다고 했는데, 실제로 여기의 '찬(讚)'과 '찬(贊)'은 문체상의 명칭으로 볼 경우 서로 혼동해 쓰는 수가 많다. 찬(讚)은 '稱人之美' 즉 사람의 훌륭한 점에 대한 칭송하는 뜻 외에도 '찬(纂)'·'찬집(纂集)' 곧 자료를 모아서 엮는다는 뜻으로도 풀이한다. 동시에 의견을 진술하고 논평하는 글〔稱述論評之文〕이란 의미도 간과될 수 없다. 5세기 위진남북조 시대의 문체론 저서인 『문심조룡(文心彫龍)』에서 찬(讚)

은 좋은 점과 나쁜 점을 아우른다〔讚之義 兼美惡〕고 한 것도 같은 맥락이다. '贊'으로 통한다 했으니 이른바 잡찬(雜贊), 애찬(哀贊), 사찬(史贊) 따위가 바로 그 증거이다. 『한서(漢書)』의 열전은 주인공 이야기 맨 끝에 저자인 반고(班固)가 '찬(贊)'을 따라 적었는데, 주석에 이르기를 찬(贊)은 '찬(鑽)'이라 했다. 꿰뚫는다, 깊이 연구한다, 한곳에 모은다는 말이니, 그 의미가 꼭 칭찬에만 있는 것은 아니다. 지금 〈인삼찬〉의 경우만 봐도 그 내용이 인삼 예찬은 아닌 것이다.

마침 작품의 제목을 '찬(贊)'으로 간주하고 이 용어에 유의하여 접근을 시도한 글도 없지 않았다. 곧 김장규는 「통삼 이전의 한문학 연구」에서 '찬(贊)'이라는 양식이 중국에서 위(魏) 왕찬(王粲, 177~217)의 〈정고부찬(正考父贊)〉과 진(晉) 하후담(夏候湛)의 〈동방삭화찬(東方朔畵贊)〉 등 위진 시대에 시작되었다는 설명과 함께, 한국에서는 이와 같은 형식을 띤 가장 오랜 작품이라는 의미를 부여하기도 했다.

> 이러한 찬체(贊體)의 운문으로 우리나라 최고(最古)의 작품이 〈인삼찬(人蔘贊)〉이다. 찬(贊)의 상식(常式)인 사언사구(四言四句)에다 우구(偶句)에 격구압운(隔句押韻)한 것으로, 제2구 내에서 대구(對句)를 이루고 다듬어진 시어를 사용하여 기승전결의 구성을 갖춘 뛰어난 작품이다.

과연 본토에서 위진남북조(220~589) 무렵에 처음 발생 진행된 문체 양식을 고구려 땅에서 재빨리 수용하여 동일 문체로 작품을 만들었다면 역시 비교문학사의 관점에서도 특이할 사건이라 할 만하다.

하지만 앞서 밝혔듯 '찬(讚)'·'찬(贊)'을 반드시 문체의 명칭으로만 구애하여 볼 필요는 없을 듯싶다. 반복하면 찬(讚)에는 칭찬의 뜻 말고도 엮는다, 논평글, 그리고 밝히다〔明也〕, 풀다〔解也〕, 기록하다〔錄也〕, 돕다〔佐也〕 등등의 의미가 포괄되어 있다. 찬(贊)도 마찬가지, 꿰뚫다, 연구하다, 모으다, 돕다〔佐也〕, 알리다〔告也〕, 말하다〔說也〕, 밝히다〔明

也〕, 기리다〔頌也〕 등 훨씬 다양한 뜻을 갖추고 있으매 문체의 한 형식이 아닌 단순한 합성 조어(造語)로 보아도 무방하겠기 때문이다.

인삼의 한자어 표기는 '人蔘'이 아니라 당초엔 '人參'이었다. 중국에서 인삼에 대한 최초의 기록은 기원전의 전한(前漢)시대였다. 곧 원제(元帝, B.C.48~B.C.33) 시절 황문령(黃門令)을 지낸 사유(史游)가 편찬한 『급취장(急就章)』, 일명 『급취편(急就篇)』이란 책에 '參'에 관해 나온다. 또 후한 말의 의성(醫聖)으로 일컬어진 장중경(張仲景, 150~219)의 임상의학서 『상한론(傷寒論)』에서는 인삼을 이용한 21가지 처방법이 서술돼 있다. 오대(五代) 시절 이순(李珣, 855?~930?)이 썼다고 전해지는 『해약본초(海藥本草)』에는 신라국에서 공물로 보내는 삼(參)이 사람의 수족 모양을 닮았다고 하면서, 거기 비해 본토 중국의 인삼은 크기도 작고 대수롭지 않다는 말을 하고 있다. 하지만 당송 시절에 와서는 인식이 바뀐 모양이니, 산서성(山西省) 소재의 상당(上黨)이라는 땅에서 나는 삼을 으뜸으로, 백제 고구려의 삼을 버금의 것으로 취급하였다고 한다. 그 시절 송나라 태종 때 국책사업으로 완성된 대백과사전인 『태평어람(太平御覽)』에서도 권991의 '약부(藥部)8'의 맨 앞에 인삼(人參), 단삼(丹參), 현삼(玄參), 사삼(沙參) 등으로 일일이 세분했음도 그 자부심의 한 단면으로 볼 수 있다. 여기의 표기도 '參'이었거니, 중국에서는 지금까지도 여전히 '參'으로 표기하여 있다.

한편, 인삼 종주국으로서 한국 인삼의 면모는 여러 곳에서 확인 가능하다.

『본초강목』의 저자 이시진은 중국 상당 지역의 인삼은 이미 다 손상을 입었고, 쓸모 있는 것은 모두가 조선땅의 삼이라고 증언하였다.

『양서(梁書)』 본기(本紀)에서는 양무제(梁武帝) 때 고구려 및 백제가 자주 인삼을 조공했다는 기록을 남겨 놓고 있다, 그 다음 수(隋)나라 때 편찬된 『한원(翰苑)』 「고려기(高麗記)」에도 일명 장백산, 지금의 백두산 일대인 마다산(馬多山)이 인삼의 다산지라는 얘기를 싣고 있다. 진(陳)나라 승려 관정(灌頂, 561~632)이 저술했다는 『국정백록(國定百錄)』에도 '고구려가 다시마와 인삼을 보내왔다〔高句麗昆布人參送去〕'라는 기록이 보인다. 역시 송태종 때 만들어진 『책부원귀(冊府元龜)』에도 당태종 1년(627)에 신라의 진평왕이 사신으로 하여금 인삼을 예물로 보냈다는 대목이 있다. 『삼국사기』 진평왕 기사에도 그 일이 적혀있는지 확인해 보았더니, 과연 왕 49년인 627년 6월에 '夏六月遣使大唐朝貢〔사신을 당나라에 파견하여 조공하였다〕'고 되어 있어 부절을 맞춘 것 같은 적확(的確)함이 획득된다.

종합건대 중국 문헌에 최초로 삼이 소개된 것을 근거로 중국을 인삼의 기원으로 보는 관점도 있지만, 명나라 이후에 쇠잔을 겪으면서 이후 한반도와 만주 연해주 일대에 나는 삼이 우위 개념으로 바뀌었던

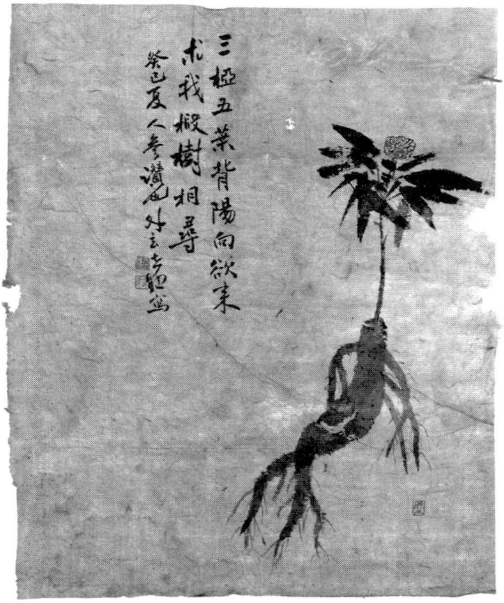

外玄 장세훈 錄 <人蔘讚>

양하다. 이렇듯 인삼이 좋아하는 기후와 토질 등 최선의 자연 환경 및 실제 산출되는 인삼의 질적 수준 등을 총관했을 때 역시 한국이 진정한 인삼 종주국의 면모를 갖추었다 하겠고, 이에 따라 일찍이 〈인삼찬〉 같은 작품도 나타날 수 있었다고 본다.

이 땅에서는 조선왕조 이후의 문헌에서 표기상 '人參'자 대신 '人蔘'으로 대체를 보이고 있으니, 우리 쪽에서 가장 오래된 한의서로서 1417년 간행본이 현존하는 『향약구급방(鄕藥救急方)』에 벌써 인삼의 삼자가 '參' 아닌 '蔘'으로 되어 있다.

아울러 인삼의 한국 고유한 이름은 '삼'이 아닌 '심'이라는 설도 있다. 이 어휘의 정확한 유래는 소구하기 어렵지만, 일찍이 『동의보감』을 비롯한 이후의 대표적인 한방의학서에 하나같이 '심'으로 표기돼 있는 현상에 근거를 두는 양하다. 동시에 오늘날 '심마니'라는 말에서 그 여운을 찾으려 한다.

돌이켜 〈인삼찬〉은 작가의 이름을 알 수 없는 이른바 작자미상의 고구려 한시로 남은 작품이다. 말하자면 작가 이름이 명백한 〈영고석〉과는 주어진 조건이 같지 않다. 그리하여 이에 보다 추론을 발휘한다고 할 때, 이것이 저 정법사 작의 〈영고석〉처럼 애당초 어떤 한 사람의 작가에 의해 오언고시 형식에 맞춰 지어진 결과라고만 단정 짓기 어렵다. 이를테면 저 〈황조가〉가 원래는 고구려의 애정민요였는데 나중 단계에 한역화되었을 것이라는 논의가 정착돼 있다. 이와 마찬가지로 이 작품 역시 혹 초기에는 고구려 사람들이 집단으로 삼을 캐면서 부른 노래거나 동요였는데, 나중 단계에 누군가 지식인의 손길을 타고 옮겨진 한역시일 개연성도 적지 않은 것이다.

을지문덕의 <여수장우중문시(與隋將于仲文詩)>

고구려는 삼국 중에서 가장 먼저 창업하였으려니와, 삼국 역사 전반을 서로 비교해 보았을 때 정치·군사 면에서 융성을 보였고, 종교·제도 면에서도 선진하여 아무런 손색이 없었다.

문화 또한 건실하였으니, 벽화·고분·비문·음악 등 다양한 분야에서 두루 나무랄 바가 없었다. 그런 가운데 이제 하필 학문이나 문학의 경우만이 유독 빈약코 초라한 것으로 치부하여 다룰만한 근거 따위가 따로 모색되어진 예도 일찍이 없었다. 그렇기는커녕 오히려 저 중국의 역사서 『주서(周書)』(권49 열전41)의 고구려 관련 메시지 중에 보면, "그 나라 안의 책으로는 오경(五經)과 삼사(三史), 『삼국지』, 『진양추(晉陽秋)』 등이 있었다〔書籍有五經三史三國志晋陽秋〕라는 증언으로 그 문화적 숙성을 짐작할 수 있다. 특히 문헌 위에 전하는 공식 최초의 학교 격인 태학의 설립도 고구려의 일이었다. 곧 『삼국사기』(권18, 고구려본기6) 소수림왕 2년 조에 보면,

> 立太學 敎育子弟.
>
> 태학을 설립하여 자제들을 교육시켰다.

고 하였다. A.D.372년의 일이다. 태학은 상류계급의 자제들만이 입학할 수 있는 귀족학교로 경학·문학·무예 등을 교육하였다고 한다.

그럼에도 불구하고 기실은 오늘날 고구려의 문학이라고 해야 별반 추려볼 만한 내용은 일일이 손에 꼽을 정도에 더 지나지 않는 실정이

다. 이러한 사정은 백제도 마찬가지였으니, 대관절 이 무슨 까닭인지 몰랐다. 이 일에 관해 짐작건대, 아마도 삼국통일의 주역이 고구려나 백제였다면 사정은 크게 달라졌을는지 모른다는 생각이 마저 없지는 않다. 실제로 오늘날 이 세 나라 가운데 그나마도 가장 많은 수의 문화적 유산을 후세에 끼쳐 남긴 쪽은 신라가 아닐까보랴. 적어도 문학에 한정시켜 놓고 보자 해도, 고구려·백제의 그것이 거의 말살되다시피 되었던 사유와 관련하여 조선시대 이덕무(李德懋, 1741~1793)가 『아정유고(雅亭遺稿)』(권3)의 〈기년아람서(紀年兒覽序)〉에 쓴 바 『기년아람(紀年兒覽)』의 작자인 이만운(李萬運)으로부터 들었다는 내용이 충격을 준다. 다름 아닌 나당 연합군이 고구려를 정벌했을 때에 당나라 장수 이적(李勣)이 이 나라의 문물이 중국에 뒤지지 않음에 시기하여 평양 도성 안에서 서적을 마구 불살라 태웠다는 사건의 사실성 판단 안에서 상당한 이유를 발견해 볼 수도 있을 것이다.

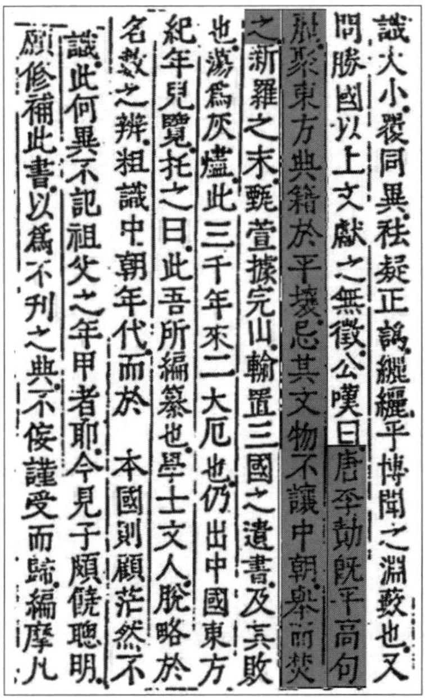
識大小。裒同異。秩疑正譌。纚纚乎博聞之淵藪也。又
問勝國以上文獻之無徵。公嘆曰。唐李勣旣平高句
麗。聚東方典籍於平壤。忌其文物不讓中朝。擧而焚
之。新羅之末。甄萱據完山。輸置三國之遺書。及其敗
也。蕩爲灰燼。此三千年來二大厄也。仍出中國東方
紀年兒覽。托之曰。此吾所編纂也。學士文人。脫略於
名數之辨。粗識中朝年代。而於 本國則顧茫然不
識。此何異不記祖父之年甲者耶。今見子頗饒聰明。
願修補此書。以爲不刊之典。不佞謹受而歸。編摩凡

『아정유고』 권3의 <紀年兒覽序>

여기에 설상가상으로, 이후 전쟁 통일의 승자 편에 선 사람들 입장에서 패전국의 문화 전반에 대한 의식적인 압축의 동작도 없지는 않았을 터이다.

또 더하여, 이덕무가 이만운의 말을 봉록(奉錄)해 놓은 바, '신라 말에 견훤의 완산 점령 시에 삼국의 이 모든 서적을 태워 재로 만들었다'는 이유도 물리치지 않는다고 한다면, 고구려 500년의 문학적 연총(淵叢)도 이렇고 저러한 연유에 따라

소멸과 쇠잔을 면치 못했다고 할 것이다. 그 같은 소용돌이를 겪었음에도 요행 수습되어졌던 몇몇 개의 문예적 편린조차 없지는 않았으니, 〈여수장우중문시(與隋將于仲文詩)〉는 그 가운데 중요한 한 가지를 장식한다.

그런데 아이러니하게도 이것은 당시 고구려 문화 말살의 한 원범이었던 중국 편 역사 기록의 한 갈피에서 발견되었다는 점이다.

을지문덕의 이 시를 수록한 『수서(隋書)』의 찬록은 수나라가 멸망한 지 19년이 지난 636년의 일이고, 고구려가 당나라에게 멸망당한 때는 668년이니, 고구려와 수·당 사이에 서로 얽히고설킨 형상이 되어버린 셈이다.

고구려 영양왕 때의 명장 을지문덕이 그 드높은 명성을 후세에 깊이 드리울 수 있었던 직접적 계기는 고구려가 당시 수나라와의 항전 중에 이른바 살수 대첩이라고 하는 한국 전쟁사에 길이 빛날 위대한 승리의 전쟁에서 찾는다고 하여 조금도 지나친 말이 아닐 것이다.

고구려는 A.D.580년 새로 일어난 대국인 수와의 거의 20년 가까운 갈등 관계에서 결국 섬기는 편을 버리고 싸우는 편을 택하였다. 그리하여 A.D.598년(영양왕 9) 고구려와 수나라 사이의 국경 분쟁, 그리고 수문제의 원정에 따른 첫 번째 전쟁을 포함해서 612년, 613년, 614년 모두 하여 네 차례에 걸친 대수(對隋) 항전을 치루지 않을 수 없게 되었다.

그 가운데 살수대전은 수나라 제2차 대침공인 612년 7월의 일로 기록되어 있다. 을지문덕의 이 세칭 〈여수장우중문시〉 — 혹은 〈유우수장시(遺于隋將詩)〉라고도 한다 —는 바로 이 612년의 침략 전쟁이라는 역사적 사건 안에서 이룩되었다고 하였으니, 사건의 대체는 『수서』 권60 열전 25 중의 〈우중문(于仲文)〉 열전을 빌어 상세히 나타나 있다.

이에 전문을 다 끌어올 수는 없거니와, 대신 을지문덕의 해당 시가 인용되어지는 데까지의 주요한 배경 전말만을 소개하면 이러하였다.

既而率衆東過 高麗出兵掩襲輜重 仲文廻擊 大破之 至鴨綠水 高麗將乙支文德詐降 來入其營 仲文先奉密旨 若遇高元及文德者 必擒之 至是 文德來 仲文將執之 時尙書右丞劉士龍爲慰撫使 固止之 仲文遂捨文德 尋悔 遣人紿文德曰 更有言議 可復來也 文德不從 遂濟 仲文選騎渡水追之 每戰破賊 文德遺仲文詩曰….

그렇게 무리를 끌고 동으로 넘어오는데, 고구려가 출병하여 군수품을 엄습하매 우중문은 우회 공격하여 크게 쳐부수었다. 압록강에 이르렀을 때 고구려 장수 을지문덕이 거짓으로 항복하여 그의 군영에 들어오기로 했다. 우중문이 먼저 밀지를 받들어 보니, 고원과 을지문덕을 만나거든 반드시 잡으라는 내용이었다. 드디어 문덕이 오자 우중문이 막 잡으려 하였는데, 그때 상서우승으로 있는 유사룡이 달래며 굳이 만류하는 바람에 중문은 결국 문덕을 놓아주었다. 그러나 곧 후회하고는 사람을 보내 문덕에게 전하기를, "거듭 논의할 말이 있으니 다시 와 주셨으면 하오" 하였지만 문덕이 따르지 않고 결국은 압록강을 건너갔다. 중문이 기병을 선발하여 물 건너 추격전을 벌이는데 싸울 때마다 고구려군을 격파하매, 을지문덕이 중문에게 시를 보냈는데 이러하였다. …

이와 같은 역사 기록 배경의 바로 뒤에 그 유명한 오언시 한 마리를 이어 소개함으로써 뒷시대의 한토(韓土)에 그 면모가 전해진 것이다.

神策究天文	신기로운 계책은 천문에 닿고
妙算窮地理	교묘한 헤아림은 지리에 통하였소
戰勝功旣高	싸움 바탕 이긴 공로 훌쩍하시니
知足願云止	족한 줄 아시어 그치시구려.

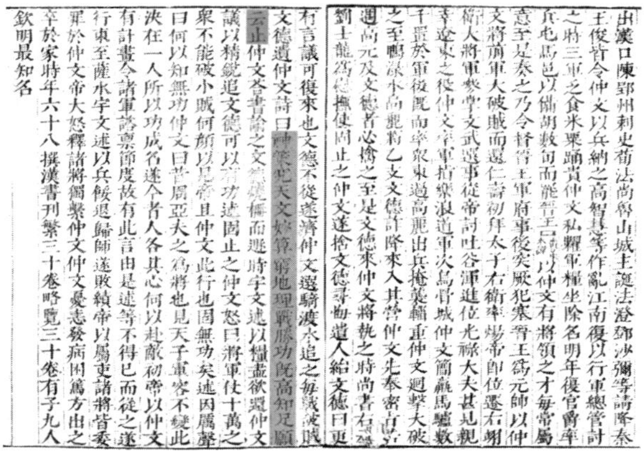
出漢口陳郢州刺史荀法尚鄭山城主誕法澄鄧沙彌等請降秦
王俊皆令仲文以兵納之高智慧等作亂江南復以行軍總管討
之將三軍之食米粟踊貴仲文私糶軍糧坐除名明年復官爵率
兵屯馬邑以備胡數旬而罷晉王以仲文有將領之才每常屬
意至是奏之乃令督晉王軍府事後突厥犯塞晉王爲元帥以仲
文將前軍大破賊而還仁壽初拜太子右衛率煬帝即位遷右翊
衛大將軍參掌文武選事從帝討吐谷渾進位光祿大夫甚見親
幸遼東之役仲文率軍指樂浪道軍次烏骨城仲文簡羸馬驢數
千置於軍後既而率衆東過高麗出兵掩襲輜重仲文迴擊大破
之至鴨綠水高麗將乙支文德詐降來入其營仲文先奉密旨若
遇高元及文德者必擒之至是文德來仲文將執之時尚書右丞
劉士龍爲慰撫使固止之仲文遂捨文德尋悔遣人紿文德曰更
有言議可復來也文德不從遂濟仲文選騎渡水追之每戰破賊
文德遺仲文詩曰神策究天文妙算窮地理戰勝功既高知足願
云止仲文答書諭之文德燒柵而遁時宇文述以糧盡欲還仲文
議以精銳追文德可以有功述固止之仲文怒曰將軍仗十萬之
衆不能破小賊何顏以見帝且仲文此行也固無功矣述因厲聲
曰何以知無功仲文曰昔周亞夫之爲將也見天子軍容不變此
決在一人所以功成名遂今者人各其心何以赴敵初帝以仲文
有計畫令諸軍諮稟節度故有此言由是述等不得已而從之遂
行東至薩水宇文述以兵餒退歸師遂敗績帝以屬吏諸將皆委
罪於仲文帝大怒釋諸將獨繫仲文仲文憂恚發病困篤方出之
卒於家時年六十八撰漢書刊繁三十卷略覽三十卷有子九人
欽明最知名

『수서(隋書)』 권60 열전25 중의 <우중문(于仲文)>

당연히 우리 쪽 문헌인 『동문선(東文選)』(卷19 五言絶句)에도 〈증수대장군우중문(贈隋大將軍于仲文)〉이라는 표제 하에 이 시를 소개하고 있다. 첫째 구와 둘째 구가 교묘한 대구를 이루고 있지만, 기실 『한국한문학사』의 저자인 문선규도 상구(詳究)한 바와 같이 평측법 상으로는 당나라 이후에 생겨난 근체시인 오언절구가 아닌 그 이전 형식의 오언고시(五言古詩)에 해당한다.

을지문덕의 거짓 항복이 하나의 작전이었듯이, 우중문이 기병으로 압록강을 건너서 고구려 군대를 연전 연파한 부분도 실은 문덕이 그 30만 5천명의 수군을 홈그라운드 깊숙이 유도하여 군력을 소모케 하기 위한 궤계 전술에 지나지 않았다는 것이다. 이렇게 하여 결국 평양성 밖 30리 지점까지 유인해 들였던 사실을 『수서』 권61 열전26 〈우문술(宇文述)〉의 또 다른 부분을 통하여 알 수 있었거니와, 바로 이 시점에서 을지문덕이 우중문에게 그 시 메시지를 전한 것이다. 여기에는 진정 세상 사람들이 잘 알고 있고, 진단학회 편의 『한국사』(고대편)에서도 언명한 바와 같이 '적을 이렇게까지 끌어들이는데 성공한 문덕은 한번 점잖게 적장을 시험해 보려고' 한 저의가 필경 깔려 있었을 터이다.

그것은 이 시를 받아 본 우중문이 뒤미처 을지문덕에게 답서를 보내 효유하였으나, 문덕이 오히려 목책을 불사르고 숨어버렸다〔仲文答書諭之 文德燒柵而遁〕는 『수서』 권60 열전25 〈우중문〉의 기록으로도 알 수 있다. 그 때에 수군 수뇌부에서는 식량 등 물자 부족을 이유로 환국을 제안하는 우문술과, 계속 공격하여 공로를 세우자는 우중문 사이에 격앙된 의견대립마저 일어났다.

한편 을지문덕은 우중문에 대한 우롱에 그치지 아니하고 거듭하여 이번에는 우문술 앞으로 거짓 항서(降書)를 보내었다. 그렇잖아도 군사가 피폐되어 험고한 평양성을 치기 벅찬 것을 안 수나라 군대는 거짓 항복임을 알았지만, 그것을 빙자하여 철병에 들어갔다. 이제 문덕의 군대는 그 뒤를 계속하여 몰아쳐 갔으니, 결정적으로는 수군이 살수 한 중간을 건너는 기회를 노렸다가 배후에서 집중 공세를 가하기에 이르렀다. 결과, 처음 30만이 넘는 대병이었으나 이 때 생존해 돌아간 숫자가 고작 2,700명에서 더 지나지 않았다 한다.

이렇게 자기들로서는 치욕스럽기 짝이 없는 이 치명적인 사실을 중국인은 그대로 사록에다 숨김없이 밝히고 있다. 『수서』 권61 열전26 〈우문술〉의 기록이다.

> 初渡遼九軍三十萬五千人 及還至遼東城 唯二千七百人 帝大怒 以述等屬吏 至東都 除名爲民.
>
> 처음에 요동을 건넜던 전체 군사는 30만 5천명이었는데 급기야 요동성으로 돌아왔을 때는 고작 2천 7백명 뿐이었다. 황제는 크게 노하여 우문술 등을 말단관리에 배치시키었고, 동도에 이르러서는 제명하여 평민을 만들었다.

김부식도 『수서』에 기술된 수나라와 고구려의 612년도 전쟁을 『삼국사기』(권20 고구려본기8) 영양왕 23년 조에 고스란히 재록해 놓았거니와, 『수서』에 있는 윗부분의 내용 또한 그대로 도습(蹈襲)하여 『삼국사기』 안에 기록하여 놓고 있다.

> 初九軍到遼 凡三十萬五千 及還至遼東城 唯二千七百人 資儲器械巨萬計 失亡蕩盡 帝大怒 鎖繫述等 癸卯引還.
>
> 처음에 수나라 모든 군대가 요동성에 모였을 때는 30만 5천명이었는데, 퇴환하여 요동성에 이르렀을 때는 오직 이천 칠백 명이었고, 수만을 헤아렸던 비축 장비가 다 사라져 탕진되고 말았다. 이에 수양제는 우문술 등을 쇠사슬로 묶은 채 군사를 이끌고 계묘에 돌아갔다.

살수대첩, 즉 살수의 큰 승리란 말 그대로 전쟁사에 길이 이름을 남기게 된 것이다.

이 전쟁의 뒤에 우문술은 이듬해엔 다시 수양제에 의해 관직의 복직과 함께 처음과 같은 대우를 받았다고 한다. 그러나 우중문만큼은 아주 심각하였다. 모든 장군들이 그 패전의 원인을 온통 그에게 책임 지우는 바람에, 다른 장군들은 다 풀려났음에도 유독 그만이 잡혀 들어갔다. 울화로 병까지 나고 위태한 지경에 들어서게 되어서야 놓여났고, 집에서 68세의 생을 마치었다던 후일담이 〈우중문〉 열전에 기록되어

전쟁기념관에 소장된 을지문덕의 초상과 살수대첩도

있다.

한편 바로 이 전쟁 곧 수나라 2차 침공의 최종 단계에 살수 대전을 기록한 이 역사적 사실은 우중문 열전 및 우문술 열전에서 뿐 아니라, 동『수서』(권81 열전46) 동이(東夷) 〈고려(高麗)〉 — 고구려를 말한다 —의 안에서도 유루되지 않았다. 그런데 흥미로운 것은 이 침략의 초기 단계였던 113만여 대병의 요동성 포위 상황 내지 회군까지만 기록을 하였던 데 있다.

煬帝嗣位 天下全盛 高昌王 突厥啓人可汗並親詣闕貢獻 於是徵元入朝 元懼 藩禮頗闕 大業七年 帝將討元之罪 車駕渡遼水 上營於遼東城 分道出師 各頓兵於其城下 高麗率兵出拒 戰多不利 於是皆嬰城固守 帝令諸軍攻之 又勅諸將 高麗若降者 卽宜撫納 不得縱兵 城將陷 賊輒言請降 諸將奉旨不敢赴機 先令馳奏 比報至 賊守禦亦備 隨出拒戰 如此者再三 帝不悟 由是食盡師老 轉輸不繼 諸軍多敗績 於是班師 是行也 唯於遼水西拔賊武厲邏 置遼東郡及通定鎭而還.

양제(煬帝)가 왕위를 계승하고 천하가 전성을 누리자 고창왕, 돌궐계인 가한이 모두 친히 대궐에 찾아와 공물을 바쳤다. 이에 원(元)을 조정에 들어오라 했더니, 원은 번신의 예를 오랫동안 빼먹은 것을 두렵게 여겼다. 대업 7년(611년)에 양제는 바야흐로 원의 죄를 치고자 수레로 요수를 건너 요동성에서 진영을 치고 길을 나누어 군사를 출동시키면서 각각 성 밑에 머물러 있었다. 이때 고구려에서도 군사를 내어 나와 막았으나, 전세가 이롭지 못했으므로 모두 성 안에서 굳게 지키고 있었다. 이에 양제는 모든 군사에게 명하여 공격하게 하는 한편, 또 여러 장수들에게 일러 고려 군사들이 만일 항복하거든 곧 무마해서 받아들이지, 맘대로 군사를 내어 치지 못하게 하였다. 성이 장차 함락하게 될 즈음 적들이 갑자기 항복하기를 청하였다. 여러 장수들은 양제의 뜻을 받들어야 했기에 맘대로 할 수가 없어서 먼저 사람을 시켜 제에게 보고했다. 이 보고가

> 도착했을 때 적들은 또 수비를 갖추어 수시로 나와 막는데, 이렇게 하기를 두세 차례나 했지만 양제는 여전히 그들의 속셈을 알아채지 못하였다. 말미암아 먹을 것이 바닥나고 군사들도 지쳤으며, 보급품은 끊어지니 모든 군사들이 견디지 못해서 하는 수 없이 회군하고 말았다. 이 싸움에서 다만 요수 서쪽에서 적의 무려라(武厲邏)를 함락시켜 여기에 요동군과 통정진을 설치하고 돌아온 것 뿐이었다.

고구려의 거짓 항복 전술에 속은 것을 스스로 미화시켰을 뿐 아니라, 회군의 뒤에 바로 이어지는 30만 5천의 별동대 남하 및 대업 8년(612) 7월의 살수 대전의 상황은 전면 생략되었다는 사실이 주목된다. 결국 이것은 고의로 삭제였다고 밖에는 달리 보아 줄 방도가 없었으니, 다름 아닌 대국 중화인이 소위 동이에 대한 우위적 자존심 문제가 개입되었을 가능성이 높았다. 마치 다음 시대의 당태종이 고구려를 정벌하러 왔다가 안시성의 저항을 꺾지 못하고 급기야는 퇴군했던 일을 자기네 사서에다 명료히 밝히지 않은 채 얼버무렸던 경우와 크게 다를 바 없다고 하겠다.

三國史記卷第四十四
宣撰
列傳第四 乙支文德 居柒夫 居道 異斯夫 金仁問 金陽 黑齒常之 張保皐 斯多含
乙支文德未詳其世系資沈鷙有智數兼解屬
文隋開皇中煬帝下詔征高句麗於是左翊衛
大將軍宇文述出扶餘道右翊衛大將軍于仲
文出樂浪道與九軍至鴨淥水文德受王命詣
其營詐降實欲觀其虛實述與仲文先奉密旨
議遂進東濟薩水去平壤城三十里因山爲營
文德遺仲文詩曰神策究天文妙算窮地理戰
勝功既高知足願云止仲文答書諭之文德又
遣使詐降請於述曰若旋師者當奉王朝行在
所述見士卒疲弊不可復戰又平壤城險固難
以猝拔遂因其詐而還爲方陣而行文德出軍
四面鈔擊之述等且戰且行至薩水軍半濟文
德進軍擊其後軍殺右屯衛將軍辛世雄於是
諸軍俱潰不可禁止九軍將士奔還一日一夜

『삼국사기』 권44 열전4 <을지문덕>

여하튼 을지문덕의 이 쾌거 및 그의 일작(逸作)이 피해 당사자인 중국을 위하여는 오히려 이득되는 바가 없음에도 불구하고, 그래도 열전의 한 모퉁이 항목을 통해나마 말살되지 않은 채 반반한 자취가 나타난 것으로 보아 특별한 의심 없이 신빙해도 무방할 것으로 본다.

그리하여 고려의 『삼국사기』에서도 을지문덕이 '슬기로운 꾀가 있는데다 겸하여 글을 잘 지었던〔有智數 兼解屬文〕' 사실과 더불어, 영양왕 당시의 이 사건을 사실(史實) 차원의 기록으로 놓치지 않았던 것이다.

그런데도 웬일로 조선시대 광해조 때의 교산 허균(許筠, 1569~1618)은 우중문에게 주었다는 이 오언시 작품의 을지문덕 작가설이 의심스럽다고 하였다.

> 吾東僻在海隅 唐以上 文獻邈如 雖乙支文德之詩 彙在史家 不敢信其果出於其手也
>
> 우리 동방은 바닷가에 치우쳐있어 당나라 이상은 문헌이 막연하다. 비

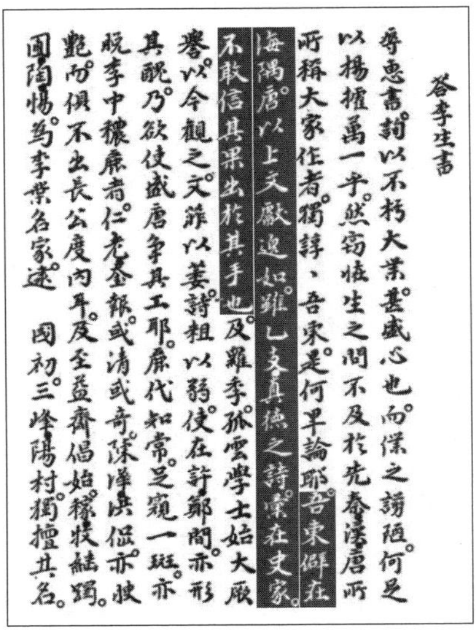
答李生書

辱惠書。謂以不朽大業。盛心也。而僕之謭陋。何足以揚搉萬一乎。然竊怪生之問不及於先秦漢唐所稱大家作者。獨詩、吾東是何早論耶。吾東僻在海隅。唐以上文獻邈如。雖乙支文德之詩。彙在史家。不敢信其果出於其手也。及羅季。孤雲學士始大厥聲。以今觀之。文菲以萎。詩粗以弱。使在許鄭間。亦形其醜。乃欲使盛唐爭其工耶。麗代如常。足窺一斑。亦稅李中稷康靑仁老奎報。或淸或奇。陳澕洪侃亦枝艶。而俱不出長公度內耳。及至益齋倡始。穠狀結蠲。圃陶惕焉李業名家述。國初。三峰陽村獨擅其名。

『惺所覆瓿藁』 권10에 실린 <答李生書>

> 록 을지문덕의 시가 역사가의 글에 함께 실려 있으나 그것이 과연 그 을지문덕의 손에서 나온건지는 감히 믿을 수 없다.

『성소부부고(惺所覆瓿藁)』 중의 〈답이생서(答李生書)〉(文部 6)에서 허균이 한 말이다. 하지만 이 의심의 근거를 어디에다 둔 것인지는 따로 언급이 없어 종당 알기 어렵다.

그럼에도 을지문덕의 창작 가능성 여부와 관련하여 이런 점은 어느 정도의 유추가 아주 불가능할 것 같지 않다.

하나는, 을지문덕 재세(在世) 때의 고구려 7세기에 과연 그와 같은 오언시 양식에 대한 중국으로부터의 전이(轉移) 내지 수용이 이루어져 있었겠는지에 대한 의문을 제기해 보았을 때, 그것은 크게 걸림돌이 될 만한 요인은 아닌 듯하다. 앞서 언급했던 것처럼 〈여수장우중문시〉는 한시 평측(平仄) 형식의 기준에서 보았을 때 금체시(今體詩)로서의 오언절구는 아니었다. 차라리 이것이 중국에서도 수나라 다음 시대인 당 이후에나 나타난 금체시 형식을 띠기라도 했다면 갈등 없이 을지문덕 이름을 빌려 지은 위작으로 쉽게 단정해 볼 길 있었을 터이다. 게다가 앞의 〈영고석〉에서도 언급하였듯이 당나라 이전 육조(六朝)시대에 벌써 근체시다운 기미는 준비되어 있던 사실을 감안할 때 더욱 그러하다.

또 하나, 이와 같은 수양제 당시의 사적을 실은 『수서』는 바로 당태종 때의 간신(諫臣)인 위징(魏徵, 580~643)이라는 사가에 의해 쓰인 것이다. 그리고 바로 이 『수서』의 역사 기록에 따르진대, 고구려 장수 을지문덕이 오언시를 지은 연도는 A.D.612년이 될 터인즉, 다름 아닌 위징 생전〔33세〕의 일에 해당한다. 이렇듯 〈우중문〉 열전 안의 내용은 시대적 현장감이 생생히 살아 있는 기록의 자취라는 점을 못내 간과하기 어렵다. 기원전 1세기(B.C.17년)의 〈황조가〉를 12세기의 김부식이나 이규보가 얘기한 경우와는 결코 똑같이 치부하여 다루기 곤란한 사실성 확보가 있다. 그만큼 여기에는 상황적 생생함과 생동감이 뒷받침되어 있는 것이다.

을지문덕의 살수 대첩 및 글 솜씨에 대한 사록(史錄)은 앞서 들었듯이 우리 쪽 『삼국사기』 안에 거듭 천명되어 나타났다 했다. 무릇 김부식은 애당초 고구려 편 인물에 대한 선양과 배려 등에 인색을 나타낸 인물이다. 삼국사기 열전 전체 77명 가운데 백제 사람은 3명, 고구려 사람은 8명에 더 지나지 않았다는 사실만 보아도 쉽게 알만하다. 그랬음에도 불구하고 을지문덕의 이 사적 만큼은 감추어 숨기기를 감행하지 못하였던 것이다.

고구려 시조 주몽의 일대기인 〈동명왕편〉 서사 대작을 남길 정도로 고구려에 대해 편견이 없었던 것으로 보이는 백운(白雲) 이규보(李奎報, 1168~1241)도 수필집인 『백운소설(白雲小說)』을 빌어 을지문덕이 끼쳐 놓은 이 시에 대해 찬평을 가한 바 있었다.

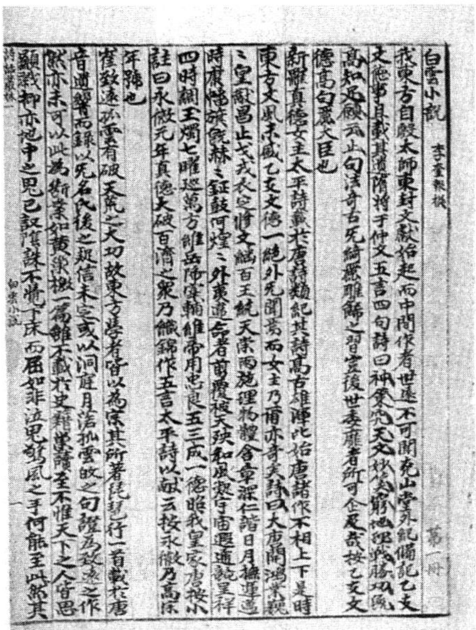

이규보의 『백운소설』 벽두에 있는 을지문덕 시 관련기사

> 堯山堂外記 備記乙支文德事 且載其遺隋將于仲文五言四句詩.
>
> 『요산당외기』에는 을지문덕의 일을 갖춰 기록 하고 있으매, 또한 그가 수나라 장수 우중문에게 준 5언 4구의 시가 실려져 있다.

이규보는 이 작품을 '유수장우중문(遺隋將于仲文)'으로 표현함과 동시에 당연히 을지문덕의 수적(手跡)으로서 인식하고 있고, 후대 지식인들 사이에서 역시 이규보의 생각과 별반 다름이 없었던 양 하였다. 이를테면 도남(陶南) 조윤제(趙潤濟)가 저서인 『한국문학사』에서 〈공후인〉이거나 〈황조가〉에 대하여는 의심하였으되, 이것에 관해서는 일말의 의심도 두지 않았다.

> 아마도 후세인의 위작이 아니라면 번역시인 듯하니 아직 우리의 논외에 두고, 비교적 신빙할 만한 것에는 김후직의 〈간렵문〉이 있고, 을지문덕의 〈여수장우중문시〉가 있다.

또 연민(淵民) 이가원(李家源)이 순한(純漢)으로 한국 역대 한시를 순차적으로 평론한 『옥류산장시화(玉溜山莊詩話)』에서,

> 抗隋名將乙支文德之遺于仲文詩 爲吾邦五言四句體之始.
>
> 수나라 항쟁의 명장 을지문덕이 우중문에게 준 시는 우리나라 5언 4구체의 시초가 된다.

고 한 것이 좋은 일례이다. 또한 한문학자 문선규(文璇奎)가,

> 우리나라에서 오언의 정형시가 어느 때부터 나오게 되었던 것인가에 대해서는 명확히 말할 수가 없다. 그러나 소전(所傳)의 오언시를 가지고 생각하면, 7세기의 전반기 경에서는 우리 땅에서 오언시가 한창 유행되

었다고 말할 수 있다. 오늘날에 전해 있는 오언시 중에서 가장 옛것으로는 고구려의 을지문덕이 지은 〈여수장우중문시〉다. (『한국한문학』)

고 한 언급 등도 모두 이 관계를 사실로서 수용하였던 증좌이다.

다만 작품 자체에 대한 평가 만큼 고금 간에 약간의 이동(異同)이 보이기는 하였다. 이를테면 이규보는 앞서의 『백운소설』에서, 〈여수장우중문시〉에 대해 평설하였으되,

句法奇古 無綺麗彫飾之習 豈後世委靡者所可企及哉.

구법이 특이하고 예스러움이 곱게 꾸며 붙인 자취가 없으니, 어찌 뒷시대의 기력 없는 이가 꾀해볼 바 있으리오.

칭찬을 아끼지 않았던 것이지만, 오히려 근세에 위당(爲堂) 정인보(鄭寅普) 같은 이는,

시로서 그리 우월한지 모르나 너글너글한 맛이 있어 뒤비치는 위무(威武)가 잇는 성시인(盛時人)의 금도는 상상할 수 있다. (『조선어문연구』)

하였고, 조윤제 역시 앞의 인용에서와 같은 본 작품 소개에 뒤이어서 이렇게 한계를 정하였다.

모두 문학 작품의 수품(秀品)으로 문학사상에 가히 주옥같은 존재라 할 것이다. 그러나 고대 한문 작품으로는 진덕여왕의 치당태평송(致唐太平頌)에 이르러 정말 한국 한문학의 진가를 나타내었다. (『한국문학사』)

또한 이가원도 이규보의 찬사인 '구법이 특이하고 옛스러워, 곱게 꾸며 붙인 자취가 없으니'라고 한 말에 대해 그 평가를 더하였다.

> 余觀此詩 若褒其無綺麗彫飾之習 則可矣 至於句法之奇古 則未也 蓋以其爲出於沈鷙之抗隋精神 而不惜過費其贊辭也. (『옥류산장시화』)
>
> 내가 이 시를 보건대, 그 예쁘게 꾸며낸 자취가 없음을 칭찬한 것이야 옳다고 하겠으나, 구법이 특이하고 옛스럽다고 한 데 이르러선 그렇지 못하였다. 생각건대 이것은 침착하고 의지 강한 그의 항수 정신에서 나왔으니, 그 찬사를 지나치게 부려 쓴다고 해도 아깝지 않을 것이다.

대저 〈여수장우중문시〉는 특히 고구려 모든 문학 중에서도 각별히 〈황조가〉와 견주어 그 의미가 상승되는 듯싶다. 가만 새기어보매 이 두 작품 사이에는 어떠한 공통점이 엿보이는 양하였다. 곧 전자와 후자가 똑같이 역사서 안에 들어있다는 점이 그 하나였고, 나아가 이들은 똑같이 한·중의 역사성을 바탕으로 하는 배경 설화 안에서 그 존재적 터전이 주어졌던 사실도 문득 간과할 수 없었다.

배경설화의 한중 관계 역사성에 관해 부연하자면, 전자는 기원 전후 1세기의 항한 갈등 및 투쟁의 문제와 관계 있었고, 후자는 기원 후 7세기의 항수 갈등 및 투쟁의 문제와 유관하였던 사실을 지적하는 뜻이 된다.

전자의 경우, 〈황조가〉 노래만을 작품 단독으로 놓고 보자면 그러한 자취를 찾을 길이 전혀 막연할 따름이다. 하지만 그 배경설화가 보이는 바 유리왕을 둘러싼 고구려 여인 화희와 한나라 여인 치희 사이, 삼각관계 쟁총의 드라마 속에서는 웬일인지 그것을 빌미로 하여 무언가 그냥 지나쳐 버리기 못내 꺼려지는 그 어떤 국제적 대립과 갈등의 중요한 고동같은 것이 있었다. 그리하여 일찍이 이익·이가원·김동욱 같은 논자들에 의해 황조노래가 한족에 대항하는 배타 정신 및 한민족 자주성의 승리적 의미로서 언급되어 왔음도 사실이었다. 이 같은 논의의 기본적 바탕은 화희·치희의 쟁총담과 황조노래를 연결 상황으로 보고자 하는데 있었지만, 이 둘은 독립된 사안으로 간주하고자 하는 논지들을 완전히 극복하진 못한다는 한계를 남긴다. 그러나 화희·치희의 대립현상 만을 단독으로 검토하는 한도 안에서는 위와 같은 해석이 하나의 타당성 있는 논리로서 성립 불가능하지는 않을 것이다. 다시 말해 고구려 여인 화희가 한나라 여인 치희에 대한 개인적인 승리를 전체적 승리의 개념으로, 곧 집단적인 우월과 자긍의 확대 은유체계로 이해하고자 하는 태도이다. 그 같은 해석은 직접 유리왕 시대의 역사적 정황과 대조하여 보았을 경우에도 아무런 무리가 따르지 않는다는 점으로서 보다 강세를 띤다.

그런가 하면 고구려 26대 영양왕 시대를 배경으로 나타났던 을지문덕의 〈여수장우중문시〉 또한 그것이 똑같이 대국인 중국에 대한 항쟁의 분위기 안에서 정출(挺出)되었다는 점에서 기이하다 하지 않을 수 없었다. 이 경우도 역사적 배경담을 고려하지 않은 채 노래 단독으로만 본다면 이렇다 할 반립과 투쟁의 낌새는 잘 나타나 있지 않았다. 그저 한시 단독으로만 보았을 때 1, 2구에서는 을지문덕이란 장수가 우중문이라고 하는 절세의 명장 앞에 바치는 드높은 찬사 외에 그 무엇도 아닐 것이었다. 3, 4구 역시 그 같은 비범한 영웅이니 그토록 큰 공로를 이미 거둔 마당에 이제는 덕장(德將)으로서의 크나큰 금도로써 공격을 철회해 줄 것을 부탁한다는 뜻으로 해득될 만한 내용이다. 전체적으로는 어떠한 기롱이거나 야유·풍자 등 기미를 도출해 볼 길이 못내 막연하였다.

그러나 이 〈우중문〉 열전의 전말 사술을 통해 이 한시가 사실은 고구려 장수가 수나라 장수에 대한 기자(譏刺)의 메시지라는 것을 거연히 헤아림 할 수 있는 마당에 나서게 된다. 그러므로 역사의 흐름 전개 속에서 중원 대국에 대한 사대거나 존숭 대신에 오히려 불굴의 주체의식과 자주정신의 잠재력을 잃지 않았다는 사실을, 이 한두 편이나마 남아 있는 시(詩)·가(歌)의 작품 안에서 애오라지 헤아림 할 수 있는 것이다. 또한 이는 필히 시가를 둘러싸고 있는 역사적 배경담까지의 정밀한 호응과 상수(相須)를 통하여만 가능하였던 것임을 파악해 볼 길 있었다. 그러면서 거듭 고대의 시가와 배경담 사이는 여지없이 순치보거(脣齒輔車)와도 같은 관계임을 절감하는 순간이기도 하다.

한얼 이종선 揮灑의 <여수장우중문시>

제2부
노래편

<황조가(黃鳥歌)>의 시나리오

고구려 제2대 임금 유리왕의 시대를 배경으로 한 〈황조가〉 한 작품의 드리워진 자취가 『삼국사기』 고구려본기 제1 유리왕(琉璃王) 3년(B.C.17) 조에 여인 배경담과 함께 전해지고 있다.

冬十月 王妃松氏薨 王更娶二女以繼室 一曰禾姬 鶻川人之女也 一曰雉姬 漢人之女也 二女爭寵不相和 王於涼谷 造東西二宮 各置之 後王田於箕山 七日不返 二女爭鬪 禾姬罵雉姬曰 汝漢家婢妾 何無禮之甚乎 雉姬慙恨亡歸 王聞之 策馬追之 雉姬怒不還 王嘗息樹下 見黃鳥飛集 乃感而歌曰 翩

三年秋七月作離宮於鶻川冬十月王妃松氏薨王更娶二女以繼室一曰禾姬鶻川人之女也一曰雉姬漢人之女也二女爭寵不相和王於涼谷造東西二宮各置之後王田於箕山七日不返二女爭鬪禾姬罵雉姬曰汝漢家婢妾何無禮之甚乎雉姬慙恨亡歸王聞之策馬追之雉姬怒不還王嘗息樹下見黃鳥飛集乃感而歌曰翩翩黃鳥雌雄相依念我之獨誰其與歸

김부식과 『삼국사기』 유리왕 3년의 <황조가> 배경담

翩黃鳥 雌雄相依 念我之獨 誰其與歸.

겨울 10월에 왕비 송씨가 돌아갔으므로 왕은 다시 두 여자를 계실로 얻었으니 하나는 화희로 골천 사람의 딸이고, 하나는 치희로 한인의 딸이었다. 두 여자는 총애를 다투어 서로 화목하지 못하였으므로 왕은 양곡의 동쪽과 서쪽에 두 궁을 짓고 각각 살게 하였다. 뒷날 왕이 기산에 사냥을 나가서 7일 동안 돌아오지 않았을 때 두 여자는 서로 다투었다. 화희는 치희를 꾸짖기를, "너는 한나라의 비첩으로 어찌 이다지 무례한가?" 하자, 치희는 부끄러워하면서 원한을 품고 제 땅으로 돌아가 버렸다. 왕이 듣고는 곧 말을 채찍질하여 뒤쫓아 갔으나 치희는 노하여 돌아오지 아니하였다. 왕이 일찍이 나무 아래에서 쉬다가 꾀꼬리가 날아 모여드는 것을 보고는 이에 느끼어 노래하였다.

翩翩黃鳥	펄펄 나는 꾀꼬리는
雌雄相依	암수 서로 정다워라.
念我之獨	외로울사 이 내 몸은
誰其與歸	뉘로 한데 녈거나.

그리하여 우선은 이 노래의 작자를 의당 유리왕으로 믿으니, 말하자면 유리왕 작자설의 관점에 따른 논의가 진작부터 대두되었다. 예컨대 본 노래를 왕이 배우자 여인 ― 그것이 망귀(亡歸)한 치희든지, 홍서(薨逝)한 송씨 부인이든지 ― 에 대한 그리움과 고독의 표현으로 보는 견해에서부터, 왕이 그 당시 고구려 국내외적 정세에 따른 통치자적 고독으로 보았던 견해 등이 그것이다.

한편, 대략 이것이 과연 고구려 부족 국가 초창기 무렵부터 유전되었던 노래였을 개연성에 대해 짐작해 볼 터전이 주어지기는 하다. 그럼에도 정작 그 창작 당사자의 문제에서 과연 이것이 기원전의 고구려 특정 임금과 직접 관계 있는지의 여부에 대하여는 적잖이 의심의 소지를 남기고 있다.

위의 황조 노래 배경담을 유의해 본대도, '노래하였으되〔歌曰〕'라는 구사법은 아무래도, '지어 불렀으되〔作歌曰〕'와 같은 조어(造語)의 권리와 기회를 다 쓰지 못한 듯하여 결국 유리왕이 원작자라는 입지를 약화시키는 듯한 인상을 불러일으켰음도 사실이었다.

관련하여, 고려시대 이규보(李奎報, 1168~1241)의 『백운소설(白雲小說)』 안의 다음과 같은 말도 그냥 스쳐 들을 내용은 아닐 것이다.

> 三韓自夏時 始通中國 而文獻蔑蔑無聞 隋唐以來 方有作者 如乙支之貽詩隋將 羅王之獻頌唐帝 雖在簡冊 未免寂寥.
>
> 삼한은 하나라 때부터 중국과 통하였으나, 문헌이 민멸되어 전해지는 것이 없고 수나라와 당나라 이래로 비로소 작자가 있다. 을지문덕이 수나라 장수에게 준 시와, 신라의 진덕여왕이 당나라 임금에게 바친 송시(頌詩) 같은 것은 비록 간책에 실려 있지만 적막함을 면치 못하였다.

7~8세기 수·당 이후의 문학에 들어와서 겨우 작자는 있으되 외진 문헌의 갈피에 덮혀져 있기에 세상에 잘 알려지지 못했고, 하물며 그

이전에는 제대로 작자마저 갖춰져 있지 못했다는 뜻이다. 아무튼지 『백운소설』 안에선 유리왕과 〈황조가〉에 대한 언급은 보이지 않고, 오히려 7세기 초 인물 을지문덕의 〈여수장우중문시〉가 개권의 벽두를 장식하고 있음을 보게 된다.

이 정도는 그래도 약과인 편이다. 조선 시대 광해조 때의 인물 허균(許筠, 1569~1618)은 한 술 더 떠서 이렇게까지 의심을 가하였다.

> 吾東僻在海隅 唐以上 文獻邈如 雖乙支貢德之詩 彙在史家 不敢信其果出於其手也.
>
> 우리 동방은 바다 가장자리 외진 곳에 처해 있다. 당 이상의 문헌은 막연하니, 비록 을지문덕의 시가 사가의 기록에 담기어 있기는 하나, 그것이 과연 그의 손에서 나온 것인지 선뜻 믿을 수가 없다.

『성소부부고』 문부(文部)6 〈답이생서(答李生書)〉에 있는 글이다. 이렇듯 A.D.612년의 을지문덕의 시조차 허균은 함부로 믿기 어렵다고 하였거든, 하물며 훨씬 더 소급하여 아득히 기원전 1세기의 유리왕 작자설을 그로 하여금 신빙토록 해 볼 나위는 아예 없다고 보아야 할 것 같다.

오늘날까지도 유리왕 창작설에 신뢰를 두지 않는 시각과 관점 안에서는, 〈황조가〉가 작자 미상의 고대 가요로서 『삼국사기』 유리왕 조에 삽입된 것으로 이해하거나, 혹은 원래 노래의 주인공이 유리왕 시대 어느 부족장이었겠으나 후대에 유리 임금으로 와전된 것으로 추정하기도 했다. 유사한 측면에서 오늘날 남은 가사가 본래 '꾀꼬리 쌍쌍' 구를 포함하는 어떤 구전 민요의 한역화 형태로 간주되기도 하였다. 이 노래가 어떠한 과정을 거쳐 형성된 것이든, 이 한 절의 형태가 일찍 고구려를 진원지로 하여 익숙히 전파되어진 대중 차원의 노래라는 사실에서 크게 벗어나지는 않을 것이다.

다만 유리왕이라는 인물과 〈황조가〉라는 노래 사이에 더 이상 나누기 어려운 강력한 이미지 교착은 어떻게 이루어질 수 있었는지 음미해 볼 만한 일이다. 이는 생각건대, 이 노래의 전체에 흐르는 심상적 구조가, 유리왕의 사록 및 설화의 내용 전반에서 전달되는 심상 구조와의 교묘한 조화 때문인 것으로 연상된다. 즉 노래에서 풍기는 낭만과 고독의 정서는 외형상으로 설화적 낭만의 주인공임과 동시에, 내면상으로는 역사적 상실의 전형을 극명히 보여 주는 유리왕의 인간적 면모와 가장 잘 어울린다는 무의식적 공감대가 형성되었던 양 싶다. 바로 그 점으로, 이 노래가 어느 시점을 기하여는 유리왕의 구기를 타서 불리었던 것으로 형상화될 수 있었다고 본다.

이처럼 최소한 이 노래가 유리왕 작자는 아닐망정, 만일을 위해 노래의 창자(唱者) 주체로서의 유리왕을 승인해 둘 필요는 있다. 따라서 이 같은 설정에 입각하여, 이제 유리왕이 자신의 여인들과의 문제로부터 궁극에는 이 한 곡조 애상의 노래에 이르기까지의 과정을 합리적으로 설명해 보이는 일이 요긴하다. 동시에 그것이 『삼국사기』의 해당 기록에 철저히 충실해야 함이 물론이다.

그러면 일찍이 유리왕의 황조 노래는 과연 그 어느 대상을 아쉬워하며 부른 노래였는가. 그 이야기 전개의 연속성 무드에 충실하고자 하면 당연 이제 막 떠나 버린 치희가 우선 연상되는 바 있으나, 이 경우 B.C.17년의 시간 한도를 넘길 수밖에는 없다는 조건이 따른다. 왜냐하면 치희는 B.C.17년 겨울〔冬十月〕 이후에 맞아들인 여자이고, 꾀꼬리는 봄의 절기 안에서 가능하겠기 때문이다.

하지만 이러한 이유가 그 연모 대상으로서의 치희 가능성을 배제시켜야만할 조건은 되기 부족하다. 그 다음 해나, 그 뒤 어느 해 봄의 일로 간주한다면 그만인 것이다(마침 이 유리왕 3년의 기사 다음에는 훌쩍 8년 뒤인 왕 11년의 기사로 넘어간다). 더구나 『삼국사기』 기록의 해당 내용이 간혹 해당 연대와 무관하게 기술되는 사례가 아주 없는 일도 아니었다. 예컨대 같은 유리왕 기사에서만 보아도 왕 1년(B.C.19) 조 안에 유리왕 즉위 내용만 기록한 것이 아니라 어린 시절 물동이 사건, 끊어진 칼 토막을 찾은 일, 그리하여 부왕 동명을 만난 일 등을 한꺼번에 수습하여 적고 있음을 본다.

다른 일면 가사 중의 '嘗' 글자에 대해 '일찍이'라는 자의(字意)에 보다 긴장을 두는 측면에서는, 유리왕이 갖는 그리움의 대상이 논자들의 지적처럼 그 이전 짧은 결혼 생활 끝에 요절한 송씨 부인이 될 수도 있고, 그보다 더 소급하여 미혼 시절의 막연한 이성으로 볼 수도 있으리라. 이 두 논지가 '일찍이'에 대한 견해는 똑같이 그 시점이 치희와의 파국〔雉姬怒不還〕을 기준점으로 하고 있다는 점에서 공통한다. 다시 말해 치희를 잃은 사실 시점을 제외시키면서 그것을 기준한 앞의 시간대 안에서 대상을 찾는 방식이었다.

그러나 다시금 음미하여 보면, '嘗'의 지시어인 '일찍이'란 의미는 꼭 어떤 한두 가지 사건을 가상해서 그 앞의 일에 한정되어지는 말은 아니리라 한다. 『삼국사기』 안에서 굳이 어떤 일보다 이전에 있었던 사실을 알리고자 하는 경우는 오히려 '先是'〔이에 앞서〕란 표현을 항용했음을 밝게 목도해 볼 수 있다. 우선 고구려 본기1, 2 안에서만 찾자 해도 이렇게 용이하게 수습된다.

> 始祖東明聖王 姓高氏 諱朱蒙 先是 扶餘王解夫婁老無子. (시조동명성왕)
>
> 시조 동명성왕의 성은 고(高)이고 이름은 주몽이다. 앞서에 부여왕 해부루에게 자식이 없어…

> 夏四月 王子好童 遊於沃沮 樂浪王崔理出行 因見之…遂同歸 以女妻之 後好童還國 潛遣人告崔氏女曰 若能入而國武庫 割破鼓角 則我以禮迎 不然則否 先是 樂浪有鼓角 若有敵兵 則自鳴…. (대무신왕)
>
> 여름 4월에 왕자호동이 옥저에 유력하였는데, 낙랑왕 최리가 나왔다가

만나게 되었다. … 드디어 함께 돌아가 자신의 딸을 아내로 주었다. 나중에 호동이 자신의 나라에 돌아가 몰래 사람을 보내 최씨의 딸에게 알리기를 만약 능히 너의 나라 무기고에 들어가서 북과 뿔피리를 망가뜨린다면 내가 예로서 맞이할 것이나, 그렇지 않다면 마다하리라. 이 일이 있기에 앞서 낙랑에는 북과 뿔피리가 있었는데 만약 적병이 들어오면 스스로 울었다.

앞의 것은 주몽이 시조 임금이 된 사실과 함께, 그 이전 왕이 되기까지의 과정을 알리기 위해, 뒤의 것은 호동 왕자가 낙랑 공주에게 자명고각 부술 일을 회유한 사실과 함께, 그 이전 자명 고각의 신기함을 말하기 위한 필요에서 '선시(先是)'를 구사하였다.

생각건대, '일찍이'의 용례라는 것이 보통은 주인공 이야기를 전개시킨 나머지에 덧붙여 남겨두고 싶은 어떤 사연을 더 소개하는 일에 들어감을 많이 본다. '그의 삶을 통해서는 이런 일도 있었다'와 같은 사연 추증(追增)의 경우에도 필경 원용되어진다.

『삼국유사』 소재 〈원왕생가〉의 배경 설화 말미에도 노래 소개의 마당에 이 '嘗' 자가 나오거니와, 광덕이 죽은 뒤 광덕 생전의 노래를 소개한 것으로 해석한다. 이 같은 해석의 근거 또한 '일찍이'란 말의 지시적 의미가 인물의 생애 전반에 걸친 특정 터울 없는 시간 반경을 모두 포괄하여 인식한데 있었다.

황조 노래 배경담의 도입부 안에 표현된 '嘗' 또한, 특별히 송씨 사거(死去)의 일이거나 치희 망명 사건 기준에서, 꼭 앞의 어느 시점 한도 안에서만 사유하는 방식에 대한 견제와 지양이 요구될 만하다.

그런데 유리왕의 처지를 가만히 생각해 볼 때, 그는 어지간히 신세 처량하고 팔자 드센 사람임을 느끼게 한다.

『삼국사기』의 기록상에서 볼 때, 송씨 부인과는 왕 2년(B.C.18) 7월에 결혼했는데 그 부인이 이듬해 10월에 돌아갔다 했으니, 왕은 결혼한 지 1년 3개월 만에 상처를 겪어야 했다.

그리하여 그 비애에서 벗어나 보고자 그랬는지 잘 알 길은 없어도, 왕이 다시금 화희·치희 두 여인을 계실로 맞아 들였다는 사실로 보아 필경 그는 혼자 사는 홀아비니 삶을 결코 원치 않았음을 무난히 짐작해 볼 수 있다. 홀로됨이 싫어서 재취를 하였다는 것인데, 그것마저 이번에는 하나도 아닌 둘씩이나 아내로 데려왔다고 했으니, 그가 겪은 고독이 깊고 컸던 때문이라는 해석 또한 불가능하지 않다. 아무튼 왕은 이 마당에, 전에는 오로지 한 여인 안에서 자기를 확인할 수 있었으나, 이제는 자기를 짝으로서 돌아보아줄 여인을 둘로 하였다. 그리하여 그 두 여인 안에서 스스로에 대한 위안을 얻고자 했다. 고독을 어떡해든 여의기 위한 구완책으로 그렇게 훨씬 든든히 쳐놓은 자신의 방책이었지만, 여기에도 문제는 야기되었다. 두 여자가 서로 유리왕이라는 한 남자 안에서 조화와 상응을 이루었으면 가장 좋았을 것을, 둘 사이 부딪침이 일어난 것이다〔爭鬪不相和〕.

하지만 아직 무엇이 어떻게 된 것은 아니었다. 처음 기대한 것과 같은 최선을 누리지는 못하였어도 아직은 그에 버금갈 법한 차선의 방도는 있었으니 이제 왕은 각각의 떨어진 장소에 동궁·서궁 두 개의 궁을 나눠 지어 배우자 관계를 영위해 나갈 생각을 하였다. 그리하여 동궁 비와 서궁 비의 두 여인 사이를 왕래하는 가운데서 모두의 관계를 유지할 수 있을 터였다.

그러나 결국 유리왕이 고안해 낸 이러한 생활은 오래 가지 못하고 말았다. 이와 같은 불완전한 평화가 계속되어지던 어느 날은 왕이 사냥에 탐닉하는 시간이 그만 길어졌고 그 방심의 겨를에 드디어 일은 벌어지고 말았다. 서로 잘 볼 수 없는 중에도 잠재하고 있던 그녀들의 알력이 어느 사이 함께 마주한 자리에서의 격심한 부딪침의 양상으로 나타난 것이다. 그 바로 뒤의 일은 『삼국사기』 B.C.17년 조의 기록이 말하듯이, 치희는 화희의 폭언을 이유로 제 친정 고향인 한토(漢土)로 돌아가고, 뒤늦게 환궁하여 이 사실을 깨달은 왕이 황급히 뒤쫓아가 만나서 극구 달래 보았으나 결국 실패하고 말았던 정황들이 파노라마처럼 전개된다.

그 겨울〔冬十月〕 왕비 송씨를 잃은 그 마음의 상처를 잊어보리라 한 재출발이었는데, 종국에 왕은 이 두 번째의 결합마저 건잡지 못한 불행으로 치닫고 만 셈이었다.

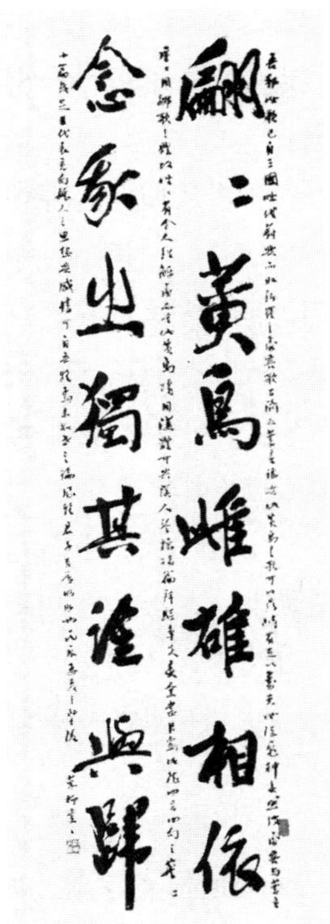

淵民 이가원의 1976년
墨蹟 <황조가>

끝내 노기를 삭이지 못하는 치희의 얼굴을 마지막 뒤로 하고 자기 땅에 돌아와 이런저런 생활을 영위해 나가던 숲속의 어느 날엔가는 나무 아래 앉아 쉬었더니, 그의 눈길이 문득 건너편 나무 위로 날아드는 꾀꼬리들의 다정한 정경에 머물렀다. 그윽이 꾀꼬리 암수의 정겨운 어울림을 완상하면서 그 모양이 참 부러울 정도구나 하다가는, 다음 찰나에는 그 상념이 돌연 자기 자신한테로 돌아왔다. 대자연의 저 작은 날짐승들도 저와 같은 조화와 기쁨을 누리는데, 거기 비하면 만물의 영장인 인간의 나, 아니 그 뿐이랴 한 부족 국가의 왕이라고 하는 자신은 무엇인가? 새삼 처량한 생각이 다시금 고개 들었다. 돌이켜 지나간 겨울 10월, 아내 송비를 여읜 후 쭉 겪어온 일들을 생각하고 자신의 신세를 돌아보니 참 한심하기 그지없었다. 처음 아내와의 사별이야 하늘의 일이라 어찌해 볼 길 없었다지만, 두 번째 여자 치희와의 생별은 또 무엇인가. 싸우다가 격분 끝에 가버렸다고 하지만, 결국 유리왕의 존재가 그녀의 마음을 돌이키게 하지는 못하였던 결과, 유리왕은 스스로의 존재적 의미에 대한 무력감과 좌절을 면해볼 길이 없어졌다. 한마디로 치희는 달아난 여자였다. 그렇다면 궁극엔 무엇인가. 일찍 정혼했던 여자는 신혼에 죽고, 재혼에 만난 여자는 달아나고 하였으니, 이 마당에 암수 정다운 꾀꼬리 모습 안에서 자신에게 부담지워진 상실이 얼마나 큰 것인지 새삼스레 절감함과 동시에 일순 메울 길 없는 허전과 고독이 밀렸다.

황조 노래의 배경담이 제시하고 싶었던 것은 유리왕의 이 같은 심정 바탕이었을 터이고, 노래 또한 이러한 바탕 안에서 그 상처(喪妻)한 정한이 가장 극심해질 수 있을 것이었다. 결국 유리왕의 이 노래는 그 상실과 고독이 죽은 송씨거나 치희거나 특별히 어느 한 여인에 국한되어 있는 것이 아니라, 그가 겪어야만 했던 모든 것들의 총화 안에서 일어난 고독과 상실로서 이해되어서 마땅할 듯싶다.

한편 각별히 산문 기록 속에서 화희와 치희가 왕의 총애를 다투어 서로 불화타가 끝내 쟁투하였다는 모티브를 놓고서도, 그 이해・수용의 태도면에서 크게 직서법적인 해석과 은유법적인 해석 등 차이를 나타낸 바 있다. 즉 사록의 문면에 나타난 그대로 개인 단위의 심각 연애에서 야기된 순수 서정 가요로 받아들이는 견지와, 그 반면 전체 국가 단위의 고구려와 한족 사이 대립의 서사시로 간파하려는 견지가 그것이었다.

특히 후자에서와 같은 서사적 관점은 거의 현금에 이르러서야 비로소 본격화되었다고 하지만, 일찍 조선조에 성호 이익(李瀷, 1681~1763)이 바로 이 유리왕과 화희・치희 고사를 소재로 삼아 악부화한 다음의 경우에 벌써 슬쩍 암시되어 있었는지 모른다.

築宮復築宮 鶻川 雙嶙峋 一國有二妃 寵均妬亦均 邦風重土俗 冷視城外身 禾姬一怒 雉姬走 一鞭輕渡淸淍濱 悠悠去不返 王獨歸來影無隣 枝頭忽聞睍睆鳴 雄飛從雌意自親 聲聲入耳感在心 鳥猶如此況於人 黃鳥兮黃鳥 有

知應相嗔 夫昧並嫡嫌 妻失三從倫 奈何箕聖墟 遺敎都喪泯 君不見鴨綠室中無媒從 天荒未開猶荊榛. (『星湖文集』 권5 '樂府')

궁실 지은 위에 또 궁실 지으니 골천 땅은 깊숙 산중에 비견할 만하였네. 한 나라에 두 왕비 있어 총애가 같았지만 투기 또한 같았네. 나라 풍속이 토박이를 중히 여겨 바깥의 사람을 냉시하였네. 화희의 한 번 분노에 치희가 달아나니, 한 달음 채찍 갈겨 맑은 강물을 건너갔네. 그러나 유유히 갈 뿐 돌아올 줄 모르매, 홀로 돌아오는 왕의 그림자 짝이 없네. 가지 끝에 문득 맑고 고운 소리 들리니, 수컷 날아 암컷 좇는 그 뜻 절로 다정하네. 소리마다 귓가에 스며 마음 흔드니, 새도 또한 이렇거늘 하물며 인간에랴. 꾀꼬리 꾀꼬리야, 너라도 알거든 말이나 해보렴. 지아비는 두 본처 간의 미움에 어두웠고, 아내는 삼종지도를 잃었네. 어찌타 기자 성인 세운 땅에, 그 끼치신 가르침 온통 다 사라졌나. 그대는 보지 못하였는가, 압록강 왕실에 중매할 이 없음을. 혼돈한 천지에 아직도 잡목 숲인 것을.

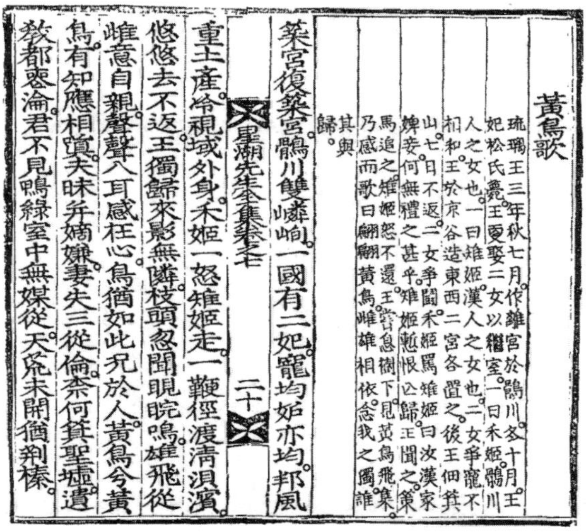
黃鳥歌
琉璃王三年秋七月作離宮於鶻川冬十月王妃松氏薨王更娶二女以繼室一曰禾姬鶻川人之女也一曰雉姬漢人之女也二女爭寵不相和王於京谷造東西二宮各置之後王佃箕山七日不返二女爭鬪禾姬罵雉姬曰汝漢家婢妾何無禮之甚乎雉姬慙恨亡歸王聞之策馬追之雉姬怒不還王嘗息樹下見黃鳥飛集乃感而歌曰翩翩黃鳥雌雄相依念我之獨誰其與歸
築宮復築宮鶻川雙嶙峋一國有二妃寵均妬亦均邦風重土產冷視域外身禾姬一怒雉姬走一鞭徑渡淸淇濱悠悠去不返王獨歸來影無隣枝頭忽聞睍睆鳴雄飛從雌意自親聲聲入耳感枉心鳥猶如此況於人黃鳥兮黃鳥有知應相嗔夫昧幷嫡嫌妻失三從倫奈何箕聖墟遺教都喪淪君不見鴨綠室中無媒從天荒未開猶荊榛

『성호선생문집』 권5에 있는 <황조가> 주제의 악부시

나라 풍속이 토박이를 중시하여 국외인들은 냉시했다는 것이라든지, 화희가 치희를 매도하였다 함은 엄연한 있었던 그대로의 사실 명제이니, 고구려의 항한(抗漢) 또는 배한(排漢)의 의식을 드러내는 증거와 단서로서 충분하다 할 것이다. 하지만 이 반한 의식이 전언했듯이, 세월의 흐름 뒤의 어느 봄날 유리왕의 구기로 흘러나온 황조 노래와 직접 관련 있는 것인지는 못내 회의적이랄 수밖에 없다.

그런데 역사적 서술로서보다는 차라리 한 편의 설화와도 같은 배경담을 지닌 이 노래의 본래 제목이 〈황조가〉는 아니었다. 이것은 근래 국문학 연구의 과정에 새로이 통용된 명칭일망정, 이 노래 실린 원래의 텍스트에선 단지 유리왕의 실연 이야기 말미에 제목 없이 붙여 실렸을 뿐이다.

그조차 유리왕이 일찍이 꾀꼬리 보고 느꺼워서 지어 불렀다〔作歌曰〕했으면 아무런 문제가 없었을 것을, 그저 노래한 적 있다〔歌曰〕고 하는 통에 오늘날 풀기 어려운 난제의 하나가 되고 말았다.

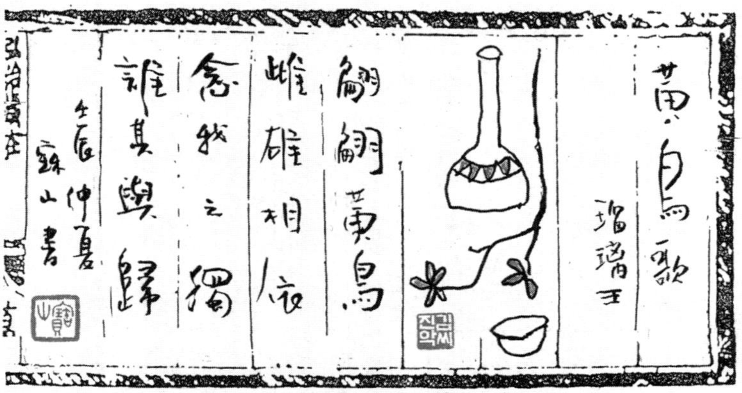

寶山 金鎭嶽 필치의 <황조가>

그 결과, 유리왕이 이 노래를 직접 지었을 것으로 간주하는 이른바 개인 창작설과, 그 반면 막연한 시대 대중 차원의 사랑 노래가 유리왕에 의해서 새삼 확인되어진 형태로 수용하고자 하는 견해의 둘로 크게 갈리게 되었다. 하지만 기왕의 논지들을 종합해 보았을 때, 종국에 이르러는 유리왕이 황조 노래를 창작했다는 설을 뒤엎을 만한 뚜렷한 근거가 없는가 하면, 그와는 반대로 짓지 않았다는 주장에 관해 논박할 수 있는 명백한 이론의 마련도 없었다. 이는 『삼국사기』 이외 또 다른 신빙할 만한 자료의 발견이 없는 한에는 마침내 단정을 짓기 어려운 부분으로 남게 되리라.

이 마당에 생각해 보면 『삼국사기』 자체, 이 방면의 연구가들 사이에 이 책의 공정성 및 사실성 여부에 관해 논의가 빈번하듯이, 이 곳 기사의 어떤 부분들에 관한 한 전적으로 신뢰받기 곤란한 국면이 적지 않다. 그렇다면 특히 〈황조가〉 같이 논란이 많은 사항과 관련해서도 일단의 재검토가 요망되는 것도 사실이다. 〈황조가〉와 '유리왕'의 관계 분석에서 이미 모호성만을 남기는 몇 글자를 놓고 어느 한 쪽에 단정을 짓기보다는, 보다 구체적인 방식으로 〈황조가〉와 관련되고 있는 주변 상황에 주목하여 접근을 시도함이 보다 요긴할 것으로 판단된다. 이를테면 작품 외적 상황으로서의 문헌적 사항인 『삼국사기』 및 인적 사항으로서의 유리왕에 관한 분석적인 검토를 말한다. 다시 말해 이 노래를 담고 있는 사서의 진실성 검증과 이 노래의 주체가 되는 인물 개성의 성격적 규명에 유의하려는 뜻이다. 또한 작품 내적 상황으로서 〈황조가〉가 특별히 『시경』의 체재와 동질성을 확보하고 있다는 점에 깊이 착안하여 황조 노래 16자 본 형태의 완성의 시점을 가늠해 보는 시안이다.

여기서는 유리왕의 〈황조가〉 창작설에 관해 일단 긍정도 부정도 모두 유보해 두었다. 〈황조가〉와 이 작품을 둘러싸고 있는 외적 여건과 내적 요인들이 모두 일치하기를 기다려 긍정해도 늦지 않을 것이요,

부정을 하는 입장이라면 그것들이 불일치하는 국면이 어디 있는지, 또 일치하는 경우마저 그렇게 작용하게 된 필연적인 계기(necessities)가 무엇인지 충분히 확인한 연후에타야 논리의 공고함을 얻을 수 있기 때문이다.

이하, 편의상 '황조가와 삼국사기', '황조가와 시경', '황조가와 유리왕' 관계에 관해 차례로 펼쳐 나가고자 한다.

『삼국사기』와 황조 노래

〈황조가〉 내용과 배경담을 수용하고 있는 전거란 것이 오로지 『삼국사기』에 국한해 있는데다가 유리왕의 이 노래 창작 여부가 문제시되는 마당에서, 일단 사료로서의 『삼국사기』의 신빙성과 공정성에 대해 검토하지 않을 수 없다.

『삼국사기』가 신라 중심의 사관에 거의 입각한 서술이라 함은 새삼스러운 문제가 아니고 허다하게 논의되어 왔던 것이 사실이다. 아울러 조선 시대 권근, 윤회, 이극돈, 정약용 같은 사가들이 『삼국사기』의 황탄(荒誕)・불경(不經)함에 대해 비난한 어조 또한 높았음도 숨길 수 없는 사실이고, 근세에는 최남선이 또 이를 통절히 논박한 바도 있다.

그런 한편, 거기 못지않게 빈번히 지적되는 것은 역시 본서의 기록이 그 앞에 존재하였던 사서에 대해 목적성에 따른 선택적 삭제를 감행한 문제이다.

김부식과 같은 시대 이규보가 〈동명왕편〉의 서(序)에서 지적한 한 마디를 통해서도 벌써 그러한 기미를 엿볼 수는 있다.

金公富軾重撰國史 頗略其事 意者 公以爲國史 矯世之書 不可以大異之

『동국이상국집』 권3에 실린 <동명왕편>

事 爲示於後世 而略之耶.

김공 부식이 국사를 다시 편찬할 때 동명왕의 사적을 자못 간략하게 다루었다. 생각건대, 국사는 세상을 바로잡는 글이니 크게 이상한 일을 후세에 보여 줌은 옳지 않다고 여기어 생략한 것인가 한다.

김부식의 사술 방식을 이해하는 입장이지만, 냉철한 안목에서 본다면 기존의 사록에 대해 그 모양 그대로의 승수(承收)를 지양한 김부식 나름의 자의성(恣意性)을 시사 받게 된다.

한 걸음 나아가, 보다 넓은 폭에 걸쳐서 김부식 임의에 따른 산삭(刪削)이 이뤄진 데 대해 김철준이 「고려 중기의 문화 의식과 사학의 성격」이란 글을 통해 갖가지 측면에서 검색을 가한 것이 있는데, 충분히 타당한 근거가 마련되어 있다. 저자 또한 『우리 이야기문학의 재발견』 중 김유신 관계 설화를 다루는 과정에서 이런 문제를 다루었다. 즉 김유신과 천관의 로맨스는 김유신 설화들 중에서도 지명도 높았던 것이었음에 반해, 오히려 여타의 관계 설화들을 두루 수용한 『삼국사기』나 『삼국유사』 가운데 유별 누락되었단 사실을 지적함과 동시에 그 이유 등에 관해 논증을 편 바 있다. 이 같은 것은 임의적(또는 고의적) 탈락에 해당된다. 동시에 그런 행위는 역시 역사가의 주관적 편견에 따른 특정한 목적의식이 야기한 결과였다.

이처럼 『삼국사기』가 임의적인 산삭은 꽤 감행하였던 것으로 보이는 반면에, 없던 내용을 부러 꾸며 내는 등의 고의적인 첨가만은 크게 꺼리고 삼갔던 것으로 간주된다. 기왕에 고병익도 이점에 주목하여 논평을 가한 일이 있거니와, 본서가 이미 존재해 있던 자료 밖의, 전혀 소재 불명이거나 사실 무근한 사항을 새로 날조해서 넣은 흔적에 관한 한은 그 사례의 규명이 어렵다는 뜻이다.

다만 기존의 내용 가운데서 신화 또는 전설 일부에서와 같이 다소 현실성이 결여되는 내용이 있을 경우 이를 다 버리는 대신 적절한 선에서 절충적으로 수용하는 자세를 유지했던 듯하다.

> 고구려인으로서 입전된 8명 가운데서 을지문덕과 연개소문의 전기는 전적으로 중국 사적에서 따온 것이고, 을파소・명림답부・창조리・밀우・유유의 전기는 고구려 본기에 나온 것을 열전의 형식으로 재록한데 불과하며, 오직 온달의 전기만이 새로 들어간 셈이다. … 도미처의 전은 새로 수록된 것인데, 고구려 온달의 경우처럼 항간의 전승에서 기록된 것으로 생각된다. (「삼국사기에 있어서의 역사 서술」)

『삼국사기』 소재의 〈온달〉・〈도미처〉 등이 설화의 자격을 띤 채 역사의 기록 안에 편입된 예를 든 것이다.

그렇다면 저 〈황조가〉의 배경 이야기 역시 본래는 설화 차원에서 전승되던 것이었는데, 김부식 등이 위의 온달이나 도미처의 이야기처

럼 사실 속에다 채록시킨 것은 아닌지. 그렇지 않으면 안정복이 그의 『동사강목』〔제1 · 上, 마한〕에서,

> 金氏撰史 非有國史實錄之可據 而專引古記.
>
> 김씨가 찬술한 『삼국사기』는 국사나 실록에 의거한 것이 아니라 오로지 옛 기록을 인용했다.

극단적으로 말한 것처럼 국사나 실록 이외의 고기(古記)에서 임의로 취택하였을 가능성도 아주 배제할 수만은 없는 노릇이다.

여하간 신빙도에서 떨어지는 고기(古記)에 있었던 기록이 『삼국사기』에 이입된 것이든, 아니면 유전(流轉)되어 오던 설화 형태가 비로소 본서에 정착된 것이든 간에, 결국은 비사실적인 내용이 정사 가운데 스며들어갔을 가능성의 소지는 어찌해서든 남게 된다는 사실에 유의할

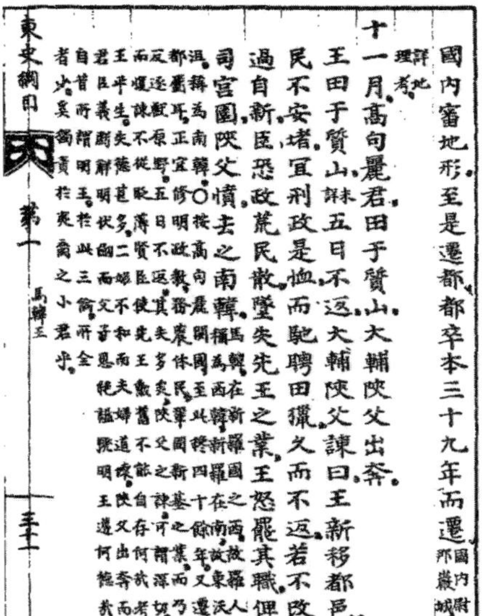
東史綱目 第一

國內審地形。至是遷都。都卒本三十九年而遷。

十一月。高句麗君田于質山。大輔陜父出奔。

王田于質山。五日不返。大輔陜父諫曰。王新移都邑。民不安堵。宜刑政是恤。而馳騁田獵。久而不返。若不改過自新。臣恐政荒民散。墜失先王之業。王怒罷其職。俾司宮園。陜父憤。去之南韓。

『동사강목』 제1 · 上 癸亥 馬韓 11월조

필요가 있다.

또 한 가지, 『삼국사기』가 비록 기왕에 존재가 없던 내용마저 전적으로 허구・날조하였다고까지는 말하지 않지만, 어떤 고정된 사관에 의해서 기존의 내용을 임의로 변조하였을지도 모른다는 의심에서마저 자유롭지는 아니하였다.

그 대표적인 본보기가 고대 고구려, 백제 및 신라의 연대기 문제인 바, 신채호・김철준 등 몇몇 역사학자들의 주장대로 신라의 기원이 가장 오랜듯이 된 것은 고구려 및 백제 연대에 대한 일백 년 이상의 삭감을 획책한 신라사 찬자(撰者) 및 이를 계승한 『삼국사기』 저자의 인위적 날조에서 이루어진 결과란 지적 등이 그러하였다.

이 같은 사실을 더욱 뒷받침이나 하려는 것인 양, 본서의 고구려 본기, 특별히 〈황조가〉와 관련해서 유리왕 대의 기사를 점검하는 과정에서도 시간적으로 석연치 않은 사항들이 발견된다.

유리왕의 비는 다물국(多勿國) 왕인 송양(松讓) 의 딸 송씨 부인(松氏夫人)이라 한다. 동시에, 왕의 셋째 아들로 뒤에 대무신왕이 된 태자 무휼(無恤)의 어머니가 송씨 부인이라고 『삼국사기』는 밝히고 있다. 그렇다면 첫째 태자 도절(都切)이며, 둘째의 해명(解明) 왕자 및 막내 왕자인 여진(如津) 등은 대관절 어느 비(妃)의 소생인지 심히 막연한 바 없지 않다.

송씨 부인이 유리왕과 혼인을 한 때가 왕 2년(B.C.18) 7월로 되어 있고, 그 이듬해(B.C.17) 10월에 왕비 송씨가 돌아갔다 했으므로, 그 기간은 불과 1년 3개월에 지나지 않는다. 문헌에서와 같이 무휼이 그녀의 소생이라 한다면, 무휼의 출생은 이 사이에 이뤄진 것이라고 애써 부회할 수는 있지만, 그 나머지 세 아들의 탄생 경위에 대한 보장은 끊어지고 만다. 그렇다고 도절이며 해명의 존재를 놓고, 혹 유리가 정식 왕비를 맞이하기 이전에 본 자식들이라는 가능성에 대해 생각해 보았으나, 역시 난관에 부딪친다. 왕자 유리가 그 어머니와 부여로부터 망명하여 동명왕과 상봉한 때가 B.C.19년 4월, 바로 유리가 송씨 부인을 맞이하기 불과 1년 3개월 앞의 일이다. 익사한 왕자 여진은 송씨의 계비인 화희나 치희의 둘 가운데 한 여자의 몸에서 출생하였을 것이리라는 억측 하에서도 위의 사실은 그 해명이 못내 어려운 것이다. 이 또한 『삼국사기』의 불완전성을 나타내는 한 국면이 아닐 수 없다.

본서의 기록이 갖는 의문은 꼬리를 문다.

전술한 대로 유리왕이 송씨 부인과 부부연을 맺은 기간은 불과 1년 3개월이 되고, 동시에 대무신왕 무휼이 송씨의 소생이라 했으므로, 무휼의 탄생은 필연적으로 B.C.17년이 된다. 그리고 무휼이 즉위한 때가 A.D.18년이니 그의 나이 당연히 35~36세가 된다.

그런데 기록상은 태자가 된 11세 이후 4년만의 일로 되어 있다. 이 같은 산술상의 모순이 마침 조선조 안정복에 의해서도 노출된 것이 있어 흥미롭다.

> 三國史 無恤母松氏 松讓女也 琉璃王三十三年甲戌 立爲太子 時年十一 按松氏卒於三年甲辰 至此爲三十一年 此必有誤.
>
> (『東史綱目』 附錄 卷上 考異 '無恤爲太子')
>
> 『삼국사기』에는 '무휼의 어미 송씨(松氏)는 송양(松讓)의 딸이다. 유리왕 33년 갑술(A.D.14)년에 무휼을 태자로 삼으니 그때 나이 11세였다' 하였다. 생각건대 송씨가 유리왕 3년 갑진(B.C.17)년에 졸하여 이에 이르기까지는 31년이 되니 여기에는 반드시 잘못이 있다.

또 한 가지, 설령 문면 그대로 15세라 하자. 왕자 무휼이 부여 군사를 기계(奇計)로써 섬멸시켰다는 기사가 나오는 바, 그때가 A.D.13년이다. 이때는 즉위 연도인 A.D.18년보다 5년 전이 되고, 아울러 즉위할 당시의 나이가 15세라 했던 바로는 부여를 섬멸했던 당시의 나이는 10세가 된다. 그러면 10세의 기계(奇計)가 직군을 섬멸시켰다는 이 결과에 대해 과연 어느 만큼 신빙할 수 있을까.

진즉 안정복도 필자와 같은 착안으로 숫자상의 모순을 밝혀 낸 결과로서의 10세라 했음에도 불구하고, 오히려 믿지를 않았다.

> 且此時年十一 則對扶餘使時 年纔六(歲) 破扶餘軍時 年又十(歲) 古人雖多夙成 似非情實 故今不取.
>
> 또 이때가 11세라면 부여의 사신을 대할 때는 겨우 6세이고, 부여 군사를 격파할 때는 10세이다. 옛 사람이 비록 많이들 숙성한다 치더라도 사실이 아닌 것 같기에 이를 취하지 않는다.

『삼국사기』 안의 여타 모든 기사는 일단 차치해 두고서 오로지 유리왕·대무신왕 대의 일에 국한시켜 본 결과를 통해, 벌써 이 책의 굴절된 면모와 불완전성의 일단(一端)을 짐작할 만 하였다. 그리고 이 같은 망전(妄傳)이 섞인 유리왕 기사 중에 〈황조가〉 노래며 이야기가 들어 있다는 사실에 유의하지 않을 수 없는 노릇인 것이다.

이쯤으로 족하거늘, 하물며 부분적이나마 『삼국사기』 기록의 설화적 일면을 놓치지 않으려는 관측 또한 이에 가세한다.

본서의 권13 고구려본기 유리왕 조의 허두에 실린 바, 유리가 고구려 땅의 동명왕을 찾아가 칼을 맞추어 부자가 극적인 상봉을 하고 마침내 왕위를 계승하였다는 그 이야기 자체를 두고 적잖은 논자들은 벌써 설화성을 부여하고 있음이다. 『삼국사기』의 기록을 그 자체로 신임하는 입장에 있는 장덕순도 『국문학통론』에서 "그의 왕이 된 경위부터가 신화적이며 … 훌륭한 하나의 설화"라고 하였고, 정병욱도 『한국고전시가론』에서 "유리왕은 신화적 인물임에 주목하지 않을 수 없다. 그가 왕위에 오르게 된 경위부터가 신화적 요소가 매우 짙기 때문이다"고 하면서 이모저모로 "삼국사기의 기록을 전적으로 믿는 데에는 얼마큼 검토할 여지가 있다고 보인다"고 했다.

덧붙여 그냥 지나치기 어려운 사실 하나를 지적하지 않을 수 없다. 『삼국사기』에 이어 약 1세기 남짓 뒤에 등장한 일연은 민속·종교·음악·문학을 포함한 문화의 전반에 걸쳐 특별한 관심을 집약시킨 인물이다. 그 결정(結晶)이 『삼국유사』이고, 이는 『삼국사기』 안에 들어있지 않은 자료까지 망라했음은 물론, 그 안에 언급된 부분이라도 그 중요도에 따라 거듭 인거(引擧)함을 사양치 않았음을 요량해 알 수 있다. 그 좋은 사례가 『삼국사기』에 소개된 신라 노래 〈도솔가〉이다. 신라 본기 제3대 유리왕 때 '백성들의 생활이 즐겁고 편하여 처음으로 〈도솔가〉를 지었으니 이 곧 가악의 시초라〔民俗歡康 始製兜率歌 此歌樂之始也〕' 한 바의 이 〈도솔가〉가 『삼국유사』에도 거듭 소개된 경우이다. "처음으로 도솔가를 지으니 차사(嗟辭)와 사뇌격(詞腦格)이 있었다〔始作兜率歌 有嗟辭詞腦格〕." 유사의 이 같은 태도에 대해 생각건대, 이것이 노래 예술사에 있어 중대한 계기가 된다는 사실에 주목하여 중복마저 불사한 뜻으로 본다. 이때는 『삼국사기』 기록상에서 A.D.28년이다(『삼국유사』에선 A.D.23년). 가악의 시점에 대한 괄목할 만한 천명의 순간이다.

그러나 이는 동시에 고구려 노래 〈황조가〉를 몰각(沒却)해 버린 순간이기도 하였다.

〈황조가〉는 오히려 『삼국사기』 기록상으로 B.C.17년 조에 걸려 있는 바, 〈도솔가〉와 견주어 45년 앞선다. 한편 〈가락국기〉에 보이는 〈구지가〉가 있으되, 『삼국유사』의 기록상 건무(建武) 18년(A.D.42)으로 되어 있으니, 결국 공식상의 기록을 통하여 가장 선두에 소개되어진 노래는 단연 〈황조가〉가 된다. 그런데도 불구하고 『삼국사기』는 이 노래에다 최초성을 부여하지 않았다.

그뿐이 아니다. 어찌된 일인지 문화 관계 중대 자료인 『삼국유사』 안에서 고구려 관계 내용을 암만 눈을 씻고 살펴보아도 이 노래는 자취가 없다. 『삼국사기』에는 없는 〈구지가〉를 비롯하여 온갖 노래 유산

들을 챙겨 남길 줄 아는 일연이 문화 예술에 대한 공도(公道)를 무참히 저버린 것일까? 아니면 공식상 최초의 노래를 일순간의 실수로 망각했던 것인가?

만약 그도 저도 아니라면 일연의 생각에 이 노래가 유리왕의 지은 바는 아닌, 한갓 진체(眞體)가 분명치 못한 유전(流轉) 가요쯤으로 간주했던 나머지 그리했던 것일는지.

그 정확한 사유는 불분명한 채, 다만 가악을 포함한 문화적 자료의 확보에 철저한 『삼국유사』에서 이 작품이 소외당한 기재(記材)였다는 점은 아무리 해도 『삼국유사』 자체의 공신력을 위해 별로 좋을 것 없는 불리한 효과를 초래했던 사실에 유의하지 않을 수 없다.

그와 동시에, 조선 시대 허균이 〈답이생서(答李生書)〉(『성소부부고』 文部6)에서 '당(唐) 이상의 문헌은 막연해서 비록 을지문덕과 진덕여왕의 시가 사가의 휘록에 적혀 있다고는 하나, 그것이 과연 그이의 손에 의해 지어졌는지에 대한 감연한 믿음이 없다(吾東僻在海隅 唐以上 文獻邈如 雖乙支眞德之詩 彙在史家 不敢信其果出於其手也)고 한 말에서도 일말의 타당성을 찾고자 한다. 대개 을지문덕의 시를 연대로 따져 보면 고구려 영양왕 23년, A.D.612년이다. 이처럼 기원후 7세기 이후의 일조차도 허균은 믿기 어렵다고 했거늘, 도대체 기원전 1세기며, 기원후 1세기 때의 사실에 대한 신뢰의 바탕은 어디서 찾아야 할까. 그야말로 가장 환영(幻影)을 좇는 일일는지 모른다.

『시경』과 황조 노래

〈황조가〉 한역시가 선진(先秦) 시대 『시경』의 체재를 본받고 있다는 것은 더 이상 새삼스런 사실이 아니다. 그것은 단지 4언시 기본이라는 음수율적 형식적 기준만 가지고 그렇게 평하는 것은 아닐 것이다. 같은 4언시라 하더라도 〈구지가〉나 〈공무도하가〉 등이 『시경』과 연상하여 관계 논의되지 않았던 사실과는 대조적이라 할 수 있다.

이제 논술의 편의상 〈황조가〉 16자를 이에 다시 옮겨 놓을 필요를 느낀다.

翩翩黃鳥　　펄펄 나는 꾀꼬리는
雌雄相依　　암수 서로 정다워라.
念我之獨　　외로울사 이 내 몸은
誰其與歸　　뉘로 한데 녈거나.

위의 가사가 수사의 맥락상에 『시경』과는 서로 닿고 있는 바의 몇 가지를 일찍이 문선규가 뽑아 인용해 둔 것이 있다. 우선 제1행의 '편

一史 구자무의 2012년 作 <黃鳥圖>

편(翩翩)'이 『시경』 가운데 자주 나타나 뵈는 동일자 중첩의 한 예라는 점은 잠깐 고사해 두자. 다만 『시경』의 소아(小雅) 〈남유가어(南有嘉魚)〉 제4장에,

> 翩翩者鵻
> 烝然來思
> 君子有酒
> 嘉賓式燕又思

보는 것과 같이 첫 번째 구(句)의 조사(措辭) 방식이 같은 점만은 주목할 만하다.

그러나 본 작품이 『시경』과의 맥락은 이만 정도의 대조 이상 가는, 훨씬 더 깊고 긴밀한 관계 위에 놓여 있는 양 싶다.

〈황조가〉는 본래 『삼국사기』 안에서 제목을 들어 명시해 놓은 것은 없는 이상, 뒷시대에 편의상 붙여진 명칭인 듯하다함은 전술한 바와 같다. 그렇다곤 하지만 만일 이것을 『시경』의 가운데다 삽입시킬 경우를 상정해 본대도 역시 그 편명(篇名)은 〈황조(黃鳥)〉라 이름했을 개연성이 가장 높았을 것으로 본다.

공교로운 것은 『시경』의 갈피 사이에 〈황조(黃鳥)〉 제하(題下)의 노래가 둘이 있어 일시에 관심을 환기케 한다.

우선 편차로 볼 때 진풍(秦風) 가운데 〈황조(黃鳥)〉 편이 그 먼저 것이니, 이 노래의 제1장은 이러하다.

交交黃鳥	펄펄 나는 꾀꼬리
止于棘	가시나무에 앉았네.
誰從穆公	목공 따라 죽은 이
子車奄息	자거엄식이타네.

維此奄息　　엄식이란 이 분
百夫之特　　백 사람에 뛰어났지.
臨其穴　　무덤 속 들어갈 제
惴惴其慄　　부들부들 떨었지.
彼蒼者天　　푸른 저 하늘이
殲我良人　　우리 님을 죽였구나.
如可贖兮　　대신 갈 수 있다면야
人百其身　　백 번 목숨 내놓을 걸.

순장을 노래한 것이다. 진목공을 따라 죽어지는 자거엄식(子車奄息)을 애도함이니 그 인물이 제2연에서 자거 중항(子車中行)으로, 제3연은 자거 겸호(子車鍼虎)로 되었을 뿐 그 문맥은 모든 연에서 동일하다.

하지만 이 〈황조〉 편을 가지고 유리왕 〈황조가〉와의 밀접성을 찾기는 일단 어려울 듯 하다. 다만 황조 즉 꾀꼬리가 죽음의 비극과 관련된 의미로 부각되어 있는 점이 다소 유의될 뿐이다. 대략 황조란 새가 진작부터 밝고 낙천적인 분위기와 결부되는 대신에, 죽음—일종 생명의 영원한 상실이라 할 수 있는 그것—과 연결지어 나타난 점을 강조하여 그런대로 부회(附會)시킬 만은 하겠다. 그러나 같은 비극이라 해도 '순장'의 비극과 '실연'의 비극은 그 소재상 아무래도 동떨어진 감이 적지 않다.

이 점이 꽤 극복되면서 〈황조가〉와의 관계 논의를 위해 한 걸음 더 근접된다 싶은 것이 다름 아닌 소아(小雅) 홍안지십(鴻雁之什)에 실린 〈황조(黃鳥)〉 시이다.

黃鳥黃鳥　　꾀꼬리 꾀꼬리야
無集于桑　　뽕나무에 앉지 말고

無啄我粱　　우리 기장 쪼지 마라
此邦之人　　이 고장 사람이사
不可與明　　맹세조차 저버리니
言旋言歸　　돌아가 돌아가자
復我諸兄　　겨레 찾아 갈거나

이 노래를 두고 문선규는 『한국한문학사』에서 '여자의 실연을 말한 이것은 내용이 상호 근사한데다가 제목도 같'다는 점을 지적했다.

그러나 전술한 바처럼 유리왕이 지었다고 하는 이 노래를 수용하고 있는 유일한 전적인 『삼국사기』에 그 어디에도 '황조가'라고 제목을 표기한 것이 없는 바에, 제목의 같음에 대해 운위하기 어렵다. 아울러 그 주제 또한 여자의 실연을 말한 것으로 해석했지만, 오히려 『모시(毛詩)』에서는 학대받는 여인의 노래로 풀었고, 그런 일면 주자(朱子)는 타국

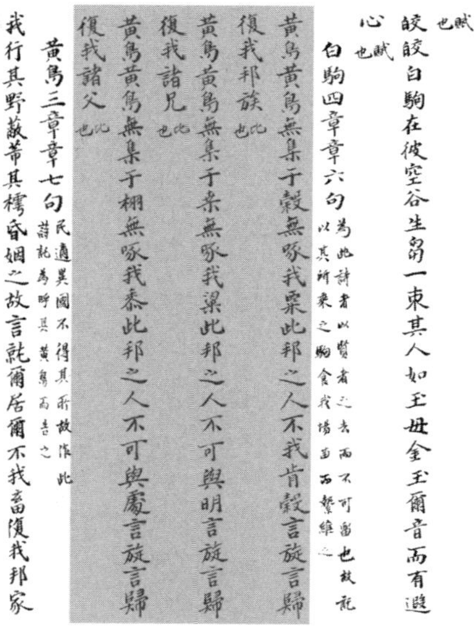
皎皎白駒在彼空谷生芻一束其人如玉毋金玉爾音而有遐心 賦也
白駒四章章六句 爲此詩者以賢者之去而不可留也故託以其所乘之駒食我場苗而縶維之
黃鳥黃鳥無集于穀無啄我粟此邦之人不我肯穀言旋言歸
復我邦族 比也
黃鳥黃鳥無集于桑無啄我粱此邦之人不可與明言旋言歸
復我諸兄 比也
黃鳥黃鳥無集于栩無啄我黍此邦之人不可與處言旋言歸
復我諸父 比也
黃鳥三章章七句 民適異國不得其所故作此詩託爲呼其黃鳥而告之
我行其野蔽芾其樗昏姻之故言就爾居爾不我畜復我邦家

『시경』 小雅 鴻雁之什에 실린 <黃鳥>

에서 불우하게 지내는 사람의 시로 보는 등, 그 견해 각각 같지 않음을 알 수가 있다.

그런데 이토록 서로 합치되지 않은 해석상의 같지 아니함에도 불구하고 이 속에는 무언가 하나로 연결될 만한 공통 인수 같은 것이 감지될 듯싶으니, 그 인자(因子)는 다름 아닌 '고독'이 아닐까 한다. 여자의 실연도 궁극적으론 고독감에 다름 아니요, 학대 받는 여인이거나 타국살이 불우객의 정한조차 근원적으로는 하나같이 고독의 정서가 밑바닥에 깔려 작용하고 있는 것이다. 동시에 대자연의 삼라만상 가운데 하필 황조를 앞세워 고독을 노래한 유리왕의 황조 노래와 은현중 개념상의 유사를 보인다고 할 수 있다.

이처럼 꾀꼬리가 불러일으키는 고독의 연상법은 특정한 작품에 국한하여서만 그런 것 같지는 않다. 이를테면 김시습의 소설 〈이생규장전〉 중 홀로 있음을 탄식하는 여주인공 최낭자의 시에도 꾀꼬리와의 대조를 통한 고독의 독백이 엿보인다.

獨倚紗窓刺繡遲　　사창(紗窓)에 기대앉아 수 놓기도 느려라
百花叢裏囀黃鸝　　활짝 핀 꽃떨기에 꾀꼬리는 지저귀는데.
無端暗結東風怨　　살랑이는 봄바람이 괜스레 원망되어
不語停針有所思　　가만히 바느질 멈추고 생각에 잠기네.

〈운영전〉 가운데 궁녀 은섬(銀蟾)이 안평대군 앞에 고하는 초사(招辭)에도 꾀꼬리에 빙자하여 남녀의 애욕을 외치는 대목이 나타난다.

男女情慾 稟於陰陽 無貴無賤 人皆有之 一閉深宮 形單隻影 看花掩淚 對月消魂 梅子擲鶯 使不得雙飛 簾帳燕幕 使不得兩巢 此無他 自不勝健羨之意 妬忌之情耳.

남녀간 정욕은 음양에서 품수한 것으로 상하귀천 없이 사람으로는 가

지지 않은 이가 없습니다. 한 번 깊은 궁 안에 갇혀 외로운 혼자 몸으로 꽃 보며 눈물 가리고 달 대하면 넋을 사르니, 매화나무에 날아든 꾀꼬리를 쌍으로 날지 못하게, 주렴 사이로 드나드는 제비로 하여금 둘이 집을 짓지 못하게 하니, 이는 다름이 아니라 제 혼자 몹시 부러워하는 마음과 질투하고 시기하는 감정을 이기지 못하기에 그럴 뿐이지요.

그러나 〈황조〉와 〈황조가〉의 양자는 단순히 '황조'와 '고독'의 관계뿐 아니라, 한걸음 더 나아가 일정한 구조상의 상관성마저 시사해 주는 바 있어 주목을 요한다. 그 관계는 흡사 부절을 맞춘 양 제법 일목요연한 모습으로 분석되어 나타난다.

	黃鳥	黃鳥歌
㉠	黃鳥黃鳥	翩翩黃鳥
㉡	無集于桑 無啄我粱	雌雄相依
㉢	此邦之人 不可與明	念我之獨
㉣	言旋言歸 復我諸兄	誰其與歸

㉠은 기(起)이다. '황조황조'와 '편편황조'는 똑같이 꾀꼬리란 새를 환기하여 있는 점에서 일치하고 있다.

㉡ 만은 조금 다르다. 〈황조〉는 꾀꼬리에 대한 대화법 형태를 취하고 있으나, 〈황조가〉는 감탄형 형태로 연결되고 있는 점이 우선 그렇고, 전자의 현실적 관심이 후자에서는 낭만적인 내용으로 처리되어 있다. 그러나 양자 공히 절구체 한시 체계상의 승(承)에 해당된다.

㉢의 '이 나라 사람은 아무도 믿을 수 없어〔此邦之人 不可與明〕'는 '외롭다 내 혼잣몸〔念我之獨〕'의 말과 비록 그 표면에 나타난 수사적 표현 방식은 달랐을망정, 내면에 깔린 심층적 고독이 의미상 인과적 표리의

관계를 이루면서 한가지로 교묘히 통해 있음을 본다.

유리왕의 〈황조가〉 노래 해석에 있어 그 배경설화를 최대한 존중하는 토대 위에서 접근할 경우에조차 이 양자는 기막히게 맞아 떨어진다.

치희는 부끄럽고 억울하여 자기 나라로 돌아갔다. 왕이 돌아와 이 소식을 듣고 말을 달려 뒤쫓아가 달랬으나 치희는 노하여 돌아오지 않았다〔雉姬慙恨亡歸 王聞之 策馬追之 雉姬怒不還〕고 하는 설화 자체의 문맥으로 보았을 때, 이미 자기 나라로 망명해 버린 치희를 따라 유리왕은 국경 너머 중국까지 들어간 것으로 보인다. 치희로부터 거절당한 왕의 형용이 어떠했을까. 기진맥진 기운을 잃어 어디라도 주저앉고 싶은 마음이었겠다. 설화의 다음 이야기는 이렇게 이어진다. "왕은 나무 아래 쉬다가 꾀꼬리가 날아 모여드는 것을 보고 이에 느꺼워 노래하였다〔王嘗息樹下 見黃鳥飛集 乃感而歌〕." 이것은 치희에게 거절당한 직후의 왕의 행색으로 적절한 서술이다. 물론 이러한 평설은 '嘗'을 독립된 과거 시제로서의 '일찍이'가 아닌, 앞의 사건을 곧장 이어받는 뜻으로 해석한 전제이다. 하지만 '치희 잃은 일'과 '나무 아래 황조 노래'의 두 가지가 연결된 시제(時制) 아닌 각각의 독립된 사건이었다 하더라도 치희 잃은 정경과 나무 아래 황조 탄식의 정경이 주는 심상(imagery) 사이 상호연상적인 효과가 그러한 배치를 가능케 하였음이 분명하다.

이때 유리왕의 심사가 어떠했을까. 믿을 수 없는 사랑이라는 불신감과 배신감에 사로잡혀 있었을는지 모른다. 역시 이국(異國)의 사람과는 그 정신마저 영원한 이방인일 수밖에 없는가.

그러면 유리왕의 '염아지독(念我之獨)'은 치희에 대한 그리움 때문에 솟구치는 고독이 아니라, 어쩌면 타인과의 어쩔 수 없는 단절 때문에 야기된 배신과 분노의 고독으로 생각해 볼 수도 없지 않다. 그리해서 유리왕의 고독〔念我之獨〕은 이 나라 사람과는 더불어 맹세할 수 없는〔此邦之人 不可與明〕 지연적 이질성을 통감한 결과인 것으로 부회시킬 수 있는 자리마저 허여되고 있다. 유리왕에게 있어 이 나라〔漢〕 여자 치희란 존재는 참으로 맹세할 수 없는 인물이었음을 결코 부인할 도리는 없었던 때문이다.

㉣, 결과는 자명하다. 이제 유리왕은 본국으로 돌아갈 길 밖에는 없었다. 그러나 처음 갈 때 치희를 데리고 귀국할 수 있으리라던 기대는 무너지고 더 이상 함께 갈 사람을 잃고 말았다〔誰其與歸〕. 〈황조가〉의 결구는 결국 돌아간다〔歸〕는 문제가 관심사로 대두되고 있다.

〈황조〉 또한 초점은 고국 고향에 돌아가는〔歸〕 문제에 의사가 집중된다. 〈황조〉나 〈황조가〉나 할 것 없이 하나같이 돌아감을 결심한 마당에 선 탄식의 결귀인 것이다. '歸'가 바로 두 편 시의 최종 귀납점이라는 데서 그 상관의 개연성을 한 번 더 가늠하는 것이다.

그런데 〈황조가〉 한역시가 『시경』에서 이받은 부분은 한갓 상게한 〈황조〉 편 정도에 국한된 것 같지 아니하다. 그것의 일언·일구는 보다 넓은 범위에 걸친 『시경』의 도처에서 영향을 입은 듯싶으니, 〈황조가〉의 "염아지독(念我之獨)"은 전혀 독창적인 조자(造字)인가 하였으나, 문득 『시경』 갈피의 소아 〈정월(正月)〉 편 제1장인,

正月繁霜	정월달 진서리에
我心憂傷	내 마음 저며 드네
民之訛言	사람들 뜬 소문은
亦孔之將	저다지 엄청날까
念我獨兮	생각사 홀로 신세
憂心京京	근심이 얽혔어라
哀我小心	애끓는 여린 맘이
癙憂以痒	시름에 앓는구나

및, 같은 소아 중의 〈소명(小明)〉 편 2장에,

昔我往矣	예전 나 떠나올 땐
日月方除	해 바뀐 무렵였지
曷云其還	언제나 돌아갈까
歲月云莫	해는 또 저무는데
念我獨兮	생각사 홀로 신세
我事孔庶	할 일은 하도 할사
心之憂矣	마음의 근심 걱정
憚我不暇	괴로움 겨를 없네

명백히 나타나 있는 '念我獨(兮)'의 구어(句語)와 한갓 무관한 사실로 돌릴 수 없을 듯싶다.

〈소명〉 편은 변방에 가 있는 대부가 뜻대로 돌아갈 수 없는 비애를 노래한 것이라 하고, 〈정월〉 편은 내란이 격화된 사회상을 노래한 것이라 한다. 먼 변방의 대부가 마음대로 돌아가지 못하는 신세는 타방(他邦)에 가 있는 임금이 뜻을 이루지 못한 채 돌아갈 수밖에 없는 정황과 인간적 비애의 측면에서 어딘가 서로 닿을 듯싶은 구석도 있다. 반면, 내란이 격화된 사회상을 노래했다는 것과 〈황조가〉가 시사하는 내용과는 실로 별 연관이 닿지 않는 양 싶다.

그렇지만 여기서 잠깐 〈황조가〉 노래와 그 배경 설화에 관해 재음(再吟)하여 보자. 이는 비록 몇 줄 안 되는 짤막한 분량임에도 견지에 따라서는 얼마든 다양하게 해석될 수 있는 소지를 내포하고 있음을 특징으로 하고 있다. 그렇기 때문에 〈황조가〉 한 편을 두고서 있는 그대로의 순수한 서정시로 보아 넘기는 입장들이 있는 반면에, 논자 사이에는 이것을 확대 개념으로서의 서사시로 해석하고자 하는 견해 또한 없지 않은 것이다. 이 같은 주장들을 종합해 보면, 대개 설화 상에 등장되는 화희와 치희의 총애 다툼에 근거를 두고 있다. 곧 이 싸움이 고구려족과 한족(漢族) 사이 종족 간의 대립 및 항쟁이었단 말로 요약되고 있음이다.

특히 이가원은 『한국한문학사』에서 성호 이익이 유리왕 〈황조가〉의 의미를 살려 악부로 재구(再構)시킨 중의 '邦風重土俗 冷視城外身'이란 구절에 주목하면서 이는 '역시 당시 골천인(鶻川人)의 관습이 한족에 대한 냉시와 반항을 나타내는 장면을 묘사한 것'이라고 한 바 있다.

고대 시가를 두고 이러한 확대 개념이 얼만큼한 타당성을 가질 수 있을는지는 여전한 과제이지만, 아무튼 당시의 부족 국가 형태였던 고구려가 한족을 끊임없이 의식하고, 그와의 항쟁을 거듭하는 과정에서 변모 발전해 나갔다는 것만큼은 엄연한 사실로서 받아들이고자 하는 입장이다. 진단학회, 『한국사・고대편』 안의 글이다.

> 예컨대, 고구려 맥인(貊人) 사회는 한의 지배와 압력에 대하여 최초로부터 반항을 일으켜 그 반발력과 자각과 결속에 의하여 국가를 건설하고 또 발전시키었다. 실로 고구려의 발전이야말로 주로 한 군현과의 투쟁에서 이루어졌던 것이다.

고구려의 수많은 항한(抗漢) 투쟁 가운데도 가장 이채로웠던 사건으로, 이기백 같은 이는 왕망(王莽)의 신(新, 8~23)과의 충돌을 꼽았다.

> 이같이 고구려는 한족과의 투쟁 과정에서 성립하였고 또 성장하여 갔다. … 이러한 지역은 모두 당시 중국의 직속령이거나 그 영향 밑에 있었으므로 고구려와 한족과의 투쟁은 필연적인 일이었다. 그 중에서도 극적인 사건은 왕망의 신과의 충돌이었다. 왕망은 흉노의 정벌에 고구려군을 동원시키려 하다가 오히려 이를 거부하는 고구려군과의 사이에 충돌이 일어나고, 왕망은 고구려를 하구려(下句麗)라 불러 그의 독존적인 중화사상을 스스로 만족시키려 하였던 것이다(A.D.12). (『한국사신론』)

그리고 이때의 고구려왕이 다름 아닌 유리왕이었다. 바로 위의 인용과 같은 전제 하에선 유리왕이야말로 항한 투쟁의 선봉적인 기수라 하여 지나친 말은 아닐 듯싶다. 따라서 유리왕 시대에 화희·치희의 다툼 또한 한·중 두 종족 간의 상극(相剋)의 형상으로 확대 해석하는 일 또한 결코 논리의 비약만은 아닐 수 있다.

이상은 〈황조가〉 배경담이 보이는 내용이 갖는바 은유적 함축성을 시사한 것이지만, 이쯤되면 〈황조가〉 작품 자체에조차 은유적 해석이 가해질 정도의 소지는 주어질 만 하였다. 그리하여 이 노래 자체에 대해 역시 이가원·김동욱 등이 항쟁의 서사시라는 취지로 풀었다든지, 보다 구체적으로는 이명선이 『조선문학사』에서 "종족 간의 상쟁(相爭)을 화해시키려다 실패한 추장의 탄성으로서 이해할 것"이라고 한 논지 등이 그러한 증좌이다.

이러한 것은 유리왕 대의 시대적 상황, 곧 그 시대 배경이 되는 집단적 동향을 염두에 두고 〈황조가〉의 의미에 접근하는 방식이라 볼 수 있다. 아울러 이 경우는 고구려와 한이라는 집단 상호간, 요컨대 한·중 양국 간의 국제적 갈등에 착안한 것이다.

그리고 〈황조가〉 해석에 이 같은 집단 외적 상호성에 한 가지 개연성이 유지될 수 있다고 한다면, 혹 집단 내적 상호성의 갈등조차 한 개 개연성을 사양 받을 이유는 없지 않을까. 환언하면, 어떤 한 부족의 장(長)이 권력 내부의 잘 해결되지 않는 여러 가지 문제에 부딪쳐서 야기되는 고독감을 노래한 것으로 가정해 보는 뜻이다.

끝으로, 〈황조가〉의 결귀 '수기여귀(誰其與歸)'가 『시경』 당풍(唐風) 〈갈생(葛生)〉 편과 근사되는 국면에 주목하지 않을 수 없다. 전체를 인거해 보기로 하겠다.

葛生蒙楚 蘞蔓于野 予美亡此 誰與獨處

葛生蒙棘 蘞蔓于域 予美亡此 誰與獨息

魚枕粲兮 錦衾爛兮 予美亡此 誰與獨旦
夏之日 冬之夜 百歲之後 歸于其居
冬之夜 夏之夜 百歲之後 歸于其室

『시경』 전편을 통해서 '수여(誰與)'의 표현은 유일하게 여기 한 군데뿐이고, 다른 어느 곳에서도 찾을 방도가 없다. 더욱이 위의 시, 끝 련 끝 행의 핵심은 '귀(歸)'에 집약되어 있으니, 이 시의 전체적 의미 맥락 위에서 볼 때 그 요지(要旨)는 궁극에 '수여귀(誰與歸)' 세 글자의 표현으로 압축될 수 있다고 하여 무리는 아닐 것이다. 그러면 결국 〈황조가〉의 '수기여귀(誰其與歸)'와 대조할 때 '其' 한 글자 빠져있는 셈이다. 그러나 여기의 '기(其)'는 어떤 의미 체계에 이바지하기보다는 오히려 한갓 조운(調韻)의 효과에 지나지 않는다고 생각하면, 양자 사이 수사상(修辭上)의 유대는 이미 예사롭게 보아 넘길 성질이 아니니다.

가일층 그 내용 면에서도 본 편이 다름 아닌 과부의 탄식이라 하니, 역시 고독한 사람의 노래라는 점에서 〈황조가〉와는 또 한 번 공통적 계기의 마련이 주어진다.

이상, 〈황조가〉가 구사하고 있는 수사적 원류를 『시경』과 관련하여 검증해 본 결과, '편편(翩翩)', '황조(黃鳥)', '염아독(念我獨)', '수여귀(誰與歸)' 등 의미상의 요긴처들에서 상호 긴밀하게 부합되고 있음을 보았다. 다만 2행의 '자웅상의(雌雄相依)'가 〈황조가〉 독특한 창의적 구사임을 탐색(探賾)하였다. 그러나 '자웅(雌雄)'의 표현조차 『시경』 소아(小雅) 〈정월(正月)〉 편에 "具曰予聖 誰知烏之雌雄"의 구절이 있으니, 엄밀히 말하자면 '상의(相依)'의 조어만이 〈황조가〉 고유한 어휘가 되는 셈이다.

이쯤에서 〈황조가〉가 『시경』으로부터 받은 영향의 심도를 알 만하였고, 결국 이것이 본 노래의 시기를 가늠하는데 있어 어떤 시사가 없지 않으리라 본다. 곧 〈황조가〉의 제작은 『시경』에의 송독(誦讀)과 천착이 이미 시간상으로 깊이 숙성하여 응용이 자유 자재하여진 시대를 기다려서만이 가능했으리란 사실이다.

동시에, 이 같은 문화적인 순숙(純熟)에 대한 기대는 아직 생경한 단계였을 고구려의 초창기(A.D.1세기)에다 걸기에는 시기상조인 듯하고, 아무래도 소수림왕 무렵 본격적인 교육 기관인 태학의 설립 이후에 의거하는 기댓값이 우세할 것이다.

유리왕과 황조 노래

여기서는 〈황조가〉 노래의 가자(歌者) 주인공이 되고 있는 고구려 2대 임금 유리왕의 인간적 면모에 접근하여 황조 노래와의 관련성 문제에 유의하고자 한다.

조선조에 『동사강목』을 찬술한 안정복(安鼎福, 1712~1791)은 유리왕의 해당 편목을 통해 왕을 이렇게 평가하고 있다.

> 王平生 失德甚多 二姬不和而夫婦道壞 陝父出奔而君臣義虧 解明伏劒而夫子恩絶 謚號明王遵何德哉 自昔所謂明王 於此三倫所全者少 奚獨責於夷

유리왕

> 虜之小君乎. (第1 · 上 癸亥 馬韓 11月)
>
> 왕의 평생을 상고해 보건대, 실덕한 것이 매우 많다. 두 부인이 불화하였으니 이는 부부의 도가 무너진 것이요, 협보(陝父)가 달아나버렸으니 이는 군신의 의가 이지러진 것이요, 아들 해명(解明)을 칼에 엎드려 죽게 하였으니 이는 부자의 은정이 끊어진 것이다. 그런데 시호를 명왕(明王)이라 한 것은 무슨 덕으로 한 것일까? 예로부터 밝은 임금들도 이 세 가지 인륜을 온전히 한 자가 적은 데 어찌 저 오랑캐의 작은 임금을 탓하랴?

여기서 두 부인이 불화했다 함은 두말할 것도 없이 부인 송씨의 서거 후에 계실로 맞은 화희 · 치희의 쟁총을 가리키는 것이요, 협보가 달아났다 함은 유리왕 22년(A.D.3) 12월에 왕이 질산(質山) 북쪽으로 여러 날 사냥함에 대보(大輔)로 있는 협보가 간렵(諫獵)하였고, 이에 왕이 대로하여 좌천시키자 남한(南韓)으로 가버린 사실을 일컬음이었다. 『삼국사기』 권13 고구려본기1 〈유리왕〉 11월 22년 조의 기록이다. 또 아들 해명을 칼에 엎드려 죽게 했다 함은, 왕 27년 정월에 태자 해명이 황룡국(黃龍國)의 왕이 보낸 강궁(强弓)을 꺾어 국위를 과시했던 일이 있는데, 유리왕이 이 말을 듣고 황룡국 왕으로 하여금 자기 아들 죽일 일을 교사했다가 여의치 않자 그 이듬해 3월 직접 해명에게 자살을 명했던 사건을 말한다.

여기서 유리왕은 뜻밖에 박덕한 인물의 표상처럼 부각되고 있어서 참으로 '명왕(明王)'이란 칭호가 그 업적으로 한 것이라면, 과연 그 같은 칭예(稱譽)를 받을 자격이 있는지 의심시 될 정도이다. 그런데 시호를 유리명왕이라 한 것은 반드시 덕으로 한 것이 아니고 신채호가 『조선상고사』에서 해석한 바와 같이, "유류(儒留)는 본기의 유리명왕(琉璃明王) 유리(類利)니 '儒留' · '琉璃' · '類利'는 다 누리로 독할 것이니, 세(世)한 뜻이며 명(明)이란 뜻"이기 때문에, 다시 말해 순수 토속어를 중국식 한자로 바꾼 결과로서의 '명(明)'이란 뜻으로 볼 수조차 없지 않다. 이러한 어석상의 문제는 동명성왕 주몽이 고구려어로 주무, 주무=聖의 뜻이기 때문에 제3대 무휼(無恤)은 고구려말로 무뢰, 무뢰=神의 뜻으로 통한다는 것과 동일한 원리이다.

한편 유리왕의 사적을 구현시킨 바의, 결과상으로 역사상 최초의 사관이 되었던 인물은 다름 아닌 김부식이었다. 김부식 등이 『삼국사기』를 편찬할 때 『구삼국사』 등을 비롯한 기존의 역사서를 십분 참고했을 테지만, 현재 상고 가능한 범주 안에서는 김부식이 제일선에 자리하는 까닭이다. 그는 사마천이 『사기』를 다루었던 태도를 본따서 편술의 중간 중간 소회가 일 때 마다 자신의 관점을 피력하였는데, 유리왕 28년 유리왕과 태자 해명 사이에 일어난 이 사건의 기술(記述)에 당하여 이렇게 논단하였다.

> 論曰 孝子之事親也 當不離左右以致孝 若文王之爲世子 解明在於別都以好勇聞 其於得罪也宜矣 又聞之 傳 曰 愛子教之以義方 弗納於邪 今王始未嘗教之 及其惡成 疾之已甚 殺之而後已 可謂父不父子不子矣.
>
> (『三國史記』 高句麗本紀 1 瑠璃王 28年條)
>
> 논컨대, 효자가 어버이를 섬김에는 마땅히 그 좌우를 떠나지 않고 효도를 다해야 함은 저 문왕이 세자가 되었을 때와 같이 할 것이다. 그런데 해명은 다른 서울에 있으면서 무용(武勇)으로 소문이 났으니 그가 벌을 받음은 마땅하다. 또 듣건대, 『좌전(左傳)』에 '자식을 사랑하려면 옳은 방도를 가르치고 그릇된 길에 들지 않게 하라' 하였는데, 지금 왕은 처음부터 한 번도 이를 일찍 가르치지 않다가, 자식이 옳지 않은 일에 미치게 되자 이를 몹시 미워하였고, 죽인 다음에나 그만 두었으니, 가히 아비로서 아비의 노릇을 하지 못하고 아들로서 아들 노릇을 하지 못하였다고 말할 것이다.

그리하여 그 과오가 유리왕 부자의 양 편에 다 있다고 보았다.

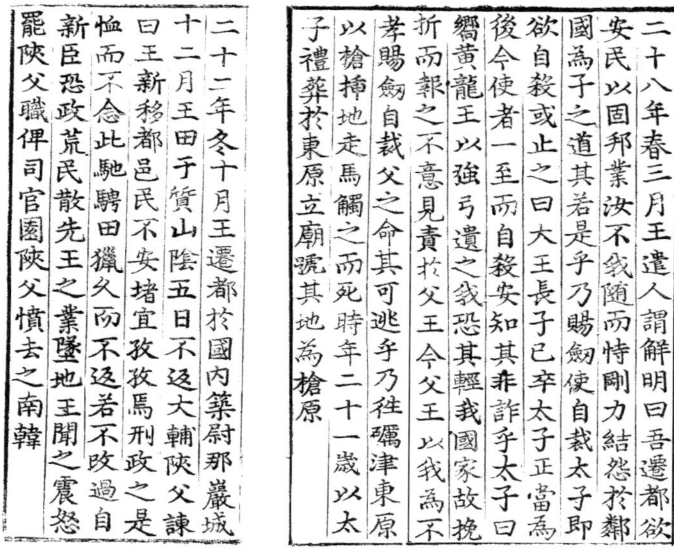

二十二年冬十月王遷都於國內築尉那巖城
十二月王田于質山陰五日不返大輔陜父諫
曰王新移都邑民不安堵宜孜孜焉刑政之是
恤而不念此馳騁田獵久而不返若不改過自
新臣恐政荒民散先王之業墜地王聞之震怒
罷陜父職俾司官園陜父憤去之南韓

二十八年春三月王遣人謂解明曰吾遷都欲
安民以固邦業汝不我隨而恃剛力結怨於鄰
國爲子之道其若是乎乃賜劒使自裁太子即
欲自殺或止之曰大王長子已卒太子正當爲
後今使者一至而自殺安知其非詐乎太子曰
嚮黃龍王以强弓遺之我恐其輕我國家故挽
折而報之不意見責於父王今父王以我爲不
孝賜劒自裁父之命其可逃乎乃往礪津東原
以槍揷地走馬觸之而死時年二十一歲以太
子禮葬於東原立廟號其地爲槍原

『삼국사기』에서 유리왕이 왕 22년에 동명왕의 충신 협보를
배타하는 부분(左)과, 28년에 아들 해명을 자결시키는 대목

반면, 이 관계를 두고 조선조에 성호 이익은 김부식과는 다소 다른 각도에서 견해를 표명하고 있다.

> 高句麗太子解明賜劒死 史臣專攻解明之罪 不知罪由王成也…夫好勇不懋德 雖曰非義 當是時 自東明樹基 孰非好勇而得者. (『星湖僿說』 經史門 '解明')
>
> 고구려 태자 해명은 하사한 칼에 죽었는데, 김부식은 오로지 해명의 죄로만 몰아부치고 그의 죄가 왕 때문에 이루어진 것은 알지 못하였다. … 대저 용맹을 좋아하고 덕에 힘쓰지 않는 것을 비록 의리가 아닌 짓이라고 하나, 이때를 당해 동명왕으로부터 왕업을 일으키는 마당에 누군들 용맹을 좋아하지 않았겠는가.

이렇게 피력함과 동시에, '해명은 아비의 명령을 거스르지 않은 아들이었다는 것을 알 수 있다〔此亦非悖逆之子 可知〕'고 함으로써 결국 허물은 유리왕에게 오로지 있음을 역변하고 있다. 나아가 성호는 이 사건을 보다 심각화시켜 이것이 혹 아래 왕자 무휼(無恤; 뒷날의 대무신왕)의 왕위 계승을 위해 처음부터 계획되어진 음모는 아닌가의 단계까지 의심하고 있다.

> 至是 無恤年二十六 而解明果得罪 越六年 無恤立爲太子 而王子如津溺水死 此又何也 凡帝王之家 寵憎稍露 窺明四至 勢位相逼 鋒刃密加 解明之死 曖昧而已矣.
>
> 이때에는 무휼의 나이 26세였는데 해명은 과연 죄를 얻게 되었다. 6년이 넘어서 무휼은 태자가 되었고, 왕자 여진(如津)은 물에 빠져 죽으니, 이는 또 무슨 까닭이었을까? 무릇 제왕의 집안은 애증이 점점 노출되면 엿보는 자가 사방에 생겨나고, 세위(勢位)가 서로 엇비슷하면 날카로운 칼날을 은밀 더하게 되니, 해명의 죽음은 애매할 뿐이었다.

성호의 이 같은 의문 또한 전혀 무리라고만 할 수 없는 것은, 해명·여진 뿐 아니라 해명 이전에 먼저 태자 책봉을 받았던 태자 도절(都切)의 경우도 왕 20년(A.D.1)에 상세한 원인도 밝히지 않은 채 죽었다고만 하여 있으니, 이 또한 그같은 전제에서는 또 하나의 의심거리가 아닐까. 다만 단재 신채호는 『조선상고사』에서 아예 도절의 이 죽음에 대하여 "제1차의 태자는 도절이니, 유류왕(儒留王)(琉璃王; 필자주)이 동부여에 유질(遺質)하려 하나 도절이 불행(不行)하므로, 왕이 진노하매 도절이 우분(憂憤)하여 병이 들어 죽었고"라며 단정적인 서술을 가하고 있다. 이는 『삼국사기』 기록을 바탕으로 한 신채호 임의의 추단으로 보인다. 아울러 "도절·해명 양(兩) 태자의 죽음이 혹 궁정 내 처첩 질투의 원인도 있으려니와, 그 문제는 대개 동부여의 외교상 관계이었으니 유류왕(유리왕)의 대 동부여 공구(恐懼)를 가히 미루어 알

것이다"라 하여 보다 대범한 쪽으로 받아들이고 있다. 이는 해명에게 장궁(長弓)을 보낸 임금이 황룡국 왕이라고 한 『삼국사기』의 기술과는 관계없이 동부여국 왕으로 간주하고 내린 해석이다. 아뭏든지 신채호의 이 같은 문면 해석을 수긍한다는 전제에서 본다 해도, 역시 도절의 죽음은 아버지인 유리가 야기한 결과라는 점에선 변함이 없다.

여하간에 대체 유리왕은 아들 셋의 비명횡사를 일일이 겪은 운수 사나운 인물이 아닐 수 없었다. 그렇거니와 유리왕의 부자 윤리 실도(失道)에 대한 공박은 이 정도에서 그친 것이 아니었다.

『동국사략(東國史略)』의 저자이기도 한 양촌(陽村) 권근(權近; 1352~1409)은 유리왕이 다물후(多勿侯) 송양의 딸을 맞아 왕비로 삼았다는 대목에 임해서 다음과 같이 평설하였다.

> 昔 魯文公娶在三年之外 春秋猶譏其喪未畢而圖婚 況在期年之內而納妃乎 類利之罪 不待貶而自明矣. (『陽村集』 卷34 「東國史略論」)
>
> 옛날 노문공(魯文公)은 삼년상이 지난 뒤에 아내를 맞이했는데도 『춘추』에서 상이 끝나지 않았는데 혼인을 도모했다고 비난하거늘, 하물며 1년 안에 왕비를 맞음에랴! 유리(類利; 유리왕의 이름)의 죄는 폄하지 않더라도 자명하다.

그리하여 이번에는 유리왕이 아들 자격으로서 아버지인 동명왕에 대한 관계에서도 결국 윤기(倫紀) 상의 실추를 면치 못한 꼴이 된 것이다. 물론 여기서 삼년상과 같은 특유한 문화 풍속적인 사항이 특정한 시대에 얼만큼 적용 가능한지 애매한 부분도 있어 권근의 말대로 진지하게 따져 들어가기 곤란한 국면이 없지는 않다. 최남선의 『조선상식문답』 풍속편 '삼년상' 조에 보면 "조선에서도 삼국시절에 이미 삼년상을 입었다는 기록이 분명히 남아 있읍니다만 일반 백성이 다 그런 것 같지는 않으며…"라 하였다. 그리하여 설령 삼년상이 대개 삼국시대부터도 벌써 제도적 마련이 있던 것이라 할지라도, 그것이 고구려라는 부족 국가 창설의 초기, 곧 기원 전·후의 1세기 때에도 벌써 기존해 있었느냐 할 때 의아함이 없지 않다. 예컨대 『주서(周書)』 중의 고구려 관련 기사에 보면, 요행으로 복제(服制)에 관련된 사항이 있어 관심을 끈다.

> 父母及夫喪 其服制同於華夏 兄弟則限以三月. (卷49 列傳41 「高麗」)
>
> 부모나 남편이 죽었을 때에, 그 복제는 중국과 같다. 그러나 형제의 경우에는 석 달 밖에 입지 않는다.

부모의 상(喪)은 그 복제가 중국과 같다고 분명 나와 있기는 한데, 문맥으로 보아 이 시기는 고구려에 체재가 정비되고 불교가 수입된(A.D.372) 4세기 후반 이후의 상황인 것으로 시사된다. 또한 태학을 세워 자제들을 교육했다〔立太學 敎育子弟〕는 소수림왕 2년(A.D.372) 무렵을 보다 적극적이고 본격적인 한문 수용의 단계로 보면, 그 이전까지는 아무래도 한자의 전래가 아직은 오래일 수 없고, 한문의 이해 수준도 모호하다고 밖에 보아지지 않는다. 이러한 판인데, 한문화에 대한 충분한 이해와 동화의 때를 기다려 가능할만한 삼년상 같은 제도의 정착이 기원 전후의 유리왕 대에는 아직 시기상조였을 것이란 뜻이다. 더욱이, 몇몇 사가(史家)들의 말대로 신라사 찬자(撰者) 및 이를 계승한 『삼국사기』 저자의 날조 행위가 고구려 및 백제 연대에 대해 일백 년 이상의 삭감을 획책했을 것이라는 해석 아래서는 더 말할 나위도 없게 된다.

그저 이와 같은 선입견 없이 유리왕 기사를 보더라도, 교시 제천(郊豕祭天)이라든가 무당의 제액 성사(除厄成祀) 같은 토속적인 샤머니즘의 분위기가 강하게 자리잡고 있음을 확인할 수 있다.

그러므로 삼년상에 관한 한 유리왕의 죄목은 일단 유보로 돌릴 수밖에는 없다. 하지만 이것이 비록 권근의 곡견(曲見)에서 나왔다 한다손, 웬일인지 유리왕에 대한 이미지가 결코 긍정적이지 못한 바탕에서 기인한 듯한 인상마저 떨치기는 어렵다.

다음으로, 군신 관계의 상도(常道)를 상실한 유리왕의 면모에 관해 지적해 보인 견해들을 살펴본다.

앞서 안정복이 '협보가 출분하였으니 이는 군신의 의가 이지러진 것'이라 했거니와, 그 전후간 상세한 사정을 직접 『삼국사기』 유리왕 22년 조 안에서 상시(嘗試)해 본다.

> 二十二年冬十月 王遷都於國內 築尉那巖城 十二月 王田于質山陰 五日不返 大輔陜父諫曰 王新移都邑 民不安堵 宜孜孜焉 刑政之是恤 而不念此 馳騁田獵 久而不返 若不改過自新 臣恐政荒民散 先王之業墜地 王聞之震怒 罷陜父職 俾司官園 陜父憤 去之南韓.
>
> 10월에 왕은 국내(國內)[만주 安東省 輯安]로 천도하고 위나암성(尉那巖城)을 축조하였다. 12월에 왕은 질산(質山) 북쪽에서 사냥하느라 5일 동안 돌아오지 않았더니 이에 대보(大輔)로 있던 협보가 간하였다. "대왕께서 새로 도읍을 옮겨 민심이 안정되지 않은 상태인지라 마땅히 형정(刑政)에 부지런히 힘쓰실 일인데, 이를 생각지 아니하고 사냥만 하시며 오래도록 돌아오지 않으시니, 만약 이 과오를 고쳐 자신(自新)하지 않으실 것 같으면, 신의 생각에는 정치가 거칠어지고 백성들이 헤어질까 염려되며 선왕 [동명왕]의 창업이 그만 땅에 떨어질까 두렵습니다." 그러자 왕은 이 말을 듣고 크게 노하여 협보의 직(職)을 파하고 관원(官園)의 사무를 맡아 보게 하니, 협보는 분격하여 남한(南韓)으로 가버렸다.

여기서 군신간의 불협화적(不協和的) 갈등이 심각한 정황으로 치달았음을 보게 된다. 그런데 유리왕에게 간렵을 한 끝에 결국은 일조에 축출을 당한 협보란 인물이 대체 누구였던가, 재확인할 때 그 심각성은 가일층 더해진다. 협보는 다름 아닌 유리왕의 선왕인 동명왕의 평생 심복이자 측근의 한 사람이다. 일찍이 동명왕 잠저(潛邸)의 시절, 동부여에서 고난을 당할 때 금와왕의 왕자 및 측근 신하들이 죽이려하자 어머니 유화 부인을 떠나 망명하였던 사실이 있다. 그리고 이 때 그를 추종하는 세 사람이 있었으니 곧 오이(烏伊), 마리(摩離), 협보(陜父)가 그들이다.

그러면 이제 협보는 동명왕·유리왕 부자의 양대에 걸쳐 섬긴 인물이니, 부왕 동명주의 이른바 고명지신(顧命之臣)인 것이다. 이 사실을 실감케 하는 좌단(佐端)으로 춘원 이광수가 동명왕의 생애를 장편화한 역사소설 〈사랑의 동명왕〉(1949)이 있다. 이 작품 중 동명왕의 마지막 임종의 자리에 오이·마리와 함께 합보(협보의 訛; 저자주)이 이름이 보인다.

왕은 마침내 태자와 제신을 부르라 하였다. 왕은 최후의 유언을 하자

고구려 건국의 시조 동명왕은 목적한 일에 실패를 모르는 무소불능의 군왕이었다. 사진은 이광수 원작소설을 영화화한 1962년 작 <사랑의 동명왕>의 한 장면

> 는 것이었다. 유언의 자리에는 태자 유리, 국상 오이, 원임 국상 재사 이하로 마리, 합보, 묵거 그리고 태자를 따라 온 세 사람 옥저, 구주, 도조 등이 모두 수심을 띤 얼굴로 모이고 왕후와 조시누도 모셔 있었다.

그럴 뿐 아니라, 이들에게 유리 태자 보필에 대한 각별한 고명을 촉탁한다는 대목이 설정되어 있다.

> "이제 다 물러가거라" 하고 특히 오이, 재사 등 다섯 사람을 가까이 불러 "평생에 이 몸을 도운 뜻이 못내 고맙소. 이제 마지막 작별이니 앞으로는 나를 잊고 태자를 도와주오" 하고 영결하는 인사를 하니 다섯 사람은 왕의 앞에 엎드려 목을 놓아 울었다.

이는 한낱 허구적 창작만은 아니라 역사적 사실을 바탕삼은 이야기이니, 저간의 사정을 충분히 짐작할 만한 것이다.

돌이켜 보매 협보는 아버지 동명주의 생전에 생사와 고락의 운명을 함께 한 고굉지신이요, 창업을 도운 개국공신이며, 궁극엔 고명의 신하였다. 그럴 뿐 아니라 그 다음 대(유리왕 22년)에까지도 대보(大輔)의 직임으로 2세 임금을 보필하는 위치에 있었다고 한 만큼은, 조정의 원로대신이었다.

이러한 협보를 단지 자신의 사냥 놀이에 대해 간섭했다는 한 가지 이유를 들어 출척(黜斥)했다 하는 데에서 일단의 대의명분을 찾기는 어려운 일처럼 보인다.

물론 아버지의 구신(舊臣)이라도 때로는 출척이 불가피한 경우가 마저 없지는 않을 것이다. 이를테면 유리왕의 사자(嗣子)인 대무신왕 15년(A.D.32)의 『삼국사기』 기록이 마침 좋은 본보기로 남아 있다.

> 十五年春三月 黜大臣仇都 逸苟 焚求等三人爲庶人 此三人爲沸流部長

資貪鄙奪人妻妾牛馬財貨 恣其所欲 有不 與者 卽鞭之 人皆忿怨 王聞之欲殺之 以東明舊臣 不忍致極法 黜退而已.

3월에 대신 구도(仇都), 일구(逸苟), 분구(焚求) 등 세 명을 내쫓아 서민을 만들었다. 이들 셋은 비류부장(沸流部長)으로 있었는데, 그 바탕이 욕심 많고 비루하여 남의 처첩과 우마와 재화를 빼앗았다. 하고 싶은 짓을 마음대로 하고, 만약 주지 않는 자가 있으면 곧 이를 매질하기 때문에 사람들이 모두 크게 분개하였다. 왕은 이 말을 듣고 죽이려 하였지만, 동명왕의 옛 신하이었기로 차마 극법으로 다스릴 수 없어 내칠 따름이었다.

악을 자행해서 극법으로 징치(懲治)할 명분이 너무도 명백한 이 경우에조차, '동명왕의 구신(舊臣)이므로 차마' 할 수 없는 일이거늘, 하물며 협보를 그처럼 쉽게 내친 것은 그의 사냥 만류가 위의 세 사람이 저지른 정도의 행악 무도함과 견줄만한 정도였던가.

순암(順菴) 안정복은 협보 출분(出奔)의 이 부분에 이르러서 협보의 백번 의당함과 유리왕의 천만 부당함을 명백하고 절연(截然)한 태도로 이렇게 논단하였다.

高句麗開國 至此纔四十餘年 又遷都屬耳 正宜修明政敎 務農休民 鞏固新基之業 而乃反逐獸原野 五日不返 其失多 矣 陝父之諫 可謂深切 而腹諫不從 貶薄賢臣 使先王勳舊 不能自存 何哉. (『東史綱目』 제1 · 上 癸亥 馬韓 11月條)

고구려가 개국한 지 겨우 40년이고, 천도한 지도 얼마 되지않았으므로, 마땅히 정교(政敎)를 닦아 농사에 힘쓰고 백성을 휴양시켜 새 터전을 견고히 했어야 할 것인데, 도리어 들판에서 짐승을 좇느라고 닷새나 돌아오지 않았으니, 그 잘못이 많다고 하겠다. 협보가 간한 것은 매우 절실하다고 하겠는데, 간언을 거절하고 따르지 않았으며, 어진 신하를 박대하여 선왕의 훈구지신을 보존토록 못하게 한 것은 무슨 까닭인가?

다시 생각해도 사단은 오로지 유리왕의 사냥에서 전적으로 기인한 것이다. 그런데 문제는 단순히 왕이 사냥을 한 데 있음이 아니라, 5일간이나 여기에 온통 침혹(沈惑)하였던 데 있는 것 같다. 이는 협보의 간렵 대목에 이미 나타나 있다. 사냥이 단순한 심신 단련으로서의 정도를 지나, 『서경』에 이른바 '외작금황(外作禽荒)'의 지경에 이르렀다 함이다. 『삼국사기』 본기를 통해 몇몇 왕들의 사냥 기록이 없음은 아니로되, 그 경우 대개 모처에 나가 사냥하였다거나, 무엇을 노획하였다는 정도에서 크게 벗어나지 않는다. 따라서 특별히 사냥한 일수가 밝혀지는 일은 드물고, 어쩌다 밝혀진 경우라면 그것이 대개는 사치와 환락의 개념으로 연결되기 십상이다.

고구려 7대 차대왕(次大王)은 6대 태조대왕(太祖大王)의 아우로서, 충신을 살해하고 형인 태조대왕의 두 아들을 죽이는 등 불인(不仁)하고 무도한 짓을 일삼다가 결국 시해당한 인물이다. 이름은 수성(遂成)이었다. 『삼국사기』 권15 고구려본기3 〈태조대왕〉 86년 조에는 그가 아직 왕이 되기 전이었을 때 질양(質陽)에서 7일간, 기구(箕丘)에서 5일간 각각 사냥하였다 했다. 그런데 이 사냥에 대해 '지나친 환락이고, 경계해야 할 일'이라고 한 그 아우 백고(伯固)의 충언 및, 이 충언에 대해 '마땅히 환락할 자리를 얻었기에 환락한다'고 말한 수성(遂成)의 구기(口氣)를 통해 이쯤이면 벌써 상식 너머의 호사(豪侈)가 됨을 규지할 수 있다.

이로써 유리왕의 5, 7일 사냥이 정도(正道)를 떠난 사치임을 재인지할 수 있고, 따라서 협보의 충간도 이해할 수 있는 일이다. 그런데 횡포하다는 수성에게조차, 적어도 백고의 간렵으로 말미암은 심각한 문젯거리가 야기되었거나 하는 그 어떤 기록도 발견되지 않는다.

이와 같이 여러 날 사냥이 어떤 종류의 말썽을 유발하거나 불상사를 초래하는 일로 직접 연결되는 사례란 거의 희한하였다. 다만 고구려 봉상왕(烽上王)은 군신을 거느리고 사냥을 나갔다가, 따라 나간 창조리

(創助利) 등에 의해 폐위 당한 일이 있다. 그래도 이 경우는 그 폐위의 원인이 왕의 사냥 탐닉에 있었던 것은 아니다.

하지만 유리왕에게는 이 사냥이 문제를 일으키는 직접적인 사단으로 이어지고 있다. 그것은 하필 훈구 노대신 협보와의 관계가 그러했을 뿐이 아니었다. 그보다 앞서 유리왕 3년에 일어났다는 화희와 치희의 쟁총 사건도 그 화근이 다름 아닌 일곱 날 돌아올 줄 모르는〔七日不返〕 사냥에 기인했던 것이다. 안정복이 지적한바 삼륜(三倫) 실덕 가운데, 군위신강(君爲臣綱)과 부위부강(夫爲婦綱)의 두 가지 실도(失道)가 사냥과 관계 깊다는 것은 한낱 공교로운 우연의 일 만은 아니었으리란 생각이다.

군신의 도의에 관련된 유리왕의 실강(失綱)한 사례 또한, 위의 한 가지에만 국한하여 나타난 것은 아니었다. 『삼국사기』는 다시 유리왕 19년 조에 다음과 같은 일을 남겨 기록하고 있다.

> 秋八月 郊豕逸 王使託利斯卑追之 至長屋澤中得之 以刀斷其脚筋 王聞之怒曰 祭天之牲 豈可傷也 遂投二 人坊中殺之 九月 王疾病 巫曰 託利斯卑爲祟 王使謝之 卽愈.
>
> 가을 8월, 희생으로 쓰는 돼지를 놓쳐 버렸으므로, 왕은 탁리(託利)와 사비(斯卑)로 하여금 이를 쫓아 붙잡게 하였다. 장옥택(長屋澤) 가운데에 이르러 잡을 수 있었으나, 그들은 칼로 교시의 다리를 끊어 놓았다. 왕은 이 말을 듣고 노하여 "제천의 희생을 어찌 상할 수 있느냐?" 하면서, 마침내 탁리와 사비를 구덩이 속에 던져 죽이고 말았다. 9월에 왕이 병에 걸렸는데, 무당이 말하기를 "이는 탁리와 사비가 저주하는 까닭이나이다." 하므로 왕은 사자를 보내어 사과하였더니, 곧 병이 나았다.

여기 대해 양촌 권근은 유리왕의 이 처사에 대해 「동국사략론」 안에서 이렇게 혹평하였다.

> 祭天於郊 天子之禮也 高句麗蕞爾下國 僭行其禮 天豈受之哉…王不知循理而無違 率禮而不越 小心翼翼 畏威保民 實所以事天也 乃敢非禮犯分 僭天子之禮 卽以失矣 又以一豕之故 遂殺二人 以是事天 反所以欺天也 其得病 豈必二人之祟哉. (『陽村集』 卷34)
>
> 교(郊)에서 하늘을 제사 지냄은 천자의 예다. 고구려가 조그만한 하등국으로서 외람되게 그 예를 행하니 하늘이 어찌 받겠는가! … 고구려왕은 이치에 따라 어긋나지 않게 하며, 예를 따라 분수를 넘지 않으며, 조심조심 하늘의 위엄을 두려워하고 백성을 보호하는 것이 진정 하늘을 섬기는 방법임을 알지 못한 채 예를 어기고 분수를 넘어 참람히 천자의 예를 범하였으니, 어차피 잘못된 것이다. 또한 한 마리 돼지 때문에 두 사람을 죽였으니 이렇게 해서 하늘을 섬김은 도리어 하늘을 속이는 것이다. 그가 병을 얻은 것이 어찌 반드시 두 사람의 저주 때문이랴!

원래 「동국사략론」은 철저한 유교주의 명분론 및 사대주의 존화론(尊華論)에 입각, 『삼국사기』 본기의 기록 가운데 특별히 여기 저촉되는 사항을 문제 삼아 논박을 가한 글이라 하여 과언이 아닐 것이다. 고병익은 「삼국사기에 있어서의 역사 서술」이란 글에서 권근의 이 같은 논찬의 태도에 관해 이렇게 비판하였다.

> 권근의 이런 예는 그의 저술의 거의 전편에 흐르고 있다고 할 수 있다. … 고구려 2대 유리왕이 상중에 있으면서 납비(納妃)한 비례(非禮), … 유리왕이 중국의 천자만이 행할 수 있는 제천 행사를 행했다는 것이 '감히 의롭지 않게 분을 어긴 것 [敢非義犯分]'이라는 비난 등등 매거할 수 없이 많은 논찬들이 모두 삼국의 초창기에 대해서까지, 즉 유교 문화와 중국식 예론이 전연 작용할 수 없던 그런 시기에 대해서까지 사사건건 다소간의 '비례' '비위'로 간주될 수 있는 사실만 나오면 논찬을 가하였던 것이다.

「동국사략론」의 경우 역시 민족주의 주체적 사관에서 보면 그 존화(尊華)의 정도가 지나친 나머지 득정(得正)한 논평으로 보기 곤란한 면이 크다. 비록 그러하지만, '한 마리 돼지 때문에 두 사람을 죽였으니 그릇된 것'이라고 한 말의 타당성까지 지울 필요는 없다.

『동사강목』의 저자 안정복도 이 대목에 관해 논급하였다.

> 琉璃以遺腹在他國 其承襲難矣 幸而得嗣 降鮮卑滅梁貊 闢國浸廣 然憤小罪而誅二臣 惡好勇而殺太子 是可歎也. (『東史綱目』圖上 高句麗傳世之圖)
>
> 유리는 유복자로서 타국에 있었으니 그 위(位)를 이어받기 어려운 일이었으나, 다행히 임금 자리를 이어받아 선비를 항복받고 양맥(梁貊)을 멸해 국토를 점점 넓혔다. 그러나 작은 허물을 분히 여겨 두 신하를 죽였고, 태자가 용맹을 좋아한다 하여 죽였으니, 탄식할 일이다.

제의를 중요시하던 시대에 교시를 놓쳐버리거나 혹은 이를 손상케 하는 일이 한갓 작은 허물에 불과할 것일까마는, 그것 때문에 두 생명을, 그것도 자기의 신하 두 사람을 생매장해서 죽였다 함은 이미 상례로 보기는 어렵다. 그만큼 왕이 냉철한 이성에 따라 상황에 대처하는 대신 자신의 감정을 잘 주체하지 못하여 직정경행(直情徑行)하는, 이른바 다혈질의 격정적인 성격의 소유자임을 파지(把知)할 만한 것이다. 이 정도 조급한 성격의 주인공이라면 과연 이규보 〈동명왕편〉의 배경 이야기에서 보듯이, 제 아버지〔동명〕의 일에 관해 어머니〔예씨〕가 선뜻 말해 주지 않는다고 하여 어미 앞에서 서슴없이 자살을 감행코자 하는 행위조차 그다지 별스럽게 보일 까닭은 없을 것이다.

> 類利少有奇節云云 少以彈雀爲業 見一婦戴水盆 彈破之 其女怒而詈曰 無父之兒 彈破我盆 類利大慙 以泥丸彈之 塞盆孔如故 歸家問母曰 我父是誰 母以類利年少戱之曰 汝無定父 類利泣曰 人無定父 將何面目見人乎 遂

> 欲自刎 母大驚止之曰 前言戲耳 汝父是天帝孫河伯甥….
>
> 유리는 어려서 기이한 행실이 있었다 한다. 어렸을 때 참새 쏘기를 일삼았는데, 한 아낙네가 물동이 이고 가는 것을 보고 그것을 쏘아 깨뜨렸다. 그러자 그 아낙이 화가 나서 꾸짖기를, "애비 없는 자식이 내 물동이를 깨뜨렸네!" 하자 유리가 크게 부끄러워하여 진흙 탄환으로 물동이의 구멍을 처음대로 막았다. 그리고는 집에 돌아와 제 어미에게 "나의 아버지는 누구오니까?" 하고 물었다. 어머니는 아들이 아직 어리므로 장난삼아, "네게는 정해진 아버지가 없단다." 하였다. 유리는 울면서 "사람이 되어 가지고 정해진 아비가 없다면 장차 무슨 면목으로 다른 사람을 볼 수 있으리까?" 하고는 마침내 스스로 찔러 죽으려 하였다. 그러자 어머니가 깜짝 놀라 말하면서, "아까 한 말은 장난이니라. 너의 아버지는 비로 천제의 자손이자 하백의 외손인데, ….

또 앞에서 살펴보았던 것처럼, 아들이 다른 나라〔황룡국〕 왕께 여력을 과시했다고 하여 죽음을 내리는 등의 기행(奇行)도 일반의 상식적인 사람들과 나란히 두고 논할 성격은 못된다.

아울러서 이제 언급하려고 하는 화희와 치희의 쟁총 사건 마지막에 취한 유리왕의 행동 또한 예외는 아닐 것이다. 곧 분을 이기지 못해 자기 나라 한으로 이미 망거(亡去)해버린 치희의 뒤를 허겁지겁 채찍치며 뒤쫓아 갔다〔策馬追之〕는 사실에서도 일국의 왕으로서 조행(操行)이거나 체통을 생각한다는 이전에, 열화같은 정념에 사로잡혀 행동하는 한 직선적이고 격정적인 인간과 만나게 된다. 그런데 그나마도 결과는 '치희는 노여워 돌아오지 않았다〔雉姬怒不還〕'고 하였다.

이것이 『삼국사기』 유리왕 조의 기록 위에서 유리왕이 처음으로 겪게 되는 상황적 패배인 셈이 되고, 그 후로도 그는 한(漢)·부여·선비 등과의 정치적 시련 및, 지금 펼쳐 논하는 바와 같이 부자, 군신, 부부 등 여러 방면에 걸친 인륜적 파탄을 겪게 되는 것이다.

그리고 이제 그 셋째 번, 부부 윤리와 관련하여 유리왕 3년(B.C.17)에 일어났다는 화희와 치희 사이의 대립 갈등에 대해 살피기로 한다. 편의상 그 상세한 전말을 다시 옮기면 이러하다.

> 冬十月 王妃松氏薨 王更娶二女以繼室 一曰禾姬 鶻川人之女也 一曰雉姬 漢人之女也 二女爭寵不相和 王於涼谷造東西二宮 各置之 後王田於箕山七日不返 二女爭鬪 禾姬罵雉姬曰 汝漢家婢妾 何無禮之甚乎 雉姬慙恨亡歸 王聞之 策馬追之 雉姬怒不還.
>
> 10월에 왕비 송씨(松氏)가 돌아갔으므로 왕은 다시 두 여자를 계실로 얻었는데 하나는 화희로 골천 사람의 딸이고, 하나는 치희로 한인(漢人)의 딸이었다. 두 여자는 사랑을 다투어 서로 화목하지 못하였으므로 왕은 양곡(涼谷)의 동서에 두 궁을 짓고 각각 살게 하였다. 뒤에 왕이 기산(箕山)에 사냥을 나가서 7일 동안 돌아오지 않는 사이에 두 여자는 서로 다투었다. 화희는 치희를 꾸짖기를 "너는 한나라의 비첩으로 어찌 이다지 무례한가?" 하자 치희는 부끄러워하면서 원한을 품고 제 나라로 돌아가 버렸다. 왕은 이 말을 듣고 곧 말을 달려 뒤쫓아갔으나 치희는 노하여 돌아오지 않았다.

이미 본 항목 허두의 인문(引文) 가운데서 안정복은 '두 부인이 불화하였으니 이는 부부의 도가 무너진 것'이라며, 이 또한 유리왕의 실덕 탓으로 돌리는 해석을 가하였다.

그러나 유리왕이 아무리 도처에서 실덕한 사항이 많아 두루 지적되어지는 마당이라 해도 이 경우만큼 곧장 이렇게 비판하기 주저되는 면이 있다. 다시 말해 유리왕에게 부부의 도가 무너졌다는 사실을 인정한다 해도, 그 불화의 책임 소재를 전적으로 유리왕의 실덕 탓으로 돌려야 할 것인가엔 일말 의문이 남는다. 일부다처의 사회에서 처첩들이 갈등하고 불화하는 경우에 그 원인이 반드시 지아비의 인격적 결함 탓에 있는가 하는 문제이다. 혹 처첩들 자체의 품성과 자질에도 거기 못지않은 요인이 따를 수 있다고 한다면, 안정복의 이 견해는 전적인 타당성을 갖지 못하게 된다.

그러한 이유가 아니라도 유리왕의 가족구성 배경에는 모호한 측면이 없는 것은 아니다. 전술한 바와 같이 왕자 무휼의 근본이 왕비 송씨에게서 나왔음은 알겠지만, 그보다 연상인 태자 도절과 해명의 근본을 추구함에 이르러선 납득하기 어려운 국면이 있었던 것이다. 곧 사료의 바탕 위에서 볼 때, 유리 태자가 동부여로부터 아버지 동명왕을 찾아온 것이 B.C.19년 4월이고, 송양의 딸 송씨(松氏)를 비로 맞은 때가 기원전 18년 7월이다. 이 사이의 1년 3개월간에 비록 혼전의 만남이 있어 백분 양보해서 해명조차 송씨의 소생으로 간주한다 해도, 원자인 도절의 존재를 설명해 줄 수는 없다. 김부식이 『구삼국사』에 있던 것을 간략화 시키는 과정에서 산삭(刪削)했기 때문인지 아니면 무슨 다른 연유 때문인지 몰라도, 송씨 이전의, 이름이 묻혀 버린 배우자적 존재를 상정하지 않을 수 없는 것이다. 그렇다면 계비로 들였다는 화희와 치희의 분쟁 말고도 그의 부부사에는 보다 복잡 미묘했던 사연이 개재해 있던 것이 아닐까?

하지만 이런 것을 모두 억측으로 돌린다 하고, 최소한 송씨의 요절이며, 화희·치희의 지속적인 분쟁 만 놓고 보자 해도, 결과적으로 유리왕은 부부의 길이란 면에서 또 한 번 쓰라린 고배를 들었다는 엄연한 사실만큼 면할 수 없게 된다.

앞에서 부자지간과 군신지간에서 관계의 패배와 상실을 보았던 유리왕, 그는 여기 또 하나 부부지간의 정황에 처해서도 여지없는 상실의 군주로서 그 비운적 이미지를 부조(浮彫)시키고 있는 것이다.

생각하면 조선 시대의 많은 사가들이 유리왕에 대해 논했던 것도 궁극적으로는 그의 도덕적 상실을 지적함이었다. 그들의 안목에서 도덕적 상실은 곧바로 인간적 상실이란 의미와 별반 다를 바가 없는 것으로 본다. 이처럼 조선조 사류(士類)들이 그 시대 특수한 유교적 명분론과 윤리관에 치우친 나머지 다소는 지나치게 평한 부분조차 있다 해도, 나름대로 꽤 설득력 있는 타당성의 근거를 유지하여 있는 것이다.

그리하여 어찌해서든 유리왕의 인격적 조항에는 검토를 요하는 적잖은 문제가 내유(內有)해 있음을 인정하지 않을 수 없는 노릇이다. 그것은 반드시 유교적 명분론 이전에, 상식적이고 기본적인 휴머니티의 차원에서 말하는 것이다.

나름의 그럴듯한 사유에도 불구하고 유리왕이 신하들을 생매장시켜 죽이고, 심지어는 자신의 아들들까지도 죽음으로 몰아갔다는 그 혹독함 속에서 본연적 인간성 상실을 엿보게 된다. 사냥에 빠져서 선왕의 고명(顧命) 유신(遺臣)을 하루아침에 축출해 버리고, 여인에게 빠져서 국경을 치달려 넘어 가는 그의 과도한 정열 속에서 왕위(王威)도 저버린 이성의 상실을 감지하게 된다.

이제 다시 돌이켜 볼 때, 의지론적인 기준에서 그 책임이 왕 자신에게 있건, 또는 운명론적인 기준에서 그야말로 신화시대와 전설 시대의 과도기에 처한 비시적(非時的) 운명의 탓이었든 간에 — 원인론적이든 결과론적이든 — 그는 역사상 거의 보기 드문 정도의 두드러져 나타난 상실의 군주였다. 인간에게 가장 중요한 관계의 이것도 저것도 다 잃어 버렸을 때 당장 겪는 고통이 시간 뒤에 남는 것은 심연같은 고독일 것이었다.

그래서 그는 고독의 군주이기도 하였다.

아비 없는 자식〔無父之兒〕으로 편모슬하에서 자라던 유년 시절의 정리(情裏)와, 갖가지 기막힌 이유로 세 아들의 비명횡사를 이루 보아야만 했던 아비로서의 흉리(胸裏)와, 아버지의 구신을 축출한 뒤의 심정과, 주체 못하는 감정의 분출로서 두 신하를 매사(埋死)케 한 후의 군주로서의 흉억(胸臆)과, 아내의 요사(夭死)와, 또 다른 아내의 달아나 버리는 모양 등을 일일이 다 겪지 않으면 안되었던 지아비로서의 심사… 이 모든 것들을 하나로 합쳐 무어라 표현할 것인가. 이 같은 갖가지 심리의 복잡다단함도 압축시켜 생각하면 부자, 군신, 부부 사이에 문득 다른 편 상대를 잃었다는 데서 야기되는 외로움의 정서, 즉 고독과 일맥으로 통한다고 볼 것이다.

그리하여 만약 유리왕은 짓지도 않은 황조의 노래가 유리왕의 사적(事蹟) 가운데 의식적으로 삽입되었다고 하는 견해에 일단 동의하는 경우에조차, 그것이 왜 하필 유리왕이었던가 하는 문제만은 남아 있게 됨으로 해서 거기 부합할만한 타당한 근거를 제공하지 않으면 안 될 것이다.

조동일은 『한국문학통사』에서 유리왕이 여러 모로 시련을 겪었음을 지적함과 동시에, 그 "시련의 근본적인 이유는 신화적인 질서가 무너지면서 가치관의 전반적인 혼란이 일어난 데 있었다"고 보았다.

그런데 그 '신화적 질서'라는 면에서 보면 그것을 누린 임금은 드물었던지라, 그 나머지 역대 군왕들 거의 전체가 이 질서 바깥에 있었던 것이다. 곧, 거의 건국의 시조이거나 극히 일부의 성씨 시조에 국한해서 만이 신화권 안에 들었고 여타는 다 그 테두리 바깥에 있으니, 하필 유리왕 한 사람의 일만은 아닌 셈이다. 조동일도 언급했듯이 신라에도 2대 남해왕부터는 신화 질서 밖에 존재하게 되는 것이다. 그러므로 조동일이 『한국소설의 이론』에서 한 분석처럼 유리왕이 필경은 자아와 세계의 동질성이 흔들려 사태를 바로 이해할 수 없는 혼란이란 것을 겪은 사실만큼은 틀림이 없겠으나, 이는 역대의 허다한 군왕들에게서 얼마든지 발견해 볼 수 있는 양상이라, 반드시 유리왕 고유한 특성임을 결정짓는 요인은 될 수 없으리라 본다. 그렇기 때문에 혹 일반적 보편성에 빠지기 쉬운 신화론의 측면보다는, 신화적 질서 바깥의 특수한 개성의 인물론과 결부지어 보는 일이 보다 실제적일 것으로 생각한다.

아울러 왕이 여러 방면의 인간관계에서 편벽하였던 나머지 누구보다도 고독한 존재였으리란 개연성만 넉넉하다면 결국 짝을 잃어 고독한 노래 〈황조가〉와의 상관성도 유추의 터전이 주어질 것이다.

그러면 결국 문제의 실마리는, 사록 전반을 통해 특별히 유리왕에게서 두드러지게 암시되는 바 상실과 고독이라는 인간적 특수한 면모와 특징적인 정조(情調)에 근거됨이 컸을 것으로 본다. 그것은 공교롭게도 노래 중에 '염아지독(念我之獨)'〔외롭다 내 혼자 몸〕이라고 하는 고독의 탄식과도 은현중에 맥락이 닿고 있음이다.

확실히 불과 1대의 사이건만 동명왕의 사적과 유리왕의 사적 사이에는 실로 현격한 차이가 드러남을 부인할 수 없다. 그 이유를 신화적 인물임과 비신화적 인물임의 차이에서 구하기도 하지만, 신라의 신화적 인물인 박혁거세와 그렇지 않은 제2대 남해왕 간에 보이는 차이와는 비교할 수 없을 정도이다. 백제의 경우는 그 시조가 고구려의 동명왕으로부터 분파하여 건국하였다는 까닭에서인지 몰라도 온조에게는 따로 신화성의 부여가 마련되어 있지 않다. 어떻든지 제1대의 온조왕과 2대 다루왕(多婁王) 사이에도 특별한 상이점을 찾기 어렵다.

결과적으로 신라 · 백제와는 비할 수 없을 만큼 신화적 능력의 소유자와 비소유자 사이의 현격한 대비는 인간적 한계에 시달리는 유리왕의 이미지를 애처롭고 쓸쓸한 쪽으로 부각토록 만들었다. 누구보다 신화적 능력이 넘치는 임금의 바로 아래에 있는 일상적 인물에겐 그늘이 더 드리울 수밖에 없고, 거기다가 그늘 속 인물이 인간적 유한함 속에서 유달리 잦은 고전을 치루기라도 한다면, 그 위축과 왜소의 정도는 한층 배가되는 일이 당연하다. 유리왕은 다름 아닌 그 드리워진 그늘 깊숙하고 아련한 곳의 외롭고 수척한 얼굴이었다.

또 돌아보매 신화적 질서는 혼인 모티브를 수반하고 있는 것이 일반적이었다. 건국 신화에서 볼 수 있는 박혁거세와 알영(閼英), 김수로와 허황옥(許黃玉), 동명왕과 예씨 부인의 관계 등이 모두 그러했다. 그리고 탈신화적 단계로 가면서 이러한 관계가 점차 약화 내지 지양됨이 당연할 것이다.

그러나 신화적 능력이 거세되어 누구보다 시련을 겪은 유리왕에게 그 배우자와의 관계가 단순히 지양되거나 평범해지는 정도에 그칠 뿐 아니라, 오히려 비극적인 데까지 이르렀다고 한다면, 이는 한낱 공교로운 우연이었을까. 다시 말해 누구보다 철저하게 신화적 붕괴의 대표적・전형적 인물로 드러난 유리왕이야말로 신화성의 한 특징적인 '짝'을 상실한 주인공으로 채택되는데 최상의 적임자가 되었을 것이라는 하나의 개연성을 일컬음이다.

단적으로 〈황조가〉와 그 배경담은 낭만과 상실의 노래며, 노래 이야기였다. 그러면 유리왕의 이미지를 결정짓는 이러한 낭만과 이 같은 상실이 왕으로 하여금 〈황조가〉의 주역 노릇하기에 충분하였던 것이 아닌가.

맺음말

『삼국사기』에 대해 비교적 객관적인 체계를 갖춘 서술로서 평가하고자 하는 태도의 이면에는, 이른바 '신라 제일주의'의 특성을 배제시키기 곤란한 국면이 있고, 그 노정(露呈)되어진 형태의 하나로 연대기의 그릇된 편성 가능성이 논의되어 왔다.

이번 과제와 관련하여 유리왕 대(代) 기사의 구체적인 모색을 통해서도 선후 사실 간의 당착적 모순 및 상위(相違)를 면할 수 없음이 몇 가지 검증되었다. 각 임금들에 대해 연대별로 꽤 세부적이고도 치밀한 기록처럼 보이는 『삼국사기』에 대한 신빙도가 약화되면서 화희・치희 사건의 연대(B.C.17년)조차 불투명하여 더 이상 확신을 기대하기 어렵게 되었다.

더욱이 여타의 개인적 서정요가 끝까지 개성적이고도 고유한 형태로서 그 내용이 유지되었음에 반해, 이 〈황조가〉 노래는 오히려 오랜 시간대에 걸쳐 대중적이고도 진부한 노래, 이를테면 민요 같은 형태와 암합(暗合)된다는 민요학자의 설을 부인하기는 어렵다. 이러한 것은 향가를 위시하여 다른 보편적인 개인 서정요의 경우에, 그 내용의 고유한 형태가 대중화 또는 속화(俗化)되지 않은 채 독자적 개성적인 면모를 유지한다는 사실과 대조를 이룬다.

〈황조가〉의 한역화가 『시경』의 영향 하에 있음은 간략히 언급된 바는 있으나, 여기서 그 수사 면의 세밀한 비교 검증의 결과, 일자(一字)·일구(一句)가 『시경』 도처로부터의 상당한 염출(拈出)이며 편철에 의한 것임을 확인하였다. 단지 작품 외적 수사 표현 뿐 아니라 작품 내적 주제와 정신면에서도 긴밀한 접속과 유대를 나타내었다. 이렇듯 『시경』을 전범(典範) 삼은 응용력 높은 구사는 『시경』 문화가 이 땅에서 충분히 숙성된 이후의 일로 봄이 타당한 듯싶고, 따라서 〈황조가〉의 한역화도 이르면 대개 6세기에서 늦어도 김부식의 12세기 사이에 수행되었을 것으로 추정 가능하다.

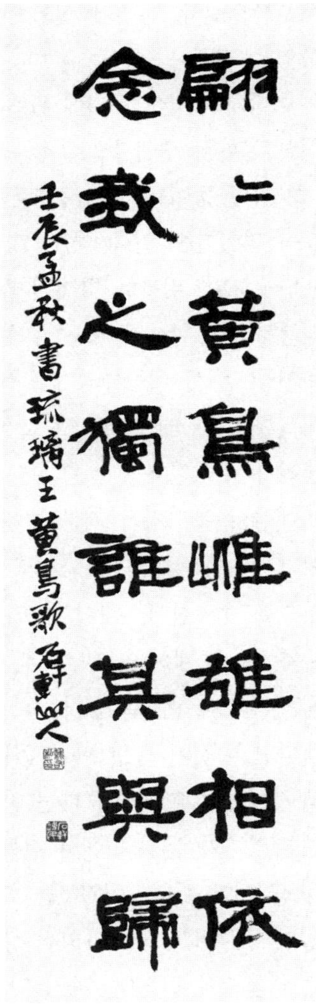

石軒 임재우 筆墨의 <황조가>

한편, 『삼국사기』가 아무리 유교주의·합리주의 사관에 입각하여 편술하겠다는 의도로 인해 신이로운 사적은 꺼리고, 이규보의 지적대로 '자못 그 사적을 생략하였다〔頗略其事〕' 고는 하지만, 마침내 그 설화적 이적(異蹟)을 아주 사양하지는 못하였던 것이다. 신라의 박혁거세나 석탈해・김알지 부분에서는 더 말할 나위도 없고, 〈김유신〉 열전이나 〈온달〉 열전 또한 강한 설화성을 내포함으로서, 본서가 설화 문예적인 측면에서 완전히 자유롭지는 못하였던 것이다.

여기에 힘입어 유리에 관련된 일련의 화제를 통하여 그가 일찍이 기이한 설화적 주인공으로 설 수 있는 자격은 넉넉히 주어져 있었다. 아녀자의 물동이를 새 잡는 탄환으로 맞추었고, 다시금 그 뚫린 자리를 쏘아 막았다는 일화—이는 황당성 때문인지 『삼국사기』에는 제외되었지만—하며, 비분한 나머지 끊어진 조각칼로 아버지 동명과 극적으로 상봉하고 왕위까지 계승했다는 등 일련의 기화(畸話)들은 그가 설화적 주인공으로서 대중들의 호응을 얻는 일에 아무런 손색이 없었다. 여기서 〈황조가〉 배경담이 그 사실 여부에 관계없이 설화 마당으로 들어설 자리가 주어진다.

이상의 분위기적 기반과 전제에서 기존 사료에 들었던 화희・치희의 삼각연애 배경담을 『삼국사기』가 산락(刪落)하지 않고 췌록하였을 것으로 추측한다. 대신, 한역된 〈황조가〉 노래까지도 그대로 이전의 사록에서 승계하였는지, 혹은 김부식 등이 새로이 한역을 시도한 것인지는 상고해 볼 길 없다.

다만 이것이 특정 작가 없는 대중의 노래였다고 해도, 유리왕의 애정 설화에 삽입되었을 때는 반드시 유리왕의 개성과 〈황조가〉 노래 개성의 양자가 본질 면에서 접목될 수밖에 없었던 이미지 상의 필연성이 약속되어야 했다. 여기서는 그 연계의 근거를 '낭만과 상실의 노래'가 '낭만과 상실의 군주'와의 심상적(心象的) 공교로운 어우러짐의 명제 속에서 찾고자 하였다.

<명주가(溟州歌)>의 시대 찾기

『고려사』 악지에는 곡이며 가사가 전해지지 않은 고구려 3가(歌)가 있다. 바로 〈내원성(來遠城)〉·〈연양(延陽)〉·〈명주(溟州)〉인데, 이 가운데 가장 잘 알려져 있는 노래가 〈명주〉 노래이다. 그럴 수 있었던 이유는 아마도 최소한 『고려사』를 편찬한 조선 초기 당시까지를 기준해서 볼 때에, 세 노래 중에 노래 관련의 배경설화가 제일로 소상하여 완성된 한 편 설화로서의 면모를 잘 갖춘 데다가, 그 실제 내용에 있어서 또한 낭만적·극적인 특성이 다분하여 문학다운 소질을 꽤 내함(內含)하였던 데 있었을 것이다.

溟州
世傳書生遊學至溟州見一良家女美姿色
頗知書生每以詩挑之女曰婦人不妄從人
待生擢第父母有命則事可諧矣生即歸京
師習舉業女家將納壻女平日臨池養魚魚
聞謦咳聲必來就食女食魚謂曰吾養汝久
宜知我意將帛書投之有一大魚跳躍含書
悠然而逝生在京師一日為父母具饌市魚
而歸剖之得帛書驚異即持帛書及父書徑
詣女家壻已及門矣生以書示女家遂歌此
曲父母異之曰此精誠所感非人力所能為
也遣其壻而納生焉

『고려사』 樂志 '고구려 俗樂' 중에 실린 <명주가>

그러나 유감스럽게도 노래 자체는 전승됨이 없다. 이른바 가사 부전(不傳)의 노래인 바요, 실제의 노래 또한 설화에 손색없는 수준의 음악적·문학적 아름다움을 갖추었는지는 알 수 없는 노릇이다. 관련 설화가 훌륭하다 하여 반드시 해당 시가가 거기 상응한다고 보기 어렵고, 역으로 수준 높은 시가일지라도 언제든 같은 등위의 배경설화가 따르지 않을 수는 있는 것이다.

다만 〈명주가〉의 배경설화만을 다룰 수 있을 뿐인데, 이 마당에 우선 몇 가지의 접근 방식이 가능하다.

하나는, 시대 고증적인 측면에서 이것 생성의 때를 시비하는 논란이 있어 왔으니 이를 가려내는 논의가 반드시 필요하다. 또한 이것이 재자 가인형 결연담(結緣譚)의 한 전형을 이룬다는 견지에서 후대 염정설화와의 연계 문제가 또 하나의 논제로서 손색이 없을 터이다. 이는 동시에, 관점에 따라서는 물고기가 사람에게 은혜 갚은 기이한 면에 포커스를 맞출 수도 있는 관계로, 문득 동물보은설화(動物報恩說話)라는 화두로서도 논의가 성립될 수도 있는 것이다.

이제 이상의 세 가지를 순차적으로 다루어야 할 마당이지만, 여기서는 이 설화를 두고 가장 논란의 초점이 되었던 첫 번째의 시대론적 논의에 관심을 경주하고자 한다.

그런데 이 설화의 문예적 아름다움에 대하여는 시대를 초월한 공감대가 형성되어 있고 그 나머지 오늘날까지도 꽤 대중에 인식되어 있는 터요, 더 나아가서는 현대 소설 문학의 단계로 까지 진행되기도 했다. 예컨대 『현대문학』 106호에 수록된 황순원의 〈비늘〉은 다름 아닌 〈명주가〉 설화를 소설화한 작품이다. 다시 이 소설에 대한 논평도 나왔으니, 이 〈명주가〉 설화와 현대 소설 〈비늘〉의 관계를 검토한 장덕순의 논고 「명주가 전설과 비늘」 및, 이정숙이 〈명주가〉와 〈비늘〉을 중심으로 한 「민담의 소설화에 대한 고찰」이 있다.

그런데 문학상으로는 더할 나위 없이 정채로운 설화지만 이론상으로는 이 설화가 일종의 표적처럼 줄곧 거론되어 왔던 한 가지 문제가 있었다. 다름 아니라 최초의 출전인 『고려사』에 명시된 바대로의 고구려 노래라는 사실이 『증보문헌비고』와 『강계지(疆界誌)』 및, 유득공(柳得恭)의 ≪이십일도회고시(二十一都懷古詩)≫ 등에 의해 도전받아 왔다는 그것이다. 이 같은 논란은 20세기의 국문학자들에 의해서도 계속되었으니, 다름아닌 문헌설화 내용 안의 '명주(溟州)' 명칭 및 '탁제(擢第)'의 화소가 고구려 시대와는 고증이 닿지 않는다는 그 점으로 인해 야기된 사단(事端)이었다.

비늘

黃順元

—— 옛날 한 서생이 명주(지금의 강릉)에 공부를 하러 왔다가 이곳 어느 양갓집 처자의 아름다운 용모에 끌려 몇번인가 시를 써보내어 말을 걸었다. 처녀가 마침내 대답하여 말하기를, 여자가 어찌 함부로 남자의 말에 응할 수 있으리오, 모쪼록 귀공이 과거에 급제한 뒤에 부모의 승락을 받아 와야만 이루어질 수 있을 것이라고 했다. 서생은 곧 서울로 돌아와 과거 공부에 전심했다. 그러는 동안 처녀의 집에서는 사위를 맞게 되었다. 혼례식이 있기 며칠전 서생을 잊지 못해 하는 처녀는 평소 먹이를 주어 기르던 연못 속 고기를 향해, 너만은 내 심정을 알리라, 하고 헝겊에 쓴 편지 한통을 던졌더니 잉어 한 마리가 뛰어올라 그 편지를 물고 어디론가 사라졌다. 한편 서울 있는 서생의 집에서 하루 저녁, 찬거리로 잉어 한 마리를 사다가 배를 가르니 그 속에서 헝겊에 쓴 편지 한 통이 나왔다. 그 편지를 본 서생은 부친에게 자초지종을 이뢴후 승락을 얻어 가지고 여자의 집으로 달려가게 되었다. 때마침 사위될 사람이 문전에 이르러 있었다.

1963년 10월 『현대문학』에 실린 황순원의 <비늘>

그리고 다른 일면에서는 『고려사』 악지의 '고구려 속악 명주'를 전혀 개의하지 않고 그 이야기 줄거리를 똑같이 유지하는 가운데, 다만 남녀 주인공인 서생(書生)과 아가씨를 신라시대의 실존 인물로 적용시켜 놓은 문헌도 있었다. 무월랑(無月郞)이 박연화(朴蓮花)를 부인으로 맞아들이기까지의 로맨스로 인정하고 실제화시켜 다룬 『강릉김씨파보(江陵金氏派譜)』 유사(遺事) 조 및 『임영지(臨瀛誌)』 누정(樓亭) 편 등이 그것이니, 전자에서는 한 단계 더 구체적으로 이 일의 배경을 진평왕 대 무렵인 것으로 제시하여 있다. 그러나 이 또한 상대적으로 『고려사』나 『증보문헌비고』의 입장에서 보면 사실 포장의 난데없는 사족에 불과할 수도 있는 것이다.

그리하여 지금의 관심사는 바로 이 세 가지, 곧 '명주(溟州)' 지명의 문제, '과거(科擧)' 화소의 문제, 그리고 '무월랑(無月郞) · 연화(蓮花)' 간의 실제담 문제가 될 것이다.

그러면 이제 〈명주가〉 배경 설화라 할 수 있는 그 이야기에 대한 세밀한 검토의 필요에 따라 『고려사』 권71 지(志)25 악(樂)2에 실린 원전을 그대로 인재(引載)해 보기로 한다.

> 世傳 書生遊學 至溟州 見一良家女 美姿色 頗知書 生每以詩挑之 女曰 婦人不妄從人 待生擢第 父母有命 則事可諧矣 生卽歸京師 習擧業 女家將納壻 女平日臨池養魚 魚聞警咳聲 必來就食 女食魚謂曰 吾養汝久 宜知我意 將帛書投之 有一大魚 跳躍含書 悠然而逝 生在京師 一日爲父母具饌 市魚而歸 剝之得帛書驚異 卽持帛書及父書 徑詣女家 壻已及門矣 生以書示女家 遂歌此曲 父母異之曰 此精誠所感 非人力所能爲也 遣其壻而納生焉.
>
> 세상에 전하기는, 서생이 외지에서 공부하다가 명주에 이르러 한 양가의 딸을 만났다. 아름다운 자색에 자못 글을 아는지라, 서생은 번번이 시를 써서 그녀를 유혹하였다. 그녀는 말하기를, "여자는 함부로 남자를 따르지 아니합니다. 당신께서 과거에 급제하시고 부모님께서 그리 하라고 명하신다면 일이 이루어질 테지요." 하였다. 서생은 곧 서울로 돌아가 과거 시험공부를 했다. 그 무렵 그녀의 집에서는 바야흐로 사위를 맞으려 했다. 그녀는 평소 연못가에서 물고기를 길렀거니, 고기는 그녀의 기침소리를 들으면 반드시 다가와 먹이를 먹곤 하였다. 그녀는 물고기에게 먹이를 주며 말하였다. "내가 너희를 키운 지 오래이니 너희는 응당 나의 생각을 알겠지!" 그리고는 비단깁에 쓴 서신을 그 앞에 던졌더니 한 마리 큰 물고기가 펄쩍 뛰어올라 그 서신을 물고는 유유히 가버렸다. 서생이 서울에서 하루는 부모를 위해 음식을 만들고자 물고기를 사 가지고 집에

돌아와 요리하려는데, 비단깁 서신이 나오매 깜짝 놀라고 말았다. 그는 즉시 그 비단 깁 서신과 아버지의 서찰을 가지고 곧장 그녀의 집으로 갔다. 그 때 그 사위는 이미 그녀의 집 문에 당도해 있었다. 서생은 그 편지들을 그녀의 가족들에 보여주고는 뒤미처 이 곡을 노래하였다. 그녀 부모들은 이 일을 기이하게 여기며 말하였다. "이는 정성에 움직여진 일이지 사람의 힘으로 능히 할 수 있는 바가 아니다!" 그리하여 그 사위를 돌려보내고 서생을 맞이해 들였다.

外玄 장세훈 錄,
<명주가> 배경담

조선시대 문종 원년(1451)에 편찬된 『고려사』 안의 이 내용은 성종 12년(1481)에 완성된 『동국여지승람』의 〈강릉대도호부(江陵大都護府)〉 '고적(古跡)'에도 '양어지(養魚池)'라는 이름하에 고스란히 재록(再錄)되어 있다.

『동국여지승람』은 지리서 서술 체계의 한 가지 방식인 고적(古跡)을 다루는 부분이니 만큼 지소 명(地所名)으로 표시를 나타내는 일이 이해된다. 그렇듯이 노래 이름으로서의 '명주'가 앞에 대두되지 않음은 이해할 수 있으나 다만 악지의 것과 대비하여, 이야기 맨 끝에

서생이 그 여자의 집에 편지를 보이면서 '마침내 이(명주) 곡조를 노래했다〔遂歌此曲〕'는 부분만큼 굳이 결락(缺落)시킨 일에 대해서는 그 이유가 다소 궁금하다. 뿐만 아니라 여지승람의 기록 중에는 이것의 시대 배경으로서의 '고구려' 운운 같은 언급은 전혀 없다. 결국 『동국여지승람』의 것을 『고려사』 악지의 그것과 대조하였을 때 수용되지 않았던 내용부는 '고구려 때 명주를 배경으로 한 노래 문예'인 것으로 요약된다. 이는 어쩌면 승람의 편자 입장에서는 고구려 노래로서의 〈명주〉를 인정하기 어렵다는 뜻이 완곡히 배어 나온 것일 수 있다는 생각마저 불러일으킨다.

아닌 게 아니라 특별히 이 〈명주〉 노래에 관련해서는 그것의 고구려 시대설이 쉽게 승수(承受)되지 않았던 국면이 있어 왔다. 곧 이 노래가 진정 고구려의 노래일 수 있는 가능성이 조선 시대 지식인들의 실증적인 사고에 의해 의심받아 왔다는 뜻이다.

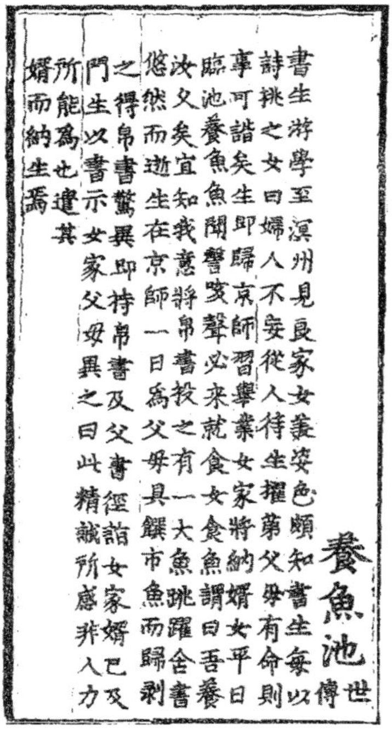
養魚池 世傳書生游學至溟州見良家女美姿色頗知書生每以詩挑之女曰婦人不妄從人待生擢第父母有命則事可諧矣生即歸京師習舉業女家將納婿女平日臨池養魚魚聞謦咳聲必來就食女食魚謂曰吾養汝久矣宜知我意將一帛書投之有一大魚跳躍含書悠然而逝生在京師一日爲父母具饌市魚而歸剖之得帛書驚異即持帛書及父書徑詣女家婿已及門生以書示女家父母異之曰此精誠所感非人力所能爲也遣其婿而納生焉

『신증동국여지승람』 권44의 <강릉대도호부>에는 <명주가> 배경담이 '養魚池'라는 이름으로 실렸다.

『고려사』(1415)와 『동국여지승람』(1481)의 그 기록은 영조 46년(1770)에 간행된 『문헌비고(文獻備考)』에 다시금 수록을 보인다. 그리고 여기서는 '수가차곡(遂歌此曲)'을 포함하여 『고려사』의 내용과 한 글자의 유루(流漏)도 없이 고스란히 전재(轉載)되어 있다. 『문헌비고』를 보수(補修)한 형태로서의 『증보문헌비고』는 정조 14년(1790)에 내용적인 완결을 보았는데, 바로 이 책의 악지(樂志) 속악부 1 〈명주〉 안의 다음과 같은 논의 안에서 이 노래의 고구려 노래설에 대한 문제 제기의 우선적인 형상을 찾아볼 수 있다.

> 臣謹按輿地考註云 溟州乃高句麗亡後新羅時所置也 曲當屬新羅樂府云 而謹按高句麗時 初無科目 則擢第擧業等說 恐非高句麗時事 疑是高麗樂.
>
> 신(臣)이 삼가 여지승람의 고주(考註)를 살폈던 바에, 명주는 이것이 고구려가 망한 뒤 신라 때에 설치한 것입니다. 따라서 그 곡도 당연히 신라의 악부에 들어갔어야 합니다. 그리고 삼가 고구려 때의 일을 살펴보건대는 애당초 관리의 등용 시험이 없었나이다. 그러한 즉 과거 시험에 급제하였다는 등의 말은 아무래도 고구려 때의 일은 아닌 듯합니다. 따라서 이는 아마도 고려의 음악인 줄 아옵니다.

크게 두 가지 의문점을 제시하는 가운데 『고려사』 악지의 고구려 시대설에 대한 불신을 조심스레 노정(露呈)시킨 것이다. 그 의단(疑端)의 한 가지는 '과거(科擧)'라는 제도의 역사적 연혁을 따진 데 있었다. 그리하여 궁극엔 이 노래를 고려의 음악으로 간주코자 하였다.

〈명주〉 배경담의 전문(全文) 수용 및 〈명주〉 노래의 고구려 시대에 대한 부인은 『문헌비고』(1770) 및 『증보문헌비고』(1782)와 거의 같은 시기 ≪이십일도회고시(二十一都懷古詩)≫(1785)에 연속하여 나타났다.

우선 이 작품의 작자인 유득공(柳得恭, 1749～?)이 전체 21도(都) 중에 13번째로 강원도의 〈명주(溟州)〉를 읊은 시는 이러하였다.

鷄林眞骨大王親	신라의 진골이요 대왕의 지친(至親)이라
九雉分供左海濱	영화를 나누어 받아 동해가에 봉해졌네.
最憶如花池上女	그리움이 사무친 꽃다운 연못가 아가씨는
魚書遠寄倦遊人	물고기 편의 서신을 약속한 님께 부쳤다네.

休上春風颱后亭。

溟州 江陵府

雞林真骨大王親。九雉分供左海濱。最憶如花池上女。

魚書遠寄倦游人。

金官 金海府

訪古伽倻咽竹枝。婆娑墖影虎溪湄。回看落日沈西海。

正似紅旗入浦時。

大伽倻 高靈縣

千載高山流水音。泠泠一十二絃琴。凄涼往事無人問。

紅葉迎霜作錦林。

三十二 古芸書屋

≪이십일도회고시≫ 중의 <溟州> 시

그는 이 시의 결구 첫머리의 '어서원기(魚書遠寄)'를 자주(自注)하는 글 가운데서 『고려사』 악지의 〈명주〉에 대해 이렇게 표명하였다.

魚書遠寄 高麗史樂志高句麗俗樂部有溟州曲 世傳…疆界志 新羅王弟無月郎二子 長曰周元 次曰敬信 母溟州人 始居蓮花峯下 號蓮花夫人 及周元封於溟州 夫人養於周元 溟州曲卽蓮花夫人事 書生指無月郎也 且溟州乃新羅時置 非高句麗時名 則名州曲 當屬新羅樂.

어서원기(魚書遠寄): 『고려사』 악지 속악부에 〈명주곡〉이 있다. 세상에 전하기는 … 〈강계지(疆界志)〉에 보면, 신라왕의 아우 무월랑(無月郎)의 두 아들은 큰 아들이 주원(周元)이라 했고, 둘째가 경신(敬信)이라 했다. 어머니는 명주 사람으로, 처음에 연화봉(蓮花峯) 아래 살았기에 연화부인(蓮花夫人)이라 일컬어졌다. 주원이 명주에 봉해지매 부인이 그 아들에 의

> 지해 살았거니, 〈명주곡〉은 다름 아닌 연화부인의 일이고, 서생은 무월랑을 가리킨다. 또한 명주는 바로 신라 때 설치한 것이요, 고구려 때의 명칭이 아닌즉, 〈명주곡〉은 신라의 악(樂)에 들어감이 마땅하다.

노래 이름을 〈명주곡〉으로 명명하여 있음을 보려니와, 여기서는 특이한 신라 노래론이 제기됨과 동시에 〈명주〉의 고구려 노래설이 보다 명백히 부정되고 있다. 앞서 『증보문헌비고』가 내세운 근거 그대로, '명주'라는 지명이 그 연혁에서 볼 때 신라 때에 생긴 것이기에 고구려 노래가 아니라는 주장을 펴고 있다.

반면, 『증보문헌비고』가 과거제(科擧制)까지를 거론하여 이것의 고구려 노래론을 부정했던 데 반하여, 유득공은 『강계지』라는 문헌을 증빙하여 이것의 신라 노래론을 주장하였음이 대조적이다.

그리하여 이 〈명주〉 한 노래는 그것의 시대적 배경이 크게 고구려, 고려, 신라의 세 가지 안에서 논의되어 왔고, 그 논의는 20세기의 국문학 연구가들에 의해서도 지속되어 왔다. 이를테면 김선풍이 제가(諸家)의 설을 추려 보인바에 권상로는 신라 노래로, 김사엽・박성의는 고려 노래로, 조윤제・이종출은 고구려 노래로 인식한 것 등이 그러하다. 아울러 김선풍은 「명주가 재연구」의 글을 통해서 『강릉김씨파보』 및 『임영지』 등의 문헌에 의거하여 신라 노래설을 신뢰하였고, 장정룡 역시 「명주가 배경 설화 연구」이란 글 안에서 『강릉김씨파보』에 준거하여 신라 노래로 간주하였다.

명주(溟洲) 지명의 문제

이상에서 보는 것처럼, 노래 표제 상의 '명주'란 용어가 신라 이후에나 나왔던 행정적 명칭이기 때문에 고구려 노래로 인정될 수 없다는 견해는 고려 노래설 및 신라 노래설을 주장하는 논자들의 기본적인 입지가 되어 왔으매, 이에 최우선적으로 점검해 볼 필요가 있다.

그것은 『증보문헌비고』도 참고하여 논거 삼았던 대로, 『동국여지승람』 〈강릉대도호부〉 '건치연혁(建置沿革)'의 다음과 같은 기록에서 비롯되었다고 할 수 있다.

> 高句麗稱河西良 一云何瑟羅州 新羅善德王爲小京 置仕臣 武烈王五年以地連靺鞨 改京爲州 置都督以鎭之 景德王十六年改溟州.
>
> 고구려에서는 하서량(河西良)이라 하였다. 하슬라주(何瑟羅州)라고도 하였다. 신라 선덕왕은 소경경(小京)을 두어 그곳 으뜸 벼슬로서의 사신(仕臣)을 두었다. 무열왕 5년에 이 지역이 말갈과 서로 맞닿았다 하여 작은 서울이라는 명칭을 고쳐 주(州)로 만들면서 도독(都督)을 두고 주둔시켜 지키게 하였더니, 경덕왕 16년에 명주(溟州)로 고쳤다.

오늘날과 같은 강릉의 이름은 고려 충렬왕 34년 처음 붙여진 것이거니와, 그것의 출발은 옛 예국(濊國)이었다. 실로 이 땅의 연혁과 명칭은 시대의 추이를 따라 예(濊), 임둔(臨屯), 하서량(河西良)〔하슬라주(何瑟羅州)〕, 명주(溟州), 동원(東原), 경흥(慶興), 강릉(江陵) 등으로 다양하게 변천해 왔음을 본다.

그러면 그 서생이 불렀다는 노래도 신라 경덕왕 이후의 발생 명칭으로서의 '명주'라 하지 아니하고, 차라리 '하서량'이거나 '하슬라'로 되어 있었다고 한다면 가장 원만하였을 것을, 그렇지 못해서 논란의 소재가 되었던 것이다.

그렇다고 하나, 그 설정되어진 제목이 곧바로 작품 생성의 시제(時制)와 직결되는 것인지 이 마당에 거듭하여 숙고해 볼 필요가 있다.

우선 백제의 옛 노래로 유명한 세칭 〈정읍사〉의 경우를 돌아본다. 이는 『고려사』 악지에 가사는 소개되어 있지 않으나, 배경담은 너무도 잘 알려져 있다. 백제 행상의 처(妻) 이야기가 〈명주〉와 같은 '삼국속악' 안의 〈정읍〉이란 제목 하에 다음과 같이 기록되어 있다.

> 井邑 全州屬縣 縣人爲行商 久不至 其妻登山石以望之 恐其夫夜行犯害 托泥水之汚以歌之 世傳 有登岵望夫石云.
>
> 정읍은 전주에 속해 있는 고을이다. 이 고을 사람이 행상을 나가서 오래 되어도 돌아오지 않았다. 그러자 그 처가 산의 바위언덕에 올라 바라보며 남편이 밤길 도중에 해를 입을까 두려워한 나머지 진흙물의 더러움에 부쳐서 이 노래를 불렀다. 세상에 전하기는, 고개에 오르면 남편을 기다리다 돌이 되어 버린 망부석이 있다고 한다.

여기의 맨 첫머리에 정읍 명칭이 나오는데, 이것 역시 『신증동국여지승람』 〈정읍현〉 '건치연혁' 안에서 교열하면 이러하다.

> 本百濟井村縣 新羅景德王改今名 爲太山郡領縣 高麗屬古阜郡 後置監務 本朝改爲縣監.
>
> 본래 백제 정촌현(井村縣)이었는데, 신라 경덕왕(景德王)이 지금 이름으로 고쳐 태산군(太山郡)의 속현으로 만들었다. 고려 때 고부군에 넣었다가 후에 감무(監務)를 두었고, 본조 조선에서는 현감으로 명칭을 바꾸었다.

〈정읍〉 노래의 제목 자체 지명임이 당연한 바에, 정읍이란 이름은 역시 명주와는 공교롭게도 똑같은 시기의 신라 경덕왕 때를 기다려서 나온 일컬음인 것이오, 백제 당년에는 '정읍'이 아닌 '정촌(井村)'이란 지명이 존재했을 뿐임을 본다. 그렇다고 한다면 앞서 〈명주〉의 고구려 노래설을 믿을 수 없는 것과 마찬가지로, 〈정읍〉 역시도 그것을 백제 노래로 밝힌 『고려사』 악지의 기록에 의심을 두어 마땅할 것이다. 그런데 아닌 게 아니라 바로 이 지명 연혁 문제를 포함하는 가운데 〈정읍〉의 백제 가요 책정을 부인하고 고려가요에 편입되어야 옳다는 논지가 일각에서 개진되어 왔다. 이를테면 가사 본문 중 '全져재'의 '全'자를 전주(全州)의 지명으로 보고, 백제 시대의 완산주(完山州)가 신라 경덕왕 15년에야 전주로 개명된 사실을 근거로 내세워 경덕왕 이후, 내지는 고려 시대 옛 백제 지방의 민요로 보는 견해가 그것이다. 혹은 『고려사』 권71 악지2 삼국속악 조의 〈정읍사〉는 『고려사』 편찬자들의 오류로 돌리고, 같은 책의 고려속악 조에 무고정재(舞鼓呈才) 때 〈정읍사〉를 가창하였다는 기록을 빌미로 하여 〈무고〉와 〈정읍사〉를 동일시하고, 〈무고〉를 만든 사람인 이곤(李混)의 생존 연대에 맞춰 〈정읍사〉가 고려 충렬왕 전후에 개성 주변에서 작사, 작곡된 것으로 보는 견해도 있다.

그럼에도 불구하고, 고려속악과 굳이 구별하여 백제 속악에 편차시킨 『고려사』의 인식과 기록을 승인·고수하는 입장 또한 의연히 상존(尙存)해 있다. 『삼국사기』의 악지와 『고려사』의 악지가 다 같이 재래속악에 대한 편차 방식이 동일한 점으로 보더라도 삼국속악 조에 백제 속악으로 기록된 〈정읍사〉는 고려속악과 구별하여 기록한 것으로, 편찬자의 잘못이 아니라 백제 속악으로 인정한다는 것이다. 또 고려속악 정재(呈才) 조에 신라 때 원효(元曉)가 지은 〈무애(無㝵)〉가 들어 있는 것처럼, 고려속악 조에 들어 있다 하여 모두가 고려 시대의 가요로 볼 수는 없듯, 무고정재 때 〈정읍사〉를 불렀다 하여 〈정읍사〉의 제작 연대가 무고를 지은 이곤의 생존 연대와 같을 수는 없다면서 백제가요설을 견지하였다.

그리고 이러한 입장은 〈명주〉에도 그대로 적용된다. 곧 〈명주〉를 속악 조에 편차시킬 때 고려 속악이거나 신라 속악 조에 넣을 수 있는 기회가 얼마든지 주어져 있는데, 굳이 고구려 속악으로 판별하여 배속·편입시킨 일에 대한 내적 의미와 사유가 못내 미심하다. 설령 그것이 『고려사』 편찬자들의 착오라고 할망정, 그렇게 착각하게 만든 일의 배경만은 여전히 모호할 뿐이다.

위에서 뒷시대 문헌이 노래의 표제로 올린 지명이 그 시대 안에 존재하지 않으면 그 시대의 노래로 인정할 수 없다는 견해 앞에서 〈명주〉·〈정읍〉이 그 입지의 흔들림을 보았다. 그러나 이와 같은 견해 앞에서 문제 삼을 수 있는 일이 과연 이 정도에서 그칠 수 있을 건가.

신라의 가사 부전의 노래로 〈목주가(木州歌)〉라는 것이 있다. 『고려사』 악지 삼국속악 안에 있으니, 아버지와 계모에게서 쫓겨난 효녀가 결혼하여 가난해진 부모를 힘껏 섬겼으나 기뻐하지 않아 불렀다는 노래이다. 이것이 신라의 노래라 했으니, 정작 노래의 표제로 올려진 바 목천(木川)의 옛 명칭인 목주(木州)의 연혁을 『신증동국여지승람』에서 고증하여 본다. 권16 목천현(木川縣)〉 '건치연혁' 안의 기사이다.

> 本百濟大木岳郡 新羅改大麓郡 高麗改木州 屬淸州 明宗二年置監無 本朝 太宗十三年例改今名爲縣監.
>
> 본래 백제의 대목악군(大木岳郡)인데 신라에서 대록군(大麓郡)으로 고쳤고, 고려는 목주(木州)로 고쳐서 청주에 포함시켰다. 명종(明宗) 2년에 감무를 두었고, 본조 태종 13년에 전례대로 지금의 이름인 현감으로 고쳤다.

그 이름이 처음 드러난 것은 고려조 이후의 일이요, 신라 때는 오히려 대록(大麓)이라 했으니, 이 〈목주〉가의 신라 노래설을 위해 심히 불리한 일이 아닐 수 없었다.

지명이 표제로 대두된 신라의 또 하나 가사 부전의 삼국속악 중에 〈동경(東京)〉이 있다. 『고려사』 악지가 설명하는 배경담은 이러하였다.

> 新羅昇平日久 政化醇美 靈瑞屢見 鳳鳥來鳴 國人作此歌以美之 其所謂 月精橋白雲渡 皆王宮近地 世傳有鳳生巖.
>
> 신라는 승평(昇平)의 세월이 오래 계속되자 정치와 교화가 순미(醇美)

하여졌다. 신령한 상서로움이 자주 나타나고 봉새가 날아와 우니, 나라 사람들이 이 노래를 지어서 그것을 찬미했다. 이 노래에 나오는 월정교(月精橋)와 백운도(白雲渡)는 모두 왕궁 근처에 있었던 곳들이다. 세상에 전하기는 봉생암(鳳生巖)이 있었다고 한다.

이와 꼭 같은 제목으로 가사가 전하지 않는 신라 속악 〈동경(東京)〉 한 작품이 더 있다. 바로 이것의 뒤에 소개되어 나타난다.

東京 頌禱之歌也 或臣子之於君父 卑少之於尊長 婦之於夫皆通 其所謂安康卽雞林府屬縣 而亦名東京 統於大也.

동경은 송축하는 노래다. 신하와 아들이 임금과 아비에게, 비천한 자와 젊은이가 존귀한 이와 연장자에게, 아내가 남편에게 다 통하는 노래다. 이 노래에 나오는 안강(安康)은 바로 계림부(雞林府)의 속현(屬縣)으로 동경이라고도 부르는데, 큰 데에 통합되어 불리어진 것이다.

이 두 번째 〈동경〉의 가사 중에 '안강(安康)'이란 땅 이름이 나옴을 슬몃 엿볼 수 있는데, 이 '안강'의 명칭을 다시금 『신증동국여지승람』「경주부(慶州府)」 '속현(屬縣)'에서 검증하매 이러하였다.

安康縣: 在府北三十里 本新羅比火縣 景德王改今名 爲義昌郡領縣 高麗顯宗時來屬.

안강현(安康縣): 부(府)의 북쪽 30리에 있다. 본래 신라의 비화현(比火縣)이다. 경덕왕(景德王)이 지금의 이름으로 고치고, 의창군(義昌郡)의 영현(領縣)으로 하였다가 고려 현종(顯宗) 때에 경주에 예속되었다.

과연 그 지명이 신라 경덕왕 이후에 생겨남을 확인할 수 있어, 일단 신라가요라는데 이의를 세우기는 어려울 것처럼 보인다. 그런데 요행 노래 중의 가사를 통해서 가요 생성의 시기에 접근해 본 과정에서는 별다른 문제가 야기되지 않았으나, 노래의 제목을 놓고 그 시기의 합당 여부를 판별 짓고자 하는 과정에서 문제는 발견이 된다. 「경주부」의 '건치연혁(建治沿革)'이다.

> 本新羅古都…高麗太祖十八年 敬順王金傅來降 國除爲慶州 後陞爲大都督府 成宗改東京留守 又稱留守使 屬嶺東道.
>
> 본래 신라의 옛 수도이다. … 고려 태조 18년에 경순왕 김부(金傅)가 와서 항복하니 나라는 없어지고 경주라 하였다. 뒤에 승격하여 대도독부(大都督府)가 되었으며, 성종 때에 동경유수(東京留守)로 고치고, 또 유수사(留守使)라 일컬었으며, 영동도(嶺東道)에 예속시켰다.

'동경'이란 용어의 조원(肇源)이 고려 성종 때에 있음을 규지할 수 있으니, 〈동경〉으로 호칭되어진 이 작품의 신라 가요설은 또 한 차례 의심받아 마땅한 것이 된다.

이상에서 본 〈명주〉, 〈정읍〉, 〈목주〉, 〈동경〉은 그것이 하나같이 『동국여지승람』의 편목에 들어가는 정도의 큰 단위 지명이 표제화된 노래들이었다. 이러한 것은 실상 얼마 되지 않고, 이렇듯 겨우 몇 안 되는 노래들만으로도 거의 예외 없이 시대적인 저어(齟齬) 현상이 발견되는 이 문제를 어떻게 보아야 할까? 그것이 모두 노래 실은 편찬자들의 착각이고 실수인 것일까? 하지만 그 때마다 번번이 착오로 돌려 버리기에는 못내 납득하기 어려운 무리함과 석연치 않음이 있다.

그것은 아무래도 『동국여지승람』의 건치연혁을 통해 보듯이, 역사의 추세에 따른 지명의 변천 양상과 무관하지 않을 성싶다. 곧 지명이란 것은 한 왕조의 교체거나 어떤 왕의 변경 시책에 따라 변화를 겪기 마련이고, 그러면 자연히 언중(言衆)에 의한 명칭의 인식과 관습도 바뀌게 마련이다. 그에 따라 지명을 표제 삼은 『고려사』 소재 삼국속악의 가명(歌名) 또한 그 지명과 동일한 궤선 상에서 이해될 수 있으리라는 짐작이다. 예를 들면 조선조 이후의 사람들에겐 평양·강릉 등이 오히려 익숙한 이름이고, 전대(前代) 고려조에 항용되던 서경·명주 등 명칭이 오히려 생경한 지적 인식 안의 명칭이 된다. 마찬가지로 고려 시대 사람들 기준에서는 서경·명주 등이 친숙한 이름인 반면, 전전(前前)의 삼국 시대에 항용되던 평양·하서량·하슬라 등이 오히려 생소한 명칭이 되었을 터이다. 더구나 만일 『고려사』에 〈명주〉·〈동경〉 등의 표제로 실린 노래가 그것이 생성된 삼국 당시에 뚜렷한 제목 인식과 더불어 불린 것이 아니었다고 할 경우, 노래 이름 변이(變移)의 개연성은 한층 높다고 보겠다.

관련하여 혹은 이러한 추정도 가능하다. 어쩌면 진실로 고구려와 백제·신라의 당시에는 관련 배경담과 함께 연접되어 나오는 그 노래에 일정한 제목이 없던 것인지도 알 수 없다. 실제로 오늘날 거의 대부분이 고구려의 〈황조가〉, 가야의 〈구지가〉 등으로 일컫거니와 이는 원래 아무런 제목도 없던 것을 20세기 국문학의 연구 과정에서 서술과 호칭의 편의를 위해 지어낸 것이다. 신라 시대 향가 또한 예외이지 않다. 오늘날 우리가 제목 혼란을 겪고 있는 노래들이 적지 않은바, 그 이유는 본래부터 해당 노래의 제목 명기(明記)가 없었던 때문이었다. 예컨대 그 표제 부여에 있어서 '풍요(風謠)' 대응의 '공덕가(功德歌)', '안민가(安民歌)' 대응의 '이안민가(理安民歌)', '제망매가(祭亡妹歌)' 대응의 '위망매영재가(爲亡妹營齋歌)', '도천수대비가(禱千手大悲歌)' 대응의 '도천수관음가(禱千手觀音歌)' 등은 논자 사이에 적절 타당한 호칭의 문제에서 서로 달리 주장되는 것들이다. 뿐만 아니라 그 나머지 당연한 제목처럼 쓰고 있는 일반의 향가들도 기실은 모두 그 배경설화 중에서 적절히 취해 편칭(便稱)한 것일 뿐, 『삼국유사』 원전에 별정(別定)의 제목이 주어져 있음은 아니었다.

그런데 『고려사』 편자는 옛 가요를 차례로 열서(列敍)하는 과정에서 반드시 제목을 별도로 앞자리에 세워 기록해 두는 관례를 썼다. 그러면 편자의 입장에서 다행히 제목이 유전하는 것은커니와, 만일 제목이 부전(不傳)하는 노래의 경우에는 어떠한 형태로든 앞자리에 표제를 붙여야만 하는 필연성에 봉착 했을 터이다. 이때 제목 설정의 가장 손쉬운 방법으로 이야기의 배경이 되는 지명을 이용했을 것이다.

그러면 『고려사』 악지에 실린 〈명주〉 이야기 속의 지명은 고구려 당시에는 비록 하서량이거나 하슬라로 이야기되었겠지만, 설화의 적층적・유동적 특성에 따라 신라, 고려의 단계를 지나면서부터는 그 지명이 자기 시대의 정서와 체질에 익숙한 '명주'의 이름으로 이화(異化)・적응되었을 개연성을 생각함이다. 결국 그것이 고구려 이야기라고 하면서 신라 이후의 명칭인 '명주'란 표현이 들어갈 수 있었던 배경이 이런 데에 연유했으리라 한다.

일의 사정과 기미가 진정 이러한 데 있었다고 했을 때, 이 같은 지명 불일치의 현상은 하필 『고려사』 악지에 한정하여서만 나타나지는 않았을 터이다. 우리가 익숙히 다루어 온 이야기이며 노래 속에도 있을 것이다. 마침 『삼국유사』의 〈수로부인(水路夫人)〉 안에는 동일 '명주'라는 명칭이 등장하고 있어 크게 괄목된다. 이야기의 맨 허두부이다.

> 聖德王代 純貞公赴江陵今溟州太守 行次海汀晝饍….
>
> 성덕왕 때에 순정공이 강릉－ 지금의 명주(溟州)이다 －태수로 부임하는 길에 바닷가에 머물러 점심을 하게 되었는데, ….

위에서 강릉이라 한 옆의 주석 기록인 '今溟州'〔지금의 명주〕란 말을 통해서 일연(一然)의 무렵에는 강릉을 명주로 통칭했음을 짐작하겠다. 그런데 아닌 게 아니라 일연 『삼국유사』 편찬의 추정 연대인 충렬왕 7년(1281)은 아직 '강릉'이란 명호(名號)가 나타나기 이전의 때였다. 곧 『신증동국여지승람』에 준거하여 보았을 때 이 땅은 종래 하슬라, 명주,

동원, 경홍 등으로 불리다가 충렬왕 34년(1308)에 강릉이란 명칭으로 고쳐서 부(府)를 만들었고, 그 체제가 조선시대까지 존속되었음을 〈강릉대도호부〉 '건치연혁'을 통해서 인지할 수 있다. 그러니까 승람의 기준에서 보면 '강릉'의 명칭은 이때 충렬왕 34년을 기하여 처음 거명된 것으로 인지된다.

그럼에도 『삼국유사』에 옛 신라 태수의 임지명(任地名)으로서의 '강릉'이라 한 옆에 '금명주(今溟州)'라고 붙인 해설로 인해 강릉이 보다 오래된 이름처럼 보인다. 이는 혹 명주라 불렀던 이전에조차 '강릉'이라 한 시기가 있는데도, 그만 『동국여지승람』이 망기(忘記)하였던 것인가? 하지만 적어도 그것이 착오가 아니라고 한다면, 승람의 기준에서 보는 강릉은 순정공이 그 땅에 태수로 부임하였다던 신라 33대 성덕왕 당시에는 꿈도 꿀 수 없었던 명칭인 것이다. 그 당시는 강릉은커녕 오히려 '명주'란 이름조차 나타나지 않던 때였다. 앞서 인용한 승람의 기록만 아니라, 그 이전에 이미 『삼국사기』가 밝힌 바에 '명주'는 신라 35대 경덕왕 16년(757)의 시점을 빌어 비로소 책정된 이름이요, 그 전에는 내내 '하서주'로 호칭해 왔던 엄연한 사실을 확인할 수 있는 까닭이다. 『삼국사기』 권9 신라본기9 〈경덕왕〉 16년 12월조에, "하서주를 명주라 하여 주(州) 하나에 9개의 군(郡), 25개의 현(縣)을 거느리게 하고〔河西州爲溟州 領州一郡九縣二十五〕"라 하였다. 이로써 명주로 명명하기 바로 이전까지의 지소명(地所名)으로서 '하서주'의 의연한 명칭을 분명 확인할 수 있다. 그런즉 성덕왕(재위 702~737) 때 순정공이 강릉태수로 부임… 운운의 표현은 그 자체로 보면 분명 모순인 것이다.

더욱 미혹할 노릇이 있다. 승람이 가리키는 바에 강릉이란 호칭은 충렬왕 34년(1308)의 일이고, 한편 유사(遺事)의 편자인 일연의 입적은 충렬왕 15년(1289)의 일이다. 이 기준에서 보면, 일연이 돌아가고 19년이 지난 후에나 이 호칭이 부여됐으니, 일연은 그의 생전에 이 이름을 알 리 없다. 그런데도 〈수로부인〉 첫머리의 '강릉태수'는 대관절 어찌

된 노릇인가. 혹 이와 같은 기록은 일연의 작고(1289) 뒤에 강릉이란 명칭이 쓰이던 시기의 누군가가 자기 시대에 통용된 지명 형태로 기록한 것은 아닐까 하는 의문도 없지 않다.

하여간에 여기서도 또한 해당 시대의 지명이 고증 내용과는 잘 맞춰지지 않음을 본다. 그런데도 불구하고 지명의 시대적 고증이란 기준에서 따지기로 한다면 〈수로부인〉 이야기 및 여기 관련된 〈헌화가〉·〈해가〉들은 신라 성덕왕 대가 아닌, 강릉 용어가 나타난 고려 충렬왕 34년 이후의 것으로 보아야 온당할 것이다. 하지만 아무도 그렇게 의심하지는 않는다.

이런 일은 찾아보면 더 있다. 『삼국유사』 안에 같은 명주 지소명(地所名)이 들어 있는 이야기로 권3 탑상(塔像)4에 〈명주오대산보질도태자

溟州 古河西府也 五臺山寶叱徒太子傳記
新羅淨神太子寶叱徒與弟孝明太子到河西府世獻
角干家一宿翌日踰大嶺各領一千人到省烏坪累日
遊翫大和元年八月五日兄弟同隱入五臺山徒中侍
衛等推覓不得並皆還國兄太子見中臺南下眞如院
基下山末靑蓮開其地結草庵而居弟孝明見北臺南
山末靑蓮開亦結草庵而居兄弟二人禮念修行五臺
進敬禮拜靑在東臺滿月形山觀音眞身一萬常住南
臺麒麟山八大菩薩爲首一萬地藏菩薩常住白方西
臺長嶺山無量壽如來爲首一萬大勢至菩薩常住黑
地北臺相王山釋迦如來爲首五百大阿羅漢常住黃處
中臺風盧山亦名地盧山毗盧遮那爲首一萬文殊常
住眞如院地文殊大聖每日寅朝化現三十六形 三十六形

『삼국유사』 권3, 塔像 4 소재의 <명주오대산보질도태자전기>

전기(溟州五臺山寶叱徒太子傳記)〉란 것이 있다. 그 허두를 본다.

> 新羅淨神太子寶叱徒 與弟孝明太子 到河西府世獻角干家一宿 翌日踰大嶺 各領一千人 到省烏坪 累日遊翫 大和元年八月五日 兄弟同隱入五臺山.
>
> 신라의 정신태자(淨神太子) 보질도(寶叱徒)는 아우인 효명태자(孝明太子)와 함께 하서부(河西府) 세헌각간(世獻角干)의 집에서 하룻밤을 묵고, 이튿날 대령(大嶺)을 넘어 각기 일천 명 씩을 거느리고 성오평(省烏坪)에 이르러 여러날 노닐다가, 대화(大和) 원년 8월 5일에 형제가 함께 오대산에 숨어들었다.

여기의 하서부(河西府)는 명주 바로 앞 시대의 일컬음이다. 그리고 대화(大和) 원년은 신라 헌덕왕 19년에 해당한다. 아직 하서주란 이름이 통용되던 때이니, 이야기 속의 지명은 옳게 사용된 셈이다. 그런데도 제목으로 '河西州五臺山…'을 세우는 대신 "溟州五臺山…"으로 하였음을 본다. 하서의 말은 오히려 명주라 한 밑에 세주(細註)로, "古河西府也" 〔옛 하서주였다〕와 같이 처리되었으니, 이런 현상은 의당 일연 시대의 통념이 우선시 결과라 할 것이다.

또한 이 바로 앞의 〈대산오만진신(臺山五萬眞身)〉에도 동일한 양상이 펼쳐진다. 즉 자장법사(慈藏法師)가 신라 선덕왕 대인 정관(貞觀) 10년인 636년, 문수보살의 진신(眞身)을 보고자 당나라에 들어갔을 때 꿈을 하나 꾸었다. 이튿날 중국의 한 승려가 그에게 나타나 해몽과 함께 가사(袈裟)를 전수하면서 자장법사에게 끼쳐 준 마지막 말 중에 '명주'가 보인다.

> 汝本國艮方溟州界有五臺山 一萬文殊常住在彼 汝往見之.
>
> 그대의 본국 동북방 '명주(溟州)' 지경에 오대산이 있는데, 일만(一萬)의 문수보살께서 항상 머물러 거기 계시니, 그대는 가서 보도록 하오!

757년(경덕왕 16년)에나 처음 제호(題號)되었다는 '명주' 이름이 636년(선덕왕 5년)의 이야기 기록 안에 버젓이 들어가 버렸다. 『삼국사기』 본기에 보면 선덕왕 때는 왕 8년 곧 639년 2월에 하슬라주를 소경(小京)으로 하였다〔以何瑟羅州爲小京〕는 행정적 조치만 있었지, 그 시절 내내 하슬라라는 이름은 그대로 유지되었을 따름이다. 태종무열왕 5년 즉 658년 3월에 하슬라경(何瑟羅京)을 다시 하슬라주(何瑟羅州)로 바꿨다〔三月 王以何瑟羅地連靺鞨 人不能安 罷京爲州〕 해도 '하슬라'라는 이름이 달라진 것은 아니다. 그런데도 이 시절의 일을 다룸에 있어 그 땅의 이름을 '하슬라'로 적지 아니하고 '명주'로 기록한 것은 역시 일연이 지여불식 간에 자신의 시대에 이숙(耳熟)한 언어로 구사한 나머지 일어난 현상임이 분명하였다.

『삼국유사』 기이(紀異) 편 중의 〈견훤(甄萱)〉에는 '광주(光州)' 북촌의 한 부잣집 딸과 지렁이 사이에 태어났다는 견훤의 탄생 설화가 있다. 하지만 견훤의 탄생 이전에는 '광주'란 지명은 없었다. 『고려사』 지리지 〈해양현(海陽縣)〉과 『신증동국여지승람』 〈광산현(光山縣)〉을 고증한 결과 백제 때는 '무진주(武珍州)'라 불렸고, 신라 경덕왕 16년에 고쳐 '무주(武州)'로 불렀다. '광주'란 지명은 고려 태조 23년에 비로소 칭한 이름일시, 견훤의 탄생 이전에 '광주'란 이름은 합당치 않은 것이다.

이 같은 지명의 혼효와 관련하여 『삼국유사』 기이(紀異) 편 중의 〈연오랑 세오녀(延烏郞細烏女)〉 이야기 첫머리에 보이는 국명의 혼동 양상도 이에 참고가 될만하다.

> 第八阿達羅王卽位四年丁酉 東海濱有延烏郞細烏女 夫婦而居 一日延烏歸海採藻 忽有一巖負歸日本.
>
> 제8대 아달라왕이 즉위한 지 4년 되는 정유년(丁酉年)에 동해 바닷가에 연오랑과 세오녀가 부부로 살고 있었다. 하루는 연오랑이 바다로 나가 해

초를 따는데, 홀연 바위 하나가 그를 등에 태우고는 일본으로 가버렸다.

신라 8대 아달라 이사금은 『삼국사기』 연표에 따르면 A.D.154년부터 184년까지 31년간 재위한 임금이니, 왕 즉위 4년은 157년에 해당한다. 이 해에 연오랑이 갔다고 하는 나라 명칭으로서의 '일본'에 유의해 볼 것이다. 기실에 있어서는 '왜국'이 '일본'으로 국명을 개칭한 사실이 『삼국사기』에 명기되어 있는 바, 그것은 신라 문무왕 10년(670)의 때를 기다려서 가능한 일로 나타났다. 다름 아닌 신라본기6 〈문무왕〉·上 10년 12월조에, "倭國更號日本 自言近日所出 以爲名"(왜국은 일본이라 이름을 고쳤으니, 스스로 해 뜨는 데에 가깝기에 이렇게 이름했노라)고 말하였다.

이처럼 『삼국유사』와 같은 이야기 문예를 통해서도 기록자는 그가 살던 시대보다 하나 앞의 시대의 일을 말함에 있어, 그 시대에 대한 철저한 고증보다는 자기 시대의 언어로부터의 지배와 영향을 더 받을 수 있음을 인증하였다. 인명 쪽에서보다 특히 지명 표기의 경우 그러한 사례의 본보기로 거론될만한 가능성이 언제든 내유돼 있다고 볼 만하다.

그러한 현상은 성씨의 관향(貫鄕)에 대해 말하는 경우에도 나타났다. 강릉 김씨의 원조는 김주원(金周元)인데, 그가 재세(在世)하던 신라 선덕왕·원성왕 대의 지명은 강릉이 아닌 명주였다. 그런데도 '명주 김씨'라 일컫지 아니하고 그 뒤의 땅 이름을 끌어서 오늘날은 누구도 '강릉 김씨'라 하니, 지명의 유동성을 알 만한 것이다.

궁극에 이야기와 노래의 발생 시기인 고구려 때보다 훨씬 나중 시대 ―『고려사』 편찬의 조선 ―의 손길을 탄 제목이라던가, 그 배경설화 안에 나타나 있던 '명주' 호칭을 빌미와 단서로 삼은 추론은 안정적인 신뢰의 기반을 확보하기 어려운 사안이었다.

과거(科擧) 화소의 문제

지명의 문제 다음으로 거론된 것은 과거(科擧)의 문제였다. 곧 『증보문헌비고』가 첫 번째로 지적하고, 뒤의 논자들도 재론한바 고구려 시대에는 과거 시험 제도가 없었는데, 이야기 중에 '탁제(擢第)'거나 '거업(擧業)' 등 표현이 들어간 혐의로 이 내용이 고구려의 것이 아닐 수 있다는 추론을 편 경우이다.

하지만 이 또한 지명의 문제와는 별도로 분리시켜서 이해하기 어려운 그 무엇이 있다. 설화라고 하는 틀 안에서 양자 사이 서로 유사한 수준 위에 놓여 있는 사항이라는 느낌이다. 곧 '명주' 같은 지명이 미처 존재하지 않았던 시대에 태연히 그같은 지명이 쓰일 수 있었던 설화적 타당한 이유는, '과거'와 같은 제도가 아직은 수립되기 이전의 시대에 그같은 이야기 소재가 들어갈 수 있었던 이유에조차 그대로 작용할 수 있다는 의미이다. 그리고 설화로서의 타당한 이유란 대개 설화 문예가 지니는 유동적・적층적 특성 및 기록자의 자의성(恣意性) 등에서 찾을 수 있다.

설화의 분야에서 이러한 속성이 유지될 수 있는 바탕은 근본적으로 '합리성'의 문제가 설화의 일차적인 관심사는 아닌 데 있는 까닭이다. 〈명주〉의 배경담이 만일 설화 기록이 아니고 역사 기술의 한 부분이었다고 한다면, 고구려 시대의 일이라고 하고서 공간적 배경으로서의 '명주'나, 제도적 배경으로서의 '과거' 같은 자가당착적인 현상을 그냥 지나쳐 버리지는 않았을 것이다. 그러나 〈명주〉 배경담은 그것이 설화 — 전설의 영역에 속하든, 민담의 영역에 속하든 — 인 까닭에 이야기 자체의 합리성보다는, 이야기가 갖는 흥미성에 치중된 전승담이다. 비록 그렇다고 해도 〈명주〉담의 경우 다른 설화에 비해 일탈의 양상이 각별하게 보이는 것만큼 사실이다.

일반적으로 설화가 '꾸며낸 이야기'라 하는 것은 그 허구화에 있어 구체적으로 어떤 부분을 꾸며낸다는 의미인가? 그것을 서사 구성의 세 가지 요소 — 인물・사건・배경 — 에 적용시켜 말하자면 그 허구화의 기본 주종은 '사건'의 꾸밈에 있다고 할 것이다. 사건의 허구에 관한 한, 신화・전설・민담 등 설화의 어떤 분야에서든 예외 없이 공통성을 띤다. 그런 반면 신화나 전설의 경우에 '인물'을 허구화시키는 일은 기대하기 어렵고, 시간・공간 등의 '배경'도 최대한 합리적인 바탕 위에 유지됨이 상례이다. 다만, 민담의 경우에는 신화・전설에 비해 인물의 허구화도 자유자재하고 배경 역시 한층 불투명해지는 것이 사실이다.

〈명주〉담의 경우는 민담의 일반적인 속성과는 달리 지명도 나타나 있고, 실제 제도의 한 양상인 과거 개념도 제시되어 있는 등, 이른바 '사실성'을 강조하는 전설의 범주에 통하는 측면이 있다. 그런데 동시에 〈명주〉의 경우는 앞에서 거론된 것처럼 그 합리성에서 벗어난 양상이 명주 지명, 과거 소재 등 배경 구성에까지 파급돼 있어 문제가 야기되었을 성 싶다.

그러나 〈명주〉 이야기를 혹 전설 범주에 놓고 본다 하더라도, 전설 차원에서 역시 이 같은 배경 구성상의 당착과 일탈조차 경우에 따라서는 용혹무괴(容或無怪)할 사항이 된다. 지명에 관하여는 이미 앞서에 논하였고, 지금은 과시(科試) 존재의 시대 당착적인 상황 앞에 이해 수용할 만한 여지를 찾으려는 것이다. 그렇거니와 과거 소재가 시대와 어긋나는 현상은 하필 여기 고구려에서 뿐 아니라, 저 신라의 노래 이야기 가운데서도 발견의 틈바구니가 없지 않다. 다름 아닌 『고려사』에 신라의 가사 부전 가요로 소개된 〈여나산(余那山)〉 배경담에서 그러하였다.

余那山在鷄林境 世傳 書生居是山 讀書擢第 聯昏世族 後掌試設宴 其昏家 喜而歌之 自後掌試者設宴 先歌此焉.

여나산은 계림(鷄林)의 지경 안에 있다. 세상에 전해지기는, 서생이 이

산에 살면서 공부를 해서 과거에 급제하여 세족(世族)과 혼인을 맺었다. 그 후 서생은 과시(科試)를 관장하게 되어 잔치를 차렸는데, 함께 혼인한 집에서 기뻐하여 이 노래를 불렀다. 그 후부터 과시를 관장하는 사람은 잔치를 차리고 먼저 이 노래를 불렀다.

이 이야기는 〈명주〉 배경담과 더불어 꽤 유사한 바가 있다. 객지에 나가 공부를 하는 주인공 서생이 자신의 아내 될 사람과의 관계를 다룬 이야기라는 점에서 상통할 뿐 아니라, 마지막에는 처가(妻家) 사람들과의 관계 안에서 노래가 불렸다는 점에서도 꼭 같았다. 그리고 〈명주〉가 고구려의 노래인 것만 말하고 보다 자세한 시기는 언명한 게 없듯이, 〈여나산〉 또한 신라의 노래라고만 하고 한 단계 더 상세한 시기는 알려짐이 없다. 또한 〈명주〉와 〈여나산〉은 공교롭게도 글 중에 '탁제(擢第)'란 표현조차 함께 등장하였으니, 둘 다 과거의 소재가 나타나고 있다는 점에서 공통하였다.

그런데 고구려 때는 과거가 없던 시절인지라, 아마도 그때의 산물이 아니고 고려 때의 것이라 추정한 『증보문헌비고』의 취지대로라면, 신라시대 역시 과거 제도가 생겨나기 이전의 때인지라, 이 시간대를 배경으로 삼고 있는 〈여나산〉 노래며 이야기 또한 신라 때 것을 의심하고 고려 때의 것으로 인정해야 옳을 것이다.

삼국시대 및 통일신라시대로 말하면 귀족사회가 자체로 정해 놓은 높은 신분 계급제 방식에 따라 관등·관직을 차지하였을 뿐, 따로 인재 선발의 제도 같은 것은 없었다. 다만 통일신라 원성왕 4년(788) 이래 설정된 독서삼품과(讀書三品科)라는 관리 채용 제도가 있기는 하였으나, 이는 이미 귀족층으로서 대개 관직을 갖고 있던 하위 두품 출신들을 위한 것이었다. 다시 말해 기존 골품제의 보완 정도의 수준에서 이해될만한 성격의 관리 임용 방식이었다. 그리하여 예로부터 역사상 과거의 처음 실시는 고려 4대 광종 9년(958)을 시점으로 언필칭하는 것이다. 그리고 만일 신라의 독서삼품과를 일종의 과거의 형태로서 인정했을 것 같으면, 구태여 역사상 한국 과거 제도의 첫 남상을 고려 4대 광종으로 책정시킬 이유와 필요가 애당초 없었으리라.

지금 고구려의 〈명주〉 설화에서뿐 아니라, 신라의 〈여나산〉 노래 이야기에 나타나는 서생의 탁제 등 과거의 소재는 전적으로 다른 시대의 현상을 같은 시대인 것처럼 다루려는 오류 안에 속한다. 『고려사』 악지는 무슨 일로 이 땅의 과거제 시기에 대한 제대로의 감안도 없이 이 같은 시대착오적인 내용을 그냥 기록에 옮겼던 것일까? 그조차 한 번도 아닌 부전 가요 항목 안에서만 두 차례에 걸쳐 말이다.

악지의 이런 종류 이상스런 착오는 고려시대 가사부전 가요 중 하나인 〈예성강〉 설화의 안에서도 끌어내 트집할만한 군데가 있다. 『고려사』 악지 속악 소재의 그 첫머리를 본다.

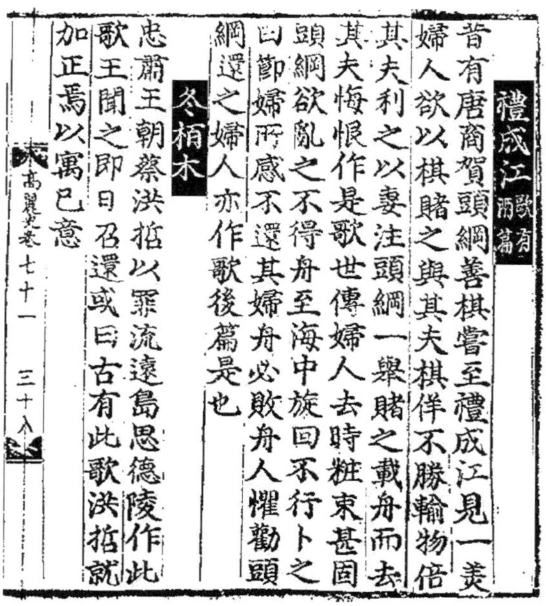
禮成江 歌有兩篇

昔有唐商賀頭綱善棋嘗至禮成江見一美婦人欲以棋賭之與其夫棋佯不勝輸物倍其夫利之以妻注頭綱一擧賭之載舟而去其夫悔恨作是歌世傳婦人去時粧束甚固頭綱欲亂之不得舟至海中旋回不行卜之曰節婦所感不還其婦舟必敗舟人懼勸頭綱還之婦人亦作歌後篇是也

冬柏木

忠肅王朝蔡洪哲以罪流遠島思德陵作此歌王聞之即日召還或曰古有此歌洪哲就加正焉以寓己意

高麗史卷七十一 三十八

『고려사』 권71 樂志 중의 <예성강>

> 昔有唐商賀頭綱 善棋 嘗至禮成江 見一美婦人 欲以棋賭之 與其夫棋 佯不勝….
>
> 옛날에 당나라 상인인 하두강(賀頭綱)이란 자가 있었는데 바둑을 잘 두었다. 그가 한번은 예성강(禮成江)에 갔다가 한 아름다운 부인(婦人)을 보고는 바둑으로 내기하여 빼앗고자 그녀의 남편과 바둑을 두어 일부러 이기지 않고….

당나라 상인의 속임수 도박에 뺏겨 배에 실려가는 아내의 모습에 남편이 회한으로 지었다는 〈예성강〉과, 뱃길 도중에 여인이 보인 정절의 효험으로 당상(唐商)에 의해 돌려보내졌을 때 지었다는 또 한 편의 아내의 노래 〈예성강〉은 뒷시대의 문헌에 결국은 잃어버린 고려의 노래로 남게 되었다. 그러나 노래의 배경 전말만은 이처럼 『고려사』 악지에 잃어지지 않은 고려의 이야기로 남게 되었거니와, 문제는 고려조에 당나라 상인이 출현한 일의 타당성 여부에 있다.

역사 속에서의 당나라는 A.D.907년 곧 소선제(昭宣帝) 천우(天祐) 4년에 완전한 멸망을 보았다. 초기에 황소(黃巢)를 추종하였던 주전충(朱全忠)이 소선제를 폐하고 자신이 황제— 후양(後梁)의 태조 —가 되었으니, 이로써 당나라의 모든 사직과 국운이 끝을 본 것이다. 한편으로, 주지되었듯이 고려의 건국은 이보다 11년 뒤인 A.D.918년에 이루어졌다. 이 해는 주전충의 아들 말제(末帝)의 재위 6년 되는 해였다. 이로써 고려는 역사상 한 번도 당과는 맥락이 닿을 수 없는 관계로 남았을 뿐이었다. 그런데도 고려의 〈예성강〉 이야기 안에서 당나라의 상인 하두강이 출현하는 일은 아무리 생각해도 닥뜨려 저촉되는 노릇이 아닐 수 없었다. 이렇듯 『고려사』 악지의 기록은 그만큼 자주 시대착오적인 모순을 저질렀다는 뜻인가. 그리하여 〈예성강〉 또한 당나라 상인과 시간적으로 들어맞는 신라시대의 노래로 고쳐 간정(看定)해야 할 것인가?

한편, 악지 수록의 이 이야기는 『행은문집(杏隱文集)』(권13)과 『신증동국여지승람』(권4 개성부(開城府)·上 산천(山川)) 및, 『고려고도징(高麗古都徵)』(권1) 같은 곳에 고스란히 전사(轉寫)되었다. 나아가 이 이야기를 토대로 삼은 한시 작품들이 『임하필기(林下筆記)』(권38 해동악지)와 『신증동국여지승람』(권4 개성부·上 산천) 및, 『이십일도회고시』(고려) 등에 생생하게 유전되었다. 그리고 이 가운데 맨 뒤 『신증동국여지승람』 및 『이십일도회고시』 소재의 한시만을 제외하고는 하나같이 『고려사』 악지 기록의 '당상(唐商)'의 말을 아무런 비판도 없이 따르고 있으니, 그 또한 어찌 이해해야 좋을는지 모를 일이다.

혹 여기서 상인 하두강의 국적 소재로서의 당이라 함은 어쩌면 다른 당을 말함일까. 무릇 이세민(李世民)이 건국한 당나라의 멸망(A.D.907) 이래 조광윤의 송나라 건국(A.D.960)이 있기까지 약 반세기 남짓 동안에 10년 내외의 정권들이 연속적으로 명멸(明滅)하였다. 그러면 바로 이 시기에 주전충이 세운 후양(後梁)(A.D.907~922), 이존욱(李存勖)이 세운 나라인 후당(後唐)의 상인을 말함인 것일런가? 기실에 있어서는 '후당상(後唐商)'이라 해야 할 것을 약칭하여 '당상(唐商)'으로 한 것인지.

그러나 고작 12년 존속하여 별반 일반적 인식의 보편성도 없이 존재했던 나라에 거는 개연성도 문제려니와, 무엇보다 더 큰 문제는 거기 부수된 강명(江名)이었다. 예성강은 송과 고려 사이의 국제 교류 현장이었을지언정, 그 이전인 당대에도 그러했을까? 하지만 당나라 때 우리 쪽 신라에서 개설하였던 국제 교역의 통로는 예성강과는 전혀 다른 별도의 두 곳에 있었다.

> 당과의 교통로는 두 길이 있었다. 하나는 지금 전라남도 영암 방면에서 흑산도를 거쳐 상해 방면으로 통하는 길, 하나는 경기도 남양만에서 황해를 건너 산동반도로 가는 길이었다. (진단학회 편, 『한국사·고대편』)

단적으로 『고려사』 악지를 비롯한 여타 문헌들이 빚어낸바 〈예성강〉 이야기 안의 시대적 차착(差錯) 현상은 그 이유가 어디 있었는지 간에, 제일 확실하고 명백한 사실은 이것이 당상(唐商) 아닌 송상(宋商)이라야 옳았음이다.

무엇보다도 〈예성강〉 작품의 공간 배경이 되고 있는 예성강이 대관절 어떠한 곳인가? 다름 아닌 고려조에 대송 외교와 통상을 위한 유일한 국제항이었다. 고려 시대 송나라와의 교류를 위한 개경의 해로(海路) 출입구이자, 선박 발착지가 바로 그 자리였다. 또한 당시 준 사절단의 예우를 받았던 송의 상인단〔宋商〕들은 수도인 개경에 한정하여 허입(許入)되었다고 하니, 이 강이야말로 물길을 이용하던 송상들의 유일한 해상 출입로였던 것이다. 이처럼 내력 있고 유서 깊은 예성강에 그 시절 송상들이 끼쳐놓았던 번화로운 경상(景狀)들이 『동국여지승람』 권4 「개성부」 상 '산천' 안의 '예성강' 및 『이십일도회고시』의 〈고려(高麗)〉 9수(首) 중의 제6 한시 같은 곳에 삽화처럼 그려져 있다.

사내와 바둑을 두었다는 인물, 〈예성강〉 이야기의 중국인 주인공인 하두강은 바로 그 시절 송나라 상인의 한 사람이었을 터이다. 다만 하두강이라는 이름은 어쩌면 고유명사 만은 아닌 듯싶으니, 당시에 송나라 '상인단의 두목을 강수(綱首)'라 불렀다는데 두강(頭綱) 역시 강수와 더불어 그 우두머리를 뜻하는 말처럼 여겨지는 국면이 있다. 그런데 마침 『고려사』 세가(世家)의 헌종 즉위년(1094) 갑술년 6월 무자일 기록에, "송나라 도강(都綱)인 서우(徐祐) 등 69명과 탁라(乇羅) 사람 고적(高的) 등 194명이 와서 즉위를 경하하고 토산물을 바쳤다〔戊子 宋都綱徐祐等六十九人乇羅高的等一百九十四人來 賀卽位 獻土物〕"고 한 바, 여기에 '도강(都綱)'이란 말이 나온다. 여기서 '강(綱)'은 현장에서 화물 관장하는 사람을 가리키는 것으로, 바로 상인의 우두머리라는 뜻이다. 다름 아닌 '두강(頭綱)'과 혼용 가능한 말로 사유된다. 그러면 하두강은 바로 하씨 성을 가진 상인단의 우두머리 어떤 사람임을 지시한 말이 아닌가 사료된다.

바둑에 이긴 그가 다음날 남자의 아내를 싣고 떠났다 했다. 당시 송의 사행(使行)이 개경에 도착하였을 때는 여기 예성강에서 쉬고 다음날 개경에 들어왔으며, 또 귀국할 때도 역시 여기에서 하룻밤을 자고 선상에 올랐다고 했으니, 하두강은 귀국길의 바둑 내기에서 남자의 아내를 차지해 싣고 갔던 것으로 이야기가 맞춰진다.

이상의 모든 상황에 비추어 하두강이란 인물은 더 따져 볼 나위 없는 송상이 명백한 데도, 『고려사』 기록에는 그저 '당상'으로 적었을 따름이다.

사유하건대 이야기 가운데 파생되어진 당·송 사이의 문자적 혼선은 역시 설화 문예의 즉흥성 내지 유형적 단순성에 의존해서 이해될 수 있는 성질의 것은 아닐까. 곧, 하두강이란 인물이 한·중의 역사서나 인명록 등에 나와 있지 않아 당상과 송상 간에 상고해 볼 길이 막연하지만, 설령 그가 사실은 송상일 경우라도 중국 상인의 대명사 격으로서 그냥 당상이란 말로 설화되었을 가능성에 대한 생각이다. 저 신라시대 이래 이쪽으로의 내왕이 빈번하고 활약이 왕성했던 당상들이 오랫동안 이 땅에 형성시켜 놓았던 특유의 강렬한 이미지 고착으로 말미암아 아예 전통 설화 안에서는 중국 상인을 총칭하는 격으로 정형화된 것은 아닌지 모르겠다. 하물며 『삼국유사』·『삼국사기』·『수이전』 등이 입증하는 대로 신라 시대는 설화 문예의 최전성기였음을 생각할 때 더욱 그러하였다. 어쩌면, '당(唐)'이란 문자는 우리의 전통 설화 안에서 거의 중국을 뜻하는 대명사처럼 쓰였던 것일는지도 알 수 없다. 동아대학교 고전연구실 편의 『역주 고려사』(태학사, 1982)에서는 바로 이 〈예성강〉 설화의 머릿글자인 '당상하두강'을 '중국 상인인 하두강'으로 풀이하였으니, 그러한 전제에서 고무적인 부분이다.

그 경위가 어찌 되었든 간에 지금 설화 문예 안에서 이야기 전개 중의 어떤 부분에 합리적이지 못한 사항의 언어적 수식이 나타난다손, 그 일이 별반 문제시되지 않는다는 좋은 본보기를 〈예성강〉 배경담에서 확인할 수 있었다.

설화의 진면목이 이러한 바에야, 이 같은 현상은 반드시 『고려사』 악지 안에서만 발견될 수 있는 것은 아니다.

조선시대 서거정의 『필원잡기(筆苑雜記)』에는 신라 말의 승려 도선(道詵, 827~898)의 설화가 있다. 그의 어머니가 천택(川澤) 위에서 놀다가 큰 오이를 얻어서 먹고 그를 낳았다는 이야기이다. 그런데 여기서는 오히려 도선을 '신라' 사람 아닌 '백제' 사람이라고 적고 있다. 또한 이 이야기의 말미에는 당나라에 들어가서 일행(一行)의 도를 배웠거니와, 세상에 전하는 도참(圖讖)은 모두 그가 지은 것이라 하였다. 그러나 이도 다시금 사적(史的)인 고증을 가한다면 일행은 당나라 초기의 승려이고, 도선의 생몰년은 당나라 말기에 해당한다. 그렇기 때문에 연대상 모순이 있고, 따라서 도선이 당나라에 유학하였다는 것도 신빙성이 없다. 설화가 사실(史實) 고증과 유리될 수 있는 개연성의 좋은 예라 할 것이다.

지금 〈명주〉 배경담에도 못내 지명의 시대적 혼동 및 과거 제도를 기준한 시대적 당착 등 비합리적인 화소의 개입이 이루어져 있었다. 그러나 〈명주〉나 〈예성강〉 관련의 배경담 등은 모두 그것 생성의 초년부터 견고한 문자로 고정된 내용이 아님을 망각할 수 없다. 시대를 넘어 구전을 거듭하다가 나중에야 문자상의 정착을 보았던 특수 상황을 염두에 두어야만 한다. 그리하여 〈명주〉 안에 보이는 두 가지 혼동과 당착의 현상은 유동적 설화 문예의 초시간적인 특성 안에서 요해(了解) 가능할 것이었다.

무월랑(無月郞)·연화(蓮花) 실담의 문제

한편, 〈명주가〉의 고구려 노래설에 대한 수용 거부는 『고려사』 악지의 고구려 노래설에 대해 사실(史實) 고증을 앞세워 전면 반박하는 『증보문헌비고』와 『이십일도회고시』의 방식 말고도 또 있었다. 다름 아니라 아예 일언반구의 촌평이나 반박의 논거 따위 없이, 그냥 신라 노래로 간정(看定)해 버린 경우가 그것이다.

우선 『강릉김씨파보』에 나타나 있는 이야기에서 그러하였다. 필경 〈명주가〉 설화와 동일한 줄거리인데, 이것이 문득 신라 시대의 역사상 실물인 김무월랑(金無月郎)과 연화부인(蓮花夫人) 박씨 사이의 로맨스 일화로서 다루어지고 있는 것이다.

> 平昌郡古記云 新羅眞平王時有無月郞 爲江陵仕臣 其時有蓮花女 見而兩心相照 郞政滿還京 謂其女曰 若有宿緣 當作夫婦 女家在大川南 宅北有深淵 女常以飯食其魚 其中神魚一雙在水上 女之父母欲定昏嫁 女與神魚曰 願傳吾信書於無月郞 魚如有應聲 遂三日不現 潛通東海 到新羅無月郞之捕魚所 郞得神魚 魚吐信書 郞卽作書與魚 遂迎其女 作謂夫婦 云云. (春, '遺事')
>
> 평창군 고기(平昌郡古記)에 이르기를, 신라 진평왕 무렵에 무월랑(無月郞)이란 이가 강릉에 벼슬살이 하였다. 그 때에 연화녀(蓮花女)가 있어 만나게 됨에 두 마음은 서로 통하였다. 그러다가 무월랑이 임기가 차서 조정에 돌아가게 되매 그 여인더러 말하기를, "만약 숙명적인 연분일진대 마땅히 부부가 될 것이오." 하였다. 여인의 집은 큰 냇물 남쪽에 있었고, 집에는 물 깊은 연못이 있었다. 여인은 항상 물고기들에 먹이를 주었는데, 그 중에는 신령한 물고기 한 쌍도 물 위로 모습을 보였다. 여인의 부모가 혼인을 정하려 하자, 여인은 신령한 물고기에게 말하였다. "꼭 내 편지를 무월랑에게 전해다오!" 물고기는 마치 그 말에 응답이라도 하는 양 하였다. 물고기는 사흘을 나타나지 않고 동해로 스미어 신라 무월랑이 고기 낚는 곳에까지 이르렀다. 신령한 그 물고기를 잡으매, 고기는 그 서신을 토해 내었다. 그러자 무월랑은 편지를 써서 물고기에게 주었고, 드디어는 그녀를 맞이하여 부부가 되었더라 운운.

월화정(月花亭)터. 1930년에 강릉김씨 후손들이 연화부인(蓮花夫人)과 무월랑의 설화를 기념하기 위해 건립하였으나, 1963년에 홍수로 유실되었다.

또한 강릉의 향토지라 할 수 있는 『임영지(臨瀛誌)』 '산천성지(山川城池)' 및 '누정(樓亭)' 에는 〈명주가〉 배경 설화와 관계 있는 문건(文件)들이 있다. '산천성지(山川城池)'는 '세전(世傳)'이란 말로 시작하면서 줄거리 전체를 소개하였는데, 이러하였다.

> 世傳 有一書生 遊學溟州 見良家女有美色 悅而求之 女曰 待君折桂從之 生攻苦擧業 女家將納婿 女平日臨池養魚 至是謂魚曰 汝知我意 可傳此書 仍投帛書 魚躍而含之去 後生於京師市得大魚 買而剖之 果得帛書 馳詣女家 出示帛書 女家異之 以生爲婿 後人因名其池.

구체적인 시대적 배경이 없는 가운데, 그 이야기의 분위기가 흡사 『고려사』 악지의 줄거리를 재표현시킨 듯한 느낌이라 따로 번역할 필요도 느끼지 않는다. 그러나 '누정(樓亭)'에 있는 것은 『강릉김씨파보』의 것을 준수하여 축약시킨 내용에 다름 아니었다.

> 月花亭在邑南北邊蓮花峯舊址 新羅時蓮花夫人朴氏 有養魚傳書于金無月郞之古蹟 今其後孫金氏 信搆于養魚池巖石上 以爲紀念.
>
> 월화정(月花亭)은 읍(邑)의 남쪽 북편 가장자리에 있는 연화봉(蓮花峯)의 옛 터전이다. 신라 때에 연화부인 박씨가 물고기를 길러 김무월랑에

게 편지를 전했던 옛 자취가 있다. 오늘날 그 후손인 김씨가 새로이 양어지(養魚池)의 암석 위에 그것을 기념해 두었다.

유득공도 조선조 중기에 신경준(申景濬) 편찬의 역사지리서인 『강계지』에서의 연화부인과 그 아들인 김주원 두 사람에 관한 내용을 인용 이른바 〈명주곡(溟州曲)〉이 연화부인의 사적(事蹟)이고, 서생은 무월랑으로 지적하였다.

疆界誌 新羅王弟無月郎二子 長曰周元 次曰敬信 母溟州人 始居蓮花峯下 號蓮花夫人 及周元封於溟州 夫人養於周元 溟周曲卽蓮花夫人事 書生指無月郎也. (『二十一都懷古詩』, 〈溟州〉)

『강계지(疆界誌)』에 보면, 신라의 왕제(王弟) 무월랑에게 두 아들 있으니, 큰 아들은 주원(周元)이고, 작은 아들은 경신(敬信)이었다. 그들의 어머니는 명주(溟州) 사람으로, 그녀가 처음에 연화봉 아래에 살았기에 연화부인이라 일컬어졌다. 주원(周元)이 명주에 봉해지자 부인은 주원의 봉양을 받았다. 〈명주곡(溟州曲)〉은 다름 아닌 연화부인의 사적(事蹟)인 것이요, 서생은 무월랑을 가리킨다.

그런데 맨 뒤의 말은 어디까지나 『강릉김씨파보』 등의 메시지를 신빙코자 하는 유득공 개인의 추측일 따름으로, 『강계지』가 천명해 보인 내용 사항은 아닌 것이다. 송준호도 『유득공의 시문학 연구』에서 같은 취지로 말하였다.

〈명주곡〉의 여주인공과 연화부인을 같은 인물로 추측한 것은 분명 유득공의 시적 상상력에 의한 것이며, 결구의 어서(魚書)는 물론 〈명주곡〉 중의 설화 일부이긴 하지만, 〈여남선현전(汝南先賢傳)〉과 고시 '호동팽이어(呼童烹鯉魚) 중유척소서(中有尺素書)'의 관용적인 답습임은 새삼 말할 필요도 없다.

한편 『강릉김씨파보』나 『강릉김씨세계(江陵金氏世系)』, 그리고 위의 『강계지』에도 언급하였으되 김무월랑과 박연화는 김주원의 부모라 하였다.

그러면 여기 김주원이라는 인물은 누구인가?

『삼국사기』에 따르면 신라 37대 선덕왕(宣德王, 재위 780~785)의 족자(族子)라 하였다. 『삼국사기』 원성왕 원년 조에 보면, 선덕왕이 아들 없이 돌아가자, 왕의 족자인 그가 뭇 신하들로부터 왕으로 추대되어 즉위하려는 계제에 큰물로 입궁을 못하여 왕좌에 나아가지 못하였고, 대신 선덕왕의 아우로 평소 덕망이 높았던 경신이 왕위에 오르니 그가 바로 원성왕(元聖王, 재위 785~798)이라고 서술되어 있다. 여기서 경신이 선덕왕의 아우라 하였으니, 주원의 아우로 소개되어 있는 『강계지』의 기사와 서로 어긋나 있다. 아무튼 그 뒤 김주원은 명주에 들어가 여생을 보냈다고 했으니, 바로 강릉 김씨의 시조인 것이다.

운명적으로 왕위와 인연 없어 그것을 뒤로한 채 스스로 명주〔강릉〕

현재 남아있는 월화정 정각(亭閣)은 2004년에 복원한 것이다.

땅을 선택한 그였다. 그리하여 강릉을 사랑하여 여기에 안주하고, 강릉군 왕이 되었으며, 결과 후손의 추존을 받아 시조가 되었다. 강릉 김씨의 시조가 되었으니, 이 곧 강릉 김씨들이 높여 기리고 싶어하는 역력한 의지의 발현이었다. 여기에 시조의 신성화를 위한 이야기, 곧 시조 설화가 생겨날 수 있는 준비와 터전이 마련될 수 있는 것이다.

더해서 그의 직계 부모인 왕제 무월랑과 연화부인 두 사람이 결합하기까지의 과정이 또한 일반적·통속적인 것이 아니었다고 한다면, 다시 말해 운명적이고 로맨틱한 그 무엇이었다고 할 때 필연적으로 이들 이야기에 대한 기대치는 상승될 수밖에 없다. 단순과 평범만을 고수하기 어렵게 될 것이다.

강릉 김씨의 시조가 된 김주원이 한마디로 기구한 운명의 정치적 주인공이었다면, 그의 부모 또한 운명적인 사랑의 주인공들로 간주되어진다. 요는 그들 일가족이 모두 극적 운명적인 당사자들인 셈이었다.

시간상으로는 김주원이 출생하기 이전에 무월랑과 박연화의 기이한 결연 과정이 선행되었음이니, 환언하면 주원의 부모가 된다는 무월랑 부부의 결연담은 의미상 강릉 김씨 시조인 주원의 출생담과 무관하지 아니한 것이다.

신화의 전통 안에서 볼 때, 시조 단군은 천제자(天帝子) 환웅과 웅녀 사이의 신이혼(神異婚)으로 태어났고, 시조 주몽 또한 천제의 아들 해모수와 하백(河白)의 딸 유화부인 사이의 신이혼으로 태어났다고 했다. 동시에 이들 이야기 자체는 바로 단군과 주몽의 출생담으로 인식되고 있음과 같다.

무월랑과 연화부인이 결합하기까지의 사연이 예사롭지 않고 특이한 그 무엇이었다고 했을 때, 더욱 적극적으로는 〈명주가〉 설화를 연상시킬 만한 분위기의 내용이었다고 했을 때, 그 내용이 문득 그 어떠한 형태의 신비적이거나 낭만적인 모양으로 포장될 가능성을 배제시키기 어려운 국면이 있다. 비록 시조 신화로서 시조의 출생을 신성화하는 단계까지는 아니라 하더라도, 이 정도의 시도가 아주 불가능하다고는 볼 수 없다.

생각건대 시조의 가계(家系) 주변에 범상하지 않은 내용이 처음부터 없다면 모르지만, 만약 선계 등에 조금이라도 예사롭지 않은 그 어떤 것이라도 모색되는 요인이 있다면, 이에 그의 부모의 경우에마저 신이성을 부여시켜 상승적 효과를 기대해 봄직한 것이다.

지금 『강릉김씨파보』의 메시지로 시조 김주원의 부모에게는 모색되어져서 언거될 만한 비상한 일이 있었고, 따라서 거기에 대한 신이성의 부여가 있었다고 보인다. 장정룡의 「명주가 배경 설화 연구」 안에 있는 다음 논지는 이에 비익(裨益)되는 바 있다.

> 그의 부모로 보고 있는 김알지(金閼智) 20세 손 김유정(金惟靖)과 연화부인 박씨의 사랑을 신비적으로 구성한 이유는 어디에 있는지 더듬어 볼 필요가 있을 것이다. 왕위 쟁탈 후에 낙향한 사실을 극복하고 기존 지방 호족과의 갈등을 완화하기 위해서 김주원 일파는 양어지 전설과 같은 신이적 화소를 강조하여 선대부터 인연이 깊은 연고성을 강조하고 토착화에 성공할 수 있었던 것이 아닐까 한다. 따라서 불가능한 일의 성취가 곧 신이성과 신성성을 확보하게 해주었던 것으로 보인다.

심지어는 강릉 김씨들이 시조 가계의 선양에 관해 가장 앞장 설 입장에 있는 『강릉김씨파보』에조차 차마 생각도 못했을 연화부인에 대한 신격화의 단계도 이에 없지 않았던 양하였다.

> 여기 홍미로운 사실은 〈명주가〉의 여주인공 연화부인이 신이 되었다는 사실이다. 강릉 대성황당은 지금은 사우(祠宇)가 없어지고 그 자리에 측후소(測候所)가 있지만, 전에는 12신위(神位) 곧 송악신(松岳神), 태백산왕지신(太白山王之神), 남산당제형태상지신(南山堂帝形太上之神), 감악산대왕

> 지신(紺岳山大王之神), 신무당성황신(神武堂城隍神), 김유신지신(金庾信之神), 이사부지신(異斯夫之神), 초당리부인지신(草堂里夫人之神), 서산송계지신(西山松桂之神), 연화부인지신(蓮花夫人之神), 범일지신(泛日之神)이 봉안(奉安)되었던 곳이다. 여기 흥미를 끄는 점은 전설상의 연화 아가씨가 혹 유사연상법에 의해서 생긴 신인지 모르나, 신격의 자리를 차지하고 있다는 사실이다. 또한 등장된 신들은 모두 연화부인과 마찬가지로 신라 시대의 인물이고, 강릉인이 아니면 강릉과 유관한 인물로 구성되어 있다. 강릉에는 같은 강릉 김씨인 김시습을 모시는 소성황(素城隍)이 있는 이상, 신라의 연화부인지신이 있어 오히려 당연한 일일 것 같다. 그렇다면 연화부인의 전설도 후대로 내려오면서 신화로 되어 가는 곧 신화 전설의 형태임을 알 수 있다. (김선풍, 「명주가 재연구」)

다만 여기서는 〈명주가〉의 여주인공을 연화부인으로 간정(看定)하였고, 나아가 연화 부인의 전설이 나중 단계에 신화로 변전한 것으로 보았으나, 『고려사』 악지의 사실 기준에서 본다면 고구려시대 〈명주가〉 관련의 일반 설화가 신라 연화부인 대에 이르러 시조설화화한 것으로 간주된다. 곧 이 경우 '시조전설 → 시조신화'의 대신, '기존설화 → 시조전설 → 시조신화'의 도식으로 된다. 곧 시조설화를 가능케 한 선행 기존설화의 영향적 존재를 뜻함이다.

돌이켜볼 때 기존의 어떤 설화가 뒤의 설화에 영향을 끼치는 사례는 다른 곳에서도 엿볼 수 있는 현상이다. "성씨(姓氏)"에 대한 다음과 같은 설명은 이의 적극적인 참조가 된다.

> 상자 속에 담겨 표류하다가 노파에 의하여 건져지고 수양되는 탈해의 전승은 후세의 시조 설화에 많은 영향을 끼쳤다. 파평 윤씨 · 강화 봉씨의 시조와 남평 문씨의 시조는 각기 연못에서 석함에 담겨진 상태로 노파에 의하여 발견되거나 바다 위에서 발견된다. 이들의 탄생에는 대개

구름과 안개 또는 천둥과 번개가 개재되어 더욱 신이한 것으로 수식되었다. (『한국민족문화대백과사전』)

이것은 같은 시조 설화끼리의 상호 관계를 예시한 경우가 되겠거니와, 전설・민담 등과 같은 일반 설화 혹은 민간 신앙이 시조설화에 작용하는 경우를 역시 간과할 수 없다. 즉 바로 위의 인용문에 이어지는 바, 다음 내용은 좋은 일례가 될 만하다.

또 황간 견씨의 시조 견훤(甄萱)은 여인과 지렁이와의 교배에 의하여 태어나고 호랑이에 의하여 길러진다. 이런 이물 교혼담(異物交婚譚)은 우리 민담에 널리 퍼져 있다. 특히 신라의 시조설화는 민간 신앙과도 결부되어 지금도 영남 지방에는 '골막이'라는 동신제(洞神祭)가 전승되고 있다고 한다.

그렇다면 남평 문씨・파평 윤씨・강화 봉씨 및 황간 견씨 등의 경우와 더불어서, 강릉 김씨 시조설화 또한, 그것 자체로 자생 독창의 이야기 소재가 아닌, 기존의 〈명주〉 관련 민간 설화로부터의 잉용(仍用)으로 간주되는 것이다.

나아가 견훤의 일례를 들어 시조 설화가 기존의 민간 설화인 이물 교혼담에서 취용한 것이라 했는데, 이것은 이물 교혼담 가운데도 일명 '야래자형 설화(夜來者型說話)'에 속하는 것이다. 여러 지역에서 이와 유사한 이야기 유형이 통시적으로 구전되어 왔기에 비슷한 이야기의 틀로서 '형(型)'이란 말을 쓰게 된 것이거니와, 이를 표제로 한 장덕순의 다음과 같은 논의는 강릉 김씨 시조 설화와 관련하여 암시해 주는 바가 큰 것으로 본다.

이 유형의 설화 가운데에서 야래자가 뱀의 변신이고, 그 아들이 마을

의 신이 되었다는 충청남도 연기군의 설화가 가장 정통적인 것으로 추정된다. 원래는 백제 지역에서 마을 수호신의 신이한 탄생을 나타내 주던 이야기를, 후백제가 그 전통을 잇느라고 견훤의 출생담으로 활용하여 건국 신화로 발전시키려 하였던 것이 아닌가 한다.

시조 견훤의 설화가 그것 자체의 독창으로 이루어진 것이 아닌, 그 앞의 시대에 이미 일정한 지역에서 전승되었던 기존 민간 설화의 활용으로 보았음이다. 견훤과 같이 역사 속에 꽤 잘 알려져 있는 인물과 관련된 설화도 필요한 경우 전 시대의 민간 설화로부터의 차용을 서슴없이 수행하는 마당이다. 그러니 일반의 성씨 시조와 관련된 설화 생성의 마당에 어떠한 필요와 소용에 따라서는 앞 시대의 설화를 도습(蹈襲)함에 있어서 망설이거나 금기로 삼을 이유가 없는 것이다. 반드시 시조설화의 경우가 아니더라도, 시간 또는 공간을 달리하는 닮은꼴 설화의 파생, 곧 설화의 유형적 사례는 허다하다. 우리나라에서 지역상 분포도가 큰 의구형(義狗型) 전설은 그 대표적 본보기라 할 만하고, 더 나아가서는 국경을 넘나드는 수도 많으니, 손진태는 『조선민족설화의 연구』에서, 우리의 손순매아 전설(孫順埋兒傳說), 아랑 설화(阿娘說話), 의구 전설(義狗傳說) 등과 유사한 화형(話型)의 중국 설화를 열거하면서 그 영향관계를 강조하고 있다.

강릉 김씨 시조 김주원의 경우에 있어서도, 그의 부모가 이룬 결연의 과정은 문득 그 출생의 극적인 과정을 알릴 수 있는 필요와 소용에 잘 부합되는 것이었다. 그리하여 무월랑과 연화 사이에 있었던 기이하고 극적인 결연담이 하나의 훌륭한 로맨스 기화(奇話)로 되기 위해서는 사실에 대한 충실성보다는 이야기의 이미지를 높이고 돋보이게 하기 위한 정채(精彩)로운 것이어야만 했다. 왕족 무월랑의 실사(實史)라고 하면서도 정사(正史) 규모의 『고려사』 악지거나 『삼국사기』와 함께 공유했던 사항이 못되었음은 시사하는 바 있다. 그 내용은 다만 강릉 김씨들 간에 합의된 사항의 안에 머물렀던 것으로 유추된다.

하지만 그러한 사실이 무월랑과 연화의 어떤 형태 곡절 어린 만남의 사실마저 의심받거나 부인당해야 할 이유는 되지 않는다. 어떤 형태의 곡절 어린 만남 같은 것이 있었다고 했을 때 이 곡절의 이야기는 시조의 출생담을 아름답게 장식하고자 하는 후손들의 의욕을 돕는 것이었고, 이 마당에 이야기는 새로운 형상화에 대한 의욕과 전기(轉機)를 맞게 되었다. 그 결과 재자가인의 결연담과 연상 지어 과거의 전래 설화 중 '만남과 이별, 극적인 재회'의 흥미로운 구성을 띤 긴 세월 회자의 유명 설화인 〈명주〉 배경담에 대한 전면 습용(襲用)이 이루어졌을 것으로 인지된다.

맺음말

〈명주가〉 배경담은 애초에 그 자체가 사실(史實)이 아닌 설화로서 인식되어 온 것이다. 그것의 꾸며진 이야기 곧 설화다운 속성은 우선 동물 가운데도 미물인 물고기가 보은의 의지를 갖고서 모든 상황 판단을 해나간다는 측면에서, 주인을 위한 자기희생적 의의 면에서 물을 적셔다가 잠든 주인을 살렸다는 이른바 진화 구주(鎮火救主)의 개 이야기 - 의구(義狗) 설화 - 보다도 한 단계 더 기이한 것이었다. 또한 물고기가 자신의 판단으로 서생이 있는 경사(京師)까지 간 일, 나아가 그 물고기가 정확히 서생의 수중에 낙착되었다는 일 등 별반 현실적이지 못한 요인들로 인해 오늘날까지도 그냥 〈명주가〉 배경 설화로 통칭됨이 아닌가 한다.

그렇지만 이 배경담이 전혀 사실 무근의 완전한 허구로서보다는, 이야기 전승의 초기에 있던 일말의 근거담을 토대로 하여 만들어졌을 가능성까지 거부할 필요는 없다. 다시 말해 옛 강릉 땅에 타관의 서생과

한 처자 사이에 일어난 만남과 이별, 그리고 어떤 극적인 계기에 따른 재회의 로맨스였겠으나, 이 바탕 위에 기존의 흥미진진한 설화적 모티브에 대한 활용과 더불어 재조성 되면서 한 편의 아름다운 설화로 전승되었으리란 의미이다. 여기서의 극적인 계기란 서신이거나 인편의 급보(急報)일 수 있겠고, 흥미진진한 설화적 모티브는 논자 사이에 짐작하는 바대로 한대(漢代)의 악부인 〈음마장성굴행(飮馬長城窟行)〉 안의 내용일 수 있는 것이다.

다만 여기서 이 설화가 공간상으로는 강릉 옛 땅에서 발생했다는 사실에 대해 의심하지 않거니와, 시간상으로는 『고려사』 악지가 기록한 고구려 발생의 사실이 의심받아 왔다는 점이다. 그 의심의 근거는 첫째, '명주' 지명이 고구려 당년의 '하슬라'와 맞지 않고, 둘째로 '과거' 소재가 고려에 기원을 둔 '과거' 제도와 시대적 어긋남을 가져왔다는 것이다.

그러나 이 두 가지 논란이 생각의 기본을 역사적 고증의 면에다 초점을 맞추었다는 점에서는 공통하였다.

이제 〈명주가〉의 경우 뿐 아니라, 보다 시야를 넓혀 삼국시대 문예의 진위 여부를 역사 고증의 관점에서 다루고자 한다면, 문제는 더욱 확산될 수밖에 없다. 우선 지명 고증의 측면에서 목주, 동경, 정읍은 모두 고려 이후의 명칭인데, 신라시대의 노래라는 〈목주〉·〈동경〉, 그리고 백제시대의 노래라는 〈정읍사〉 등이 모두 자가당착일 수밖에 없게 된다.

아울러 사실 고증의 측면에서, 〈명주〉 배경담 안에 역사상 고려 이후의 제도인 과거와 관계된 '거업(擧業)'의 표현이 들어 있다는 모순점을 들어 고구려 노래설을 의심하였으나, 이 또한 이야기 문예인 문헌설화를, 철저히 합리적 고증 방식에 입각한 역사 기술과 동일시하였다는 점에서 적절하지 못하였다. 동일 문헌인 『고려사』 악지에서 신라의 것으로 소개된 배경담 가운데 역시 과거에 급제했다는 뜻의 '탁제(擢

第)' 화소가 들어 있는 〈여나산〉 배경담이 갖는 외형상의 모순이거나, 고려의 것으로 알려진 〈예성강〉 설화에 송상 아닌 당상으로 표현되었던 문제 등은 다 이와 같은 수준에서 이해되어질 성격의 것이다.

거듭 상고컨대, 오늘날 우리가 상대할 수 있는 문헌설화의 메시지란 대개 일정 기간의 구구 전승을 거듭한 나머지, 일정한 시간적 차이 또는 시대적 간격 뒤에 정착되어진 문예적 산물이다. 따라서 문헌설화는 그것의 당사자가 자기 시대의 정서적 바탕 안에서 편안한 감성과 즉흥에 따라 기록되니, 철저한 사실적 바탕 안에서 긴장된 이성과 고증에 따라 수행되는 역사기록과 반드시 동일시하기 어렵다. 부연하면 설화는 그것의 생동감을 위해 역사적 내용과 제휴하거나 혹은 거기 편승하는 수가 적지 않지만, 그렇다고 하여 언제든 정확한 사실(史實) 고증만을 책임지지는 않는다. 요컨대 설화 읽기는 역사 읽기와 또 다른 방식 안에서 이루어지는 인문학적 행위이다. 따라서 앞에 예시된 삼국의 설화들은 그것이 역사 읽기 방식으로는 모순일 수밖에 없으나, 설화 읽기 방식 안에서 문득 이해와 수용이 가능해진다.

역언하여 오늘날 우리가 문헌 안에서 보는 설화 내용은 오랜 시간 및 시대에 따른 유동성과 적층성의 결정임과 동시에, 문헌설화 수록자 자신의 현재적 감수성 및 그 시대 분위기에 익숙한 지식의 산물이기도 한 것이다. 그리하여 고구려 당시에 처음 전승되던 〈명주〉 설화에는 애당초 '명주'라는 지명이라든가 '과거' 같은 화소는 없이, 대개 물고기를 기르는 여인과 타관 총각과의 밀애가 부모의 정혼(定婚) 의지와 부딪쳐서 위기에 빠졌다가 물고기의 중간 역할에 따라 극적인 결합을 이루었다는 염정적 로맨스가 원형의 대체(大體)를 이루었을 것이다.

그렇듯 흥미롭고 희귀한 고구려의 설화 유편(遺片)으로서 회자 전승되었던 사정은『고려사』악지가 증거한 바이다. 그러다가 신라 무렵에 성씨의 시조가 된 인물의 주변에서 부부의 인연에 관계된 극적인 일화가 있었고, 동시에 그것이 일찍이 주지되어 있던 〈명주〉 설화와 유사

연합 작용을 가져와서 아예 이 설화를 바탕으로 한 실명화가 이루어진 것으로 유추되어진다.

아울러 신라 선덕왕 때 왕족인 무월랑의 실사(實史)라고 하는 『강릉김씨파보』 안의 이 메시지가 『삼국사기』에는 하등 언급이 없다는 사실도 스쳐 간과할 수 없는 일이다. 만일 이 이야기가 한 때 왕으로 추대받기까지 한 김주원의 아버지인 무월랑의 실사였고, 동시에 그것이 훌륭한 한 편의 기이담으로서 전혀 손색없던 것이라고 할진대, 신라 편사적(史蹟)에 적극적인 김부식이 열전의 항목을 통해서라도 이 기특(奇特)한 로맨스 일화를 수록하지 않을 리 없는 것이다.

또한 『고려사』 악지만 해도 그렇다. 오늘날 고구려 노래라 하여 남아 있다는 것이 고작 3개뿐인데, 이렇게 저렇게 착각할 여지도 없는 노릇이다. 더불어서 이것이 정녕 신라 왕족 무월랑의 실사라고 할진대, 『고려사』 찬록자들이 이 이야기에 접하지 못했다 함도 오히려 이상하다. 반대로 접했다고 했을 경우에조차, 이 노래와 설화를 신라 무월랑의 실담(實譚)과 함께 신라 속악조에 편입시키지 않았을까? 오히려 무월랑의 이야기 같은 것은 처음부터 아는 바 없는 것처럼 하면서, 굳이 이 설화와 노래를 고구려 시대 것으로 인정하며 넘어갔던 것인지 거듭 생각해 볼 필요가 있는 것이다.

<명주가(溟州歌)> 설화의 비교 읽기

〈명주가〉는 어디까지나 재자(才子)와 가인(佳人)의 결연담일 수밖에 없지만, 이 이야기 속에는 또한 결코 무시될 수 없는 또 하나의 화두가 있다. 다름 아니라 그 두 사람 사이의 중개자로서의 물고기의 존재가 그것이다. 다시 말하면 두 남녀 주인공도 진정 이 물고기가 아니었다면 결합이 난망하였을 터이니, 바로 물고기야말로 두 사람 극적인 결합의 중개자이고 매개자인 것이다. 정녕 물고기의 역할은 남녀 주인공과 더불어서 막강하고도 절대한 비중을 차지하는바 된다.

그런데 이 물고기는 사람과 똑같은 판단력을 가지고 있었다. 두 사람이 단절되는 불행을 막기 위해 스스로 처녀의 편지를 받아 삼키고 서생이 있는 곳까지 갈 줄 알았던 그 물고기는 이미 일반의 물고기들과는 그 능력 면에서 차별성이 인정된다. 그런 관점에서 〈명주가〉 설화는 신령한 물고기가 이적(異蹟)을 낳은 이야기, 곧 영어담(靈魚譚)으로의 분류가 가능하다.

한편 〈명주가〉의 배경담은 『고려사』가 처음으로 소개하여 정착시킨 설화 내용이었다. 고구려 때의 것이라 하였는데, 이 배경 설화에 그만 사실(史實) 고증적인 잣대가 적용되어 야기된 시대 논란이 있기에 앞에서 검토하였다.

그러나 설령 이것이 신라 또는 고려라 가정한다손, 그 이전에는 단 한 번도 볼 수 없던 물고기 설화의 첫 출현이라는 의미에서 달라질 일은 없다. 곧 『삼국사기』나 『삼국유사』, 그리고 기타 야사 종류 어느 군데에서도 물고기 관련 설화를 찾아볼 수 없고, 여기 『고려사』의 문

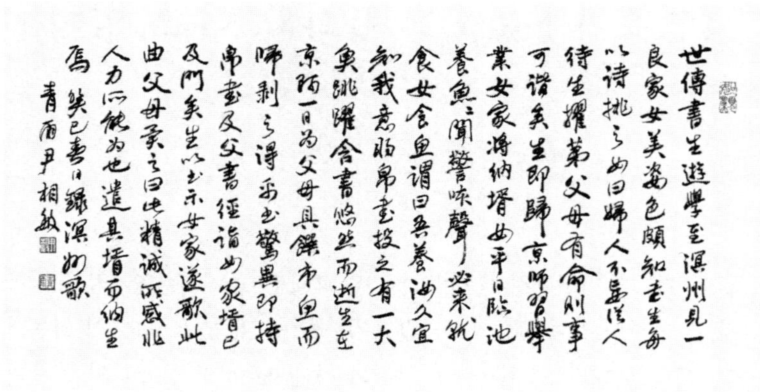

青雨 윤상민 錄의 <명주가> 배경담

헌 안에서야 비로소 발견 가능하다는 뜻이다. 그런 까닭으로 〈명주가〉 안의 물고기 설화는 국내적 원천을 추적하는 대비 고구가 난망한 대신, 저 중국의 수족(水族) 관계 이야기를 모색하여 비교 검토해 보는 편으로 기대가 모아진다. 그것은 수족담(水族譚) 가운데도 보응(報應) 및 영이(靈異)의 내용이어야 하고, 아울러 그 설화 수용의 시기 또한 최소한 고구려의 시간대보다 선행된 시대의 것일 때 비교 설화적 신뢰의 입지가 커질 일이 당연하다.

그러나 밝혀둘 것은, 여기서 다루어질 한·중 수족 설화(水族說話)의 관계 검토는 프랑스식의 비교 문학 차원에서처럼 반드시 양자 사이의 수수(授受)와 인과(因果)의 관계가 직접적이고 구체적이라는 사실을 다 보장받기 위함이 아니란 것이다. 오히려 방식적 절충 및 융화의 모색 개념으로서의 영향과 원천 연구뿐만 아니라, 하등 상호 접촉 없는 문학들 간의 대비 연구도 포함시키는 방식까지를 감안하고자 한다.

이 글은 그 주제의 성격상 위 두 가지 개연성 사이에서 특별한 입장을 고수하지 않는 가운데 추려낼 수 있는 최대한을 제시함으로써 비교 문학적 모든 가능성에 대비하려는 데에 그 뜻이 있다.

수족 보응담(水族報應譚)의 기준에서

사실 〈명주가〉 설화를 대하는 일반적인 관점은 신이한 물고기에 의한 재자가인의 기연담으로 우선 인식하지, 물고기의 보은담으로 우선 인지하지는 않는다. 다시 말해 이 이야기는 원인적으로 동물 보은담의 차원에서 수수 전승된 것이 아니었고, 서생과 처자 사이 기이한 결연이 화제의 초점을 이루는 것이었다. 그리고 '기이한 결연'과 관련하여 결합의 직접 중개자로서의 신령한 물고기의 존재와 역할이 부각된 이야기였다. 동물 보은 주제는 결연담 검토 뒤의 부수적이고 확대적인 의미에서 더 넘어가지 않는다.

그리하여 굳이 중심 내용의 우선순위를 설정하자면 첫 번째가 재자가인의 애정담이고, 두 번째가 영어(靈魚)의 신이담, 세 번째로 물고기의 보은담이 될 것이다.

그렇다고는 하지만 또한 결과적으로 이 이야기는 한국에 있어서 동물 보은담의 원조격이라 할만 했다. 이 이야기 이전에는 특별히 내세워 볼 만한 동물 보은의 설화를 찾아보기 어려운 까닭이다. 다만 이후에는 우선 기억되는 것만 해도 의구(義狗) 전설이라든가 은혜 갚은 두꺼비, 치악산 까치의 보은과 같은 설화 등이 동물 보은 설화의 면모를 잘 나타내 주고 있다. 그럼에도 보은하는 동물의 주체가 물고기로 형상화된 것은 여간하여 찾기가 어려웠다.

대신, 이 〈명주가〉의 보은 소재와 관련하여, 중국의 이야기 문예 안에서는 물고기 보은을 테마로 한 이야기가 종종 발견된다. 우선 『태평광기(太平廣記)』 권118 '보응(報應)' 이류(異類)의 안에 들어있는 것을 인용하기로 한다. 〈한무제(漢武帝)〉란 내용이다.

昆明池 漢武帝鑿之 習水戰 中有靈沼神池 云 堯時洪水 停船此池 池通自鹿原 人釣魚於原 綸絕而去 魚夢於武帝 求去其鉤 明日 帝遊戲魚池 見大

魚銜索曰 豈非昨所夢乎 取魚去鉤而放之 帝後得明珠. 出三秦記

곤명지(昆明池)는 한무제가 파서 수전(水戰)을 익힌 곳이다. 그 가운데에 신령한 늪과 연못이 있는데, 들리는 말로는 요(堯) 임금 때 홍수가 나서 이 연못에다 배를 대었단다. 연못은 자록원(自鹿原)으로 통하였는데, 한 사람이 자록원에서 낚시하다가 낚싯줄이 끊어지는 바람에 그 자리를 떠나 버렸다. 그런데 물고기가 무제의 꿈에 나타나 낚시 갈고리를 제거해 달라고 요청하였다. 이튿날 황제가 이 연못에서 노닐다가 큰 물고기가 줄을 머금고 있는 것을 보았다. 황제는 이에 말하기를, "이 어찌 어제 꿈 꾼 그 일이 아니료?" 하고는, 물고기를 잡아다가 갈고리를 벗기고 놓아 보냈다. 황제는 뒷날 야광주(夜光珠)를 얻게 되었다.

-『삼진기(三秦記)』에서-

〈명주가〉 설화에서는 물고기에 대한 은혜 베풂의 내용이 먹을 것을 주는 '급양(給養)'에 있는 반면, 여기서는 죽게 된 목숨을 구해 주는 '구명(救命)'에 있다. 또한 물고기 쪽에서 행하는 보은의 방식에서, 앞의 것이 자기 희생을 통한 '전보(傳報)'에 있던 반면, 이에서는 부귀영화의 상징물인 야광주 '공물(供物)'에 있는 등 차이가 보인다.

같은 '보응' 편에 있는 다음 〈웅신(熊愼)〉의 이야기도 위와 큰 차이가 없는 방생과 보은의 전형적인 사례라 할 수 있다.

唐預章民有熊愼者 其父以販魚爲業 嘗載魚宿于江滸 聞船內千百念經佛聲 驚而察之 船中諸魚也 遂歎異而悉取放之 不復以漁爲業 後鬻薪于石頭 窮苦至甚 嘗暮宿於江上 忽見沙中光焰高尺餘 就掘之 得黃金數斤 明日 齎詣都市貨之 市人云 此所謂紫磨金也 酬緡數十萬 熊氏由此殖産鉅富 子孫于今存焉. 出報應錄

당나라 예장(預章)의 백성 중에 웅신(熊愼)이란 이가 있었다. 그 아버지는 물고기를 파는 것으로 업을 삼았는데, 한번은 물고기를 실은 채 강호(江滸)에서 숙박하였다. 그런데 배 안에서 많은 수의 불경 외는 소리가 들리기에 놀라 살펴보았더니, 다름 아닌 배 안에 있던 물고기 무리들이었다. 이에 탄식하며 기이하게 여기고는 그것들 모두를 놓아 주었다. 그리고는 다시는 고기잡이 일을 하지 않았다. 후에는 석두(石頭)에서 땔감을 팔았는데 곤궁하여 고생스럽기 짝이 없었다. 한번은 강가에서 하룻밤을 지내는데, 홀연 모래 속에 한 척 남짓의 광염(光焰)이 솟았다. 다가가서 그 곳을 파서 황금 여러 근(斤)을 얻게 되었다. 이튿날 그것을 가지고 도시에 가서 바꾸는데 저자 사람이, "이것은 이른바 자마금(紫磨金)이란 거지요!" 하고는 수십만의 값을 치러주었다. 웅씨는 이 일을 계기로 재산을 늘리고 거부가 되었다. 그의 자손들도 지금까지 살아있다.

-『보응록(報應錄)』에서-

인과응보의 불교적 분위기가 가미되어 있고 야광주 대신 황금을 얻었다고 했으나, 요컨대 물고기 방생으로 큰 복록을 누린다는 이야기 유형 안에 있다.

남조의 송문제(宋文帝) 시대를 배경으로 한 다음의 〈유추(劉樞)〉 이야기는 두 물고기가 사람 형상을 하고 찾아와 함께 음주하고 놀던 사실을 뒤늦게 깨닫고 방생하였던 보답으로 귀한 구슬을 받게 되었다는 내용으로, 역시 방생과 복록의 상관적 범주를 벗어나지 않는다. 『태평광기』 권118 보응17 이류(異類) 안에 들어 있다.

宋文帝元嘉三年春 彭城劉樞 字正一 自江陵歸鄂下 宿上明洲 時夜月微明 吟宴次 忽二人扣舟 高呼正一 云 我自鄂下來 要見正一 樞引首望之 于岸下見二人 各長五尺餘 容貌華飾皆白服 便出與語 乃語樞曰 久欲奉謁 今會良時 樞曰 卿自鄂下來 有何相謂 一人曰 聞君儒者也 故修謁耳 遂與同宴夜闌 二人俱醉 於飲處便臥 樞甚異之 及左右 皆相目不敢言 乃以被覆之 及明尙寢 欲喚 因擧被 見二魚各長五六尺 眼雖動而甚困矣 不敢殺 乃舁致江

中 是夕 樞夢二人衣白衣 各執一珠 放樞臥前 不語而去 及曉 枕前二珠各徑寸 乃是雙白魚也. 出三吳記

송문제 원가(元嘉) 3년 봄에 팽성(彭城)의 유추(劉樞)는 자(字)가 정일(正一)인데, 강릉(江陵)에서 악하(鄂下)로 가다가 명주(明洲)란 곳에 숙박하였다. 마침 달이 은은히 밝아 시를 짓고 쉬려는 차에 홀연 두 사람이 배를 두드리면서 소리 높이 그를 불렀다. "우리는 악하(鄂下)에서 왔는데 그대를 보기를 원하오!" 유추는 머리를 당겨서 바라보았더니, 언덕 아래에 두 사람이 보였다. 둘 다 키는 5척 남짓에 용모는 화사하였고 모두 흰 옷을 입고 있었다. 곧 더불어 이야기를 나누게 되었는데, 그들이 말하였다. "받들어 뵈었으면 한 지 오래였는데 이제 이처럼 좋은 때를 만났습니다." 유추가, "그대들이 악하에서 오셨다 하니 무슨 얘깃거리라도 있소?" 하자 그 중 한 사람이, "듣자온대 그대는 유자(儒者)라지요. 까닭에 이렇게 인사를 갖춰 뵈옵는 거랍니다." 그리고는 마침내 함께 즐겼다. 밤이 다할 무렵에 두 사람 모두 취하여 술을 마시던 자리에 그냥 누워버렸다. 유추가 이상히 여겨 가까이 다가가 보니 모두 쳐다만 볼 뿐 말을 하지 못하므로, 이에 이불을 덮어주었다. 날이 밝았는데도 그때까지 잠자리에 있길래 깨우려고 이불을 들췄더니, 길이가 각각 대여섯 자나 되는 두 마리 물고기가 나타났다. 눈은 비록 움직이고는 있었으나 피곤해 하였다. 그는 감히 죽이지 못하고 급기야는 들어다가 강(江) 가운데에 풀어주었다. 이날 저녁에 유추는 흰 옷을 입은 두 사람이 각기 구슬 하나씩을 그가 누워 있는 앞에다 놓고는 아무말 없이 가 버리는 꿈을 꾸었다. 새벽이 되자 베개맡에 지름이 한 촌(寸) 되는 두 개의 구슬이 놓여 있었다. 바로 쌍백어(雙白魚)였던 것이다. -『삼오기(三吳記)』에서-

또한 '보응'의 이류(異類)에 나타나 있는 물고기 보응담으로, 이상의 것 이외에 〈유지형(劉之亨)〉 한 가지를 더 추려볼 수 있는데, 이 경우는 '물고기'라는 막연한 표현 대신 '잉어'로 표기되어 있는 점이 특징적이다. 『태평광기』 권118 보응17 이류(異類) 〈유지형(劉之亨)〉이다.

> 梁劉之亨仕南郡 嘗夢二人姓李 詣之亨乞命 之亨不解其意 旣明 有人遺生鯉兩頭 之亨曰 必夢中所感 乃放之 其夕夢二人謝恩云 當令君延一算. 出渚宮舊事
>
> 양(梁)의 유지형(劉之亨)이 남군(南郡)에 벼슬하러 가는데 꿈에 이씨(李氏) 성을 가진 두 사람이 그에게 찾아와 살려 달라고 하였다. 그러나 지형은 그 뜻을 이해하지 못했다. 날이 밝자 어떤 사람이 그에게 잉어 두 마리를 주었다. 그는 "필경 꿈속의 일이 감응된 거로구나!" 하고는 그 잉어 두 마리를 놓아 주었다. 그날 저녁 꿈에 두 사람이 은혜를 사례하면서, "마땅히 그대로 하여금 수명을 한차례 연장할 수 있도록 하리이다" 하였다. -『저궁구사(渚宮舊事)』에서-

유지형의 이 일화는 『사문유취』 후집 권34 인충부(鱗蟲部) '어(魚)'의 〈몽리걸명(夢鯉乞命)〉 안에도 보이는데, 다만 얼마간 표현상의 차이가 있을 뿐이다.

이상과 같은 현실적·적극적 보응의 이면에는 보다 소극적인 보응의 형태마저 없지는 않다. 곧 은덕을 입은 데 대한 구체적인 반대급부가 없이 단지 사의(謝意)를 표명하는 것으로 끝맺음하는 이야기가 『태평광기』 권467 수족4 수괴(水怪) 〈왕요(王瑤)〉에 보이고 있다.

> 唐會昌中 有王瑤者任恒州都押衙 嘗爲奕邑宰 瑤將赴任所 夜夢一人 身懷甲冑 形貌堂堂 自云馮夷之宗 將之海岸 忽罹網罟 爲漳川漁父之所得 將寘之刀几 充膳於宰君 命在詰朝 故來相告 儻垂救宥 必厚報之 瑤旣覺 言於左右曰 此必縣吏相迎 捕魚爲饌 急遣人至縣 庖人果欲割鮮 理鱠具 以瑤命告之 遂投於水中 魚卽鼓鬣揚鬐 軒軒而去 是夜 瑤又夢前人泣以相感云 免其五鼎之烹 獲返三江之浪 有以知長官之仁 比宗元之惠遠矣 因長跪而去.

出耳目記

당나라 회창(會昌) 연간에 왕요(王瑤)란 이가 항주(恒州)의 도압아(都押衙)를 임명 받았다가 거듭해서 읍재(邑宰)로 되었다. 그가 부임할 곳으로 가려는데, 밤에 갑옷투구를 두르고 생김새가 당당한 어떤 이가 이렇게 말하는 꿈을 꾸었다. "수신(水神) 하백(河伯)의 겨레인데, 해안으로 가던 중에 홀연 그물에 걸려 장천(漳川)의 어부에게 잡히는바 되었나이다. 곧 도마 위에 올려져 사또 나으리의 음식 장만에 충당될 터, 목숨이 내일 아침에 걸려 있는 까닭으로 이렇게 와서 고하나이다. 만약 구해 주시는 은혜를 내리신다면 반드시 후히 보답드리겠나이다." 왕요가 꿈에서 깨어나자 좌우에 말하였다. "이는 필경 현리(縣吏)가 날 맞이하고자 물고기를 잡아 음식을 만들려는 것이다." 급히 사람을 보내어 현(縣)에 이르자 과연 요리사가 생선을 갈라 횟감을 조리하려는 순간이었다. 왕요의 명령임을 알려 결국은 그 고기를 물속에다 던져 주니, 물고기는 재빨리 지느러미를 치면서 힘차게 떠나갔다. 이날 밤에 그는 또 전에 나타났던 사람이 울면서 감동하여 말하는 꿈을 꾸었다. "솥 가운데 끓여지는 일을 면하여 삼강(三江)의 물결에 돌아갈 수 있게 되었음은 장관님의 인후(仁厚)하심 때문이옵니다. 이는 종원(宗元)이 베풀었던 은혜보다 더한 것입니다." 그리고 길게 꿇어 앉아 절하고는 가버렸다. -『이목기(耳目記)』에서-

여기서 종원(宗元)의 은혜라 함은 다름 아닌 당나라 문장가인 유종원(柳宗元)의 일화를 말한다. 그가 영주 사마(永州司馬)로 떠나는 날 밤의 꿈에 황색의 옷을 입은 한 부인이 나타나 울며 절하는 가운데 생명을 애원하였다. 과연, 알아보니 전날 한 마리 황색 비늘을 띤 큰 물고기가 어부에게 잡혔고, 음식으로 만들고자 머리를 자른 순간에 유종원이 제지하여 물에 던져 주었다. 그날 밤에 또 그 부인이 나타났는데, 머리가 없는지라 유종원이 더욱 기이하게 여겼다는 이야기이다. 이 역시 『태평광기』 권467 수족(水族)4 수괴(水怪)의 부문 안에 열거되어진 이야기 가운데 하나로서, 마침 〈왕요〉 이야기 바로 앞에 놓여 있었다. 비록 구해주려 했으나 머리를 온전히 하지 못한 유종원의 경우에 비해 온전한 몸으로 구원해 준 왕요의 은덕을 더 크다고 말한 것이다. 그러나 구해 주면 은혜에 후보(厚報)하겠다고 한 약속에 대한 실제적인 수행은 보이지 않았음에 소극적인 보응의 느낌을 자아냈다.

이상, 『태평광기』를 중심한 물고기 보응담들을 살펴보았거니와 이들 전체에 통하는 전반적인 특성 같은 것을 추려볼 수 있다. 하나는, 사람이 물고기에 대한 은혜 베풂의 대목에 비해 물고기가 사람에 대한 보은의 대목이 간략하다는 점이다. 다른 하나는, 그 보은의 내용에서 재화를 가져다주거나 수명을 연장시켜 준다는 식의, 말하자면 복·록·수 개념이 주종을 이룬다는 점이다.

이것은 〈명주가〉 배경담과 견주어 좋은 대조를 이룬다. 곧, 여기서는 은혜 베풂의 대목보다 보응의 대목이 훨씬 상세하게 되어 있고, 보은의 내용에서 역시 재화거나 수명 연장 대신에 두 사람에게 필요한 정보 제공을 통한 '위기의 구제'에 있었다.

한편으로, 후대 한국 보은 설화의 대표격인 의구(義狗) 전설이거나, 은혜 갚은 두꺼비, 까치의 보은 등의 경우 어떠하였나? 역시 보은의 대목이 상세하고, 그 내용에서 산불을 끈다거나 또는 요물(妖物) 퇴치를 통해 자기의 주인 또는 은인이 겪는 위기를 건져 주는 역할 구도를 띠고 있었다.

나아가 〈명주가〉 배경담을 포함한 한국의 보은 설화의 두드러진 특징은 이들 물고기·개·두꺼비·까치 등 모든 동물들이 주인 또는 시은자(施恩者)를 위해 하는 보은의 행위가 하나같이 자기 희생의 바탕위에 있다는 사실이다. 이들은 자기에게 은혜를 베푼 사람을 위한 일에 마침내는 하나같이 자기의 목숨을 잃고 마는 공통점을 지니고 있다.

혹간 이에 못지않게 외국에서도 동물이 자기의 주인을 위해 희생 당하는 얘기가 없는 것은 아니지만 정작 물고기에 관한 한 상황이 같지 않다. 곧 물고기가 은혜를 베푼 사람에게 진귀한 물건을 주거나 생명을 연장시켜 준다는 식의 '희사성(喜捨性) 보응'은 있어도 물고기가 은혜 베푼 사람을 위해 자기의 목숨을 버리는 '희생적 보은'의 이야기는 찾기 어렵다는 말이다.

물론 한국의 민담에도 물질 보은의 현상이 없는 것은 아니다. 이를테면 이원수・손동인이 엮은 『한국전래동화집』(1985)에서 잉어의 보은을 다룬 이야기가 보인다. 노인이 살려준 큰 잉어가 용왕의 손자였고, 그 보답으로 용궁에서 받았으니 무엇이든 말만하면 척척 나온다는 〈금빛 구슬〉 이야기거나, 역시 노모를 봉양하는 젊은 어부가 낚았다가 살려준 큰 잉어가 용궁의 공주였고 그 보답으로 공주와 결혼도 하고 보물도 선사 받는다는 〈용궁 공주〉 이야기 등은 바로 물질 보응담의 전형적인 일례라 할 만하다.

그렇지만 정작 이 땅에서 보응담의 주도적 역할을 차지했던 것은 앞서 열거한 류의 희생 보은이었다. 이러한 의미에서 〈명주가〉 배경담이야말로 한국에서 동물이 주체가 된 희생 보은의 공식적인 첫 남상이라 해도 과언은 아니다.

수족 영이담(水族靈異譚)의 기준에서

〈명주가〉 배경담은 궁극에 물고기와 낭자와의 관계에 중점이 있는 것이 아니라, 서생과 낭자와의 관계에 초점을 둔 설화이다. 따라서 그것의 근본적이고 핵심적인 주제는 보은이 아닌 염정(艷情)에 있음이다.

이 이야기에서 보은은 제2의적 의미 이상을 띠기 어렵고, 더 나아가 관측하기에 따라서는 제3의적 의미로도 볼 수조차 없지 않다. 곧 보은과 같은 도덕적 교훈성의 의미로서보다는, 전혀 자연적이고 순 객관적인 차원에서의 물고기 영이담(靈異譚)으로 간주할 수 있는 국면을 이르는 것이다.

이 설화에서 물고기의 영이함이란 이류(異類)인 물고기가 놀랍게도 인간적 수준의 어떠한 일을 수행한다는 데에 바탕을 두고 있다. 보다 구체적으로는 서로 떨어져 있는 두 존재 사이에서의 중개자적 소임, 또는 전달자의 역할을 용케 해낸다는 사실이다.

그런데 이처럼 물고기가 전령(傳令)의 소임 역할을 담당한다는 모티브는 〈명주가〉 배경 설화 이전에 중국 한대(漢代)의 악부인 〈음마장성굴행(飮馬長城窟行)〉에서 그 면모를 갖추고 있었다. 다만 이 작품이 물고기 전령의 화제에서 가장 연원이 오랜 것만은 사실이지만, 물고기 전령의 초기적 단계로 간주되는 만큼 아직은 인간과 같은 수준의 놀라운 이적이 가미되어 있지는 않다.

작자는 불명으로, 변방에 원정 나간 사람의 부인이 장성(長城)에 이르러 말에게 물을 먹이고 있을 남편의 수고로움을 생각하며 지었다고 한다. 또는 부인이 자기 님이 돌아오지 않음을 한스럽게 여겨 지었다는 말도 있다. 줄여서 〈음마행(飮馬行)〉이라고도 하는데, 여기서의 장성은 진시황 때 호족을 방비하기 위해 축조했던 만리장성이다. 장성 남쪽에 계판(溪坂)이 있고 그 위에 토굴이 있는데, 굴 안에는 샘물이 흘러 한나라 장병들이 변방 북쪽을 치러 갈 때면 말에게 이 물을 먹였다고 한다. 그 가사는 이러하다.

靑靑河畔草	푸릇푸릇한 물가의 풀
緜緜思遠道	하염없는 저 먼 데 생각.
遠道不可思	먼 뎃 일 상상이 안되어
宿昔夢見之	간밤 꿈속에서 만났네.
夢見在我傍	꿈속에선 내 곁 계셨는데
忽覺在他鄉	깨어 보니 타관 땅에 계시누나.
他鄉各異縣	타관 땅도 고을마다 다 다르니

展轉不可見　누워 뒤척일 뿐 만날 순 없네.
枯桑知天風　마른 뽕나무에 느껴지는 바람과
海水知天寒　바닷물에 적셔드는 오싹한 한기.
入門各自媚　집안엔 저마다 잘난 사람들 뿐
誰肯相爲言　누구라 얘기 나눌 상대 있을까.
客從遠方來　한 나그네가 먼 곳에서 와서
遺我雙鯉魚　내게 두 마리 잉어를 주었네.
呼兒烹鯉魚　아이 불러 잉어를 끓이렸더니
中有尺素書　뱃속에 한 장의 편지 있었네.
長跪讀素書　공손히 꿇어 앉아 편지를 읽나니
書中意何如　편지 속 내용 어떤 것이었나.
上有加餐食　위쪽에는 음식 잘 해 먹으란 말
下言長相憶　아래쪽엔 영원히 사랑한단 말이었네.

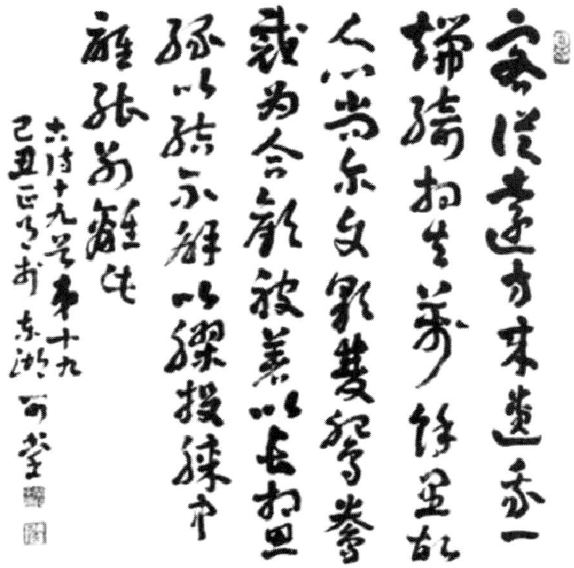

<음마장성굴행>의 후반부는 『고시십구수(古詩十九首)』에도 실려있다.

이 악부시(樂府詩)는 뒷시대의 서신 문화에 자못 심대한 영향을 끼치게 된다. 곧, 이후에 당나라 시대의 사람들이 편지를 잉어 모양으로 결성시킴도 바로 이 시에 근원을 둔 것이라 한다. 이를테면 당 시인 이상은(李商隱)의 시에 '쌍리초과일지서(雙鯉超過一紙書)'의 대목 또한 이러한 바탕에서 나온 것이다. 또 서신을 뜻하는 어휘 가운데 이소(鯉素)란 표현이 있는데, 다름 아닌 '이어 척소(鯉魚尺素)'를 약칭한 말이니, 시인 공범(孔範)의 악부 중에도 "안봉귀비단(雁封歸飛斷) 이소환유절(鯉素還流絶)"로 나타나 있다. 궁극에 '이(鯉)'는 잉어란 뜻 외에 그 자체로 '서찰'의 의미마저 내포하고 있음이다.

이처럼 잉어로 대표되는 물고기가 서찰의 개념까지 확대될 수 있게 된 원동력은 이 물고기에게 갖추어진 신체상의 속성에 있다. 즉 몸집이 커서 복중(腹中)에 웬만한 편지 정도 넉근히 담을 만한 '수용'의 이미지 및 잉어의 힘차고 신속한 이동에서 연상되는 '전달'의 이미지가 그것이다.

위의 〈음마장성굴행〉에서는 비록 잉어가 몸속에 소식을 담은 편지를 머금고 있고, 또한 직접 자의로 헤엄쳐 온 것은 아니지만 결과적으로는 편지를 이동하고 전달하는 역할 소임을 하는 매체로 나타나 있다. 〈명주가〉 배경담에서 역시 물고기가 여인의 편지를 삼켜 뱃속에 간직하여 있다가 그의 빠른 이동의 능력을 발휘하여 메시지를 서생에게 전달하였다. 아울러 이 두 가지 모두는 물고기가 남녀간의 정의(情誼)에 관여하고 있다는 점에서도 공통하였다.

그런데 바로 위 한대의 고악부(古樂府) 이후로 위진 시대에 간보(干寶)가 편찬한 『수신기(搜神記)』 안에도 물고기의 뱃속에 머금은 사물이 그것을 필요로 하는 인물에게 전달되는 이사(異事)가 나타나 있다. 그리고 『수신기』 속의 이 이야기는 송나라 때 국가적 사업으로 편찬한 백과전서인 『태평어람(太平御覽)』 권936 인개부(鱗介部)8의 안에 거듭하여 수록되었다. 이제 소개하면 이러하다.

搜神記曰 宮亭湖孤石 有估客下都 經其下 見二女子 云 可爲買兩量絲履 自厚相報 估客至都 市好絲履幷箱 盛之 自市一書刀 亦在箱中 旣還 以箱置廟中而去 忘取書刀 湖中正帆 忽有鯉魚跳入舡 破魚得書刀焉.

궁정호(宮亭湖) 고석(孤石)의 한 상인이 서울로 내려가던 중에 두 여인을 만났다. 그녀들은 "명주실 신발 두 벌만 사다 주세요. 값을 넉넉히 쳐서 드릴게요." 하였다. 상인은 서울에 도착하여 고급 명주실 신발과 상자를 사서 그 안에 담아 두었다. 또한 대쪽용 칼 하나를 사서 그 상자 안에 두었다. 돌아올 때 그 상자를 사당 안에다 두고 떠난 바람에 그 대쪽용 칼을 챙기는 일을 잊고 말았다. 호수 가운데에서 돛대를 바로잡는데, 갑자기 잉어가 뱃전으로 뛰어들었다. 물고기를 갈랐을 때 거기서 칼을 발견하였다.

이 이야기는 진(晉) 시대에 수록된 것이니, 적어도 진대 이전부터 구전되어진 내용임을 짐작할 만하다.

그런데 이 이야기는 진대를 전후하여서 뿐 아니라 그 훨씬 나중의, 당나라 때까지도 연면히 유전(流傳)되어진 듯싶다. 다름 아니라, 이 어느 장사꾼의 이야기는 그 기본적 골격을 고스란히 유지한 상태에서 문득 당대의 이름난 시인인 왕창령

<음마장성굴행>의 한 부분을 형상화한 그림

(王昌齡, A.D.756경)의 일화로서 재현되고 있는 것이다. 참고로 『태평광기』 권300 신(神)10에 들어 있는 〈왕창령(王昌齡)〉의 내용을 끌어다 본다.

開元中 琅邪王昌齡 自吳抵京國 舟行至馬當山 屬風便 而舟人云 貴識至此 皆令謁廟 昌齡不能駐 亦先有禱神之備 見舟人言 乃命使賫酒脯紙馬 獻於廟 及草履致於夫人 題詩云 靑驄一匹崑崙牽 奏上大王不取錢 直爲猛風波滾驟 莫怪昌齡不下船 讀畢而過 當市草履時 兼市金錯刀一副 貯在履內 至禱神時 忘取之 誤幷將往 昌齡至前程 求錯刀子 方知其誤 又行數里 忽有赤鯉魚 可長三尺 躍入昌齡舟中 呼使者烹之 旣剖腹 得金錯刀 宛是誤送廟中者. 出博異志

개원중(開元中)에 낭야(琅邪)로 있던 왕창령은 오(吳) 땅에서 서울에 다다랐다. 배가 마당산(馬當山)에 이르렀을 때 마침 바람이 순조로웠다. 뱃사람이 말하기를, "귀한 분들이 이곳에 오시면 모두 사당에 뵙게끔 하지요." 창령은 거기에 머물 수가 없었다. 하지만 미리 신께 기도할 준비는 갖추고는 있었기에 뱃사람의 말을 듣고는 술과 육포와 종이와 말을 갖춰서 사당에 바치도록 하였다. 짚신을 그 사람에게 보낼 때 시를 하나 지었다. '총이 말 한 필을 곤륜산에 묶여 있어, 대왕께 아룀에 가진 돈이 없나이다. 다만 사나운 바람과 파도의 몰아침 때문이어니, 제가 배에서 내리지 못함을 이상타 여기지 마소서.' 읽기를 마치고는 그곳을 지나갔다. 짚신을 살 적에 금착도(金錯刀)도 아울러 한 개 사서 신발 안쪽에다 담아 놓았었는데 이렇게 신에게 기도할 때에 그것 가져오는 걸 잊어버리고 갈 길을 갔다. 그가 더 나아간 지점에서 그 칼을 찾았을 때야 아차 싶었지만 몇 리나 지나온 다음이었다. 그런데 갑자기 석 자 쯤은 되어 보이는 붉은빛 잉어가 창령이 타고 있는 배 가운데로 뛰어들었다. 심부름하는 이를 불러 요리하도록 하여 배를 갈라놓고 보니 금착도가 나왔는데, 바로 묘당에 잘못 보낸 그것이었다. -『박이지(博異志)』에서-

앞시대의 장사꾼이 나중 시대에는 시인 왕창령으로 대치되었을 따름으로, 완연히 앞의 『수신기』에 들어 있는 장사꾼 칼 이야기의 재조성임을 알 수 있다.

그리고 〈왕창령〉은 잉어에 관련된 신이한 이야기였고, 따라서 『태평광기』에서도 그 주제 분류상 '신(神)'의 부문에 포함시키었다. 이 이야기가 비록 〈명주가〉 배경담에서처럼 남녀간의 정의(情誼)와 관련 있는 것은 아니고, 또한 잉어가 전달한 사물도 서찰 대신 칼로 되어 있지만, '영어(靈魚)'담이라는 점에서 공통의 이미지를 띤다.

『신선전(神仙傳)』(10권)은 역시 진(晉)나라 갈홍(葛洪)의 찬(撰)이다. 이 책 안에 또한 신기한 대어(大魚)의 이야기가 있는 것을 앞서와 마찬가지로 『태평어람』과 『태평광기』가 재록(再錄)하여 놓았는데, 약간의 표현법 상의 차이만 보일 뿐 갈현(葛玄)과 관계된 동일 소재 내용이다. 『태평광기』에는 '영어(靈魚)' 대신 '수족(水族)' 문(門)에 들어있기는 하나, 역시 대어의 영이담으로서 상고해 볼 의미가 있다. 〈갈현(葛玄)〉이라 제목한 『태평광기』 권466의 것을 우선 끌어다 본다.

葛玄見遺大魚者 玄云 暫煩此魚到河伯處 乃以丹書紙內魚口 擲水中 有頃 魚還躍上岸 吐墨書 青黑色 如水葉而飛 又玄與吳主坐樓上 見作請雨土人 玄曰 雨易得耳 卽書符著社中 一時之間 大雨流淹 帝曰 水中有魚乎 玄復書符擲水中 須臾 有大魚數百頭 使人取食之. 出神仙傳

갈현이 큰 물고기를 보내준 사람을 보고 말하기를, "잠시 이 물고기를 수고롭게 하여 하백(河伯) 있는 곳으로 가게 하겠소." 하고는 붉은 글씨가 적힌 종이를 물고기 입에다 넣어 물속에 던졌다. 이윽고 물고기는 다시 언덕으로 뛰어올라 묵서(墨書)를 토하였는데 검푸른 빛깔에 마치 수엽(水葉)이 날리듯 하였다. 또한 현이 오(吳)나라 임금과 같이 누각 위에 앉았다가 그 토착민 사람으로부터 비를 내려 달라는 요청을 받았다. 현은 말하기를, "비를 내리게 하는 일이야 쉽지!" 하고는 즉시 부절(符節)에다 무어라고 써서 안에다 붙였더니, 한 순간에 큰 비가 흘러 넘쳤다. 그러자 임금이 말하기를, "물속에 물고기가 있는가?" 하였다. 현이 다시 부절에 써서 물속에 던졌더니 잠깐 새에 큰 물고기 수백 마리가 보였다. 이에 사람을 시켜 먹이를 먹게 하였다. -『신선전(神仙傳)』에서-

『태평어람』 권935 인개부(鱗介部)7 어(魚)·上에도 나오는데 수사의 차이가 있을 뿐 동일한 내용이다. 물고기가 그 주인의 뜻에 따라 종이로 된 메시지를 가지고 갔다가 다시 돌아와 전달한다는 이야기 형태는 〈명주가〉의 물고기가 메시지를 가지고 필요한 쪽에 전달하는 그 이야기 소재와 연상되는 바 있다. 또 뒷부분에 갈현이 부절을 물속에 던지자 수백의 물고기가 나타나 먹이를 받아먹었다고 한 것은 〈명주가〉에서 낭자의 기침 소리에 물고기가 나타나 먹이를 받아먹었다는 사실과 자못 부합되는바 있는 것이다. 여기에서 보는 물고기와 사람 사이의 이 같은 교감은 처음에 사람이 물고기에게 시혜(施惠)하고, 그 때문에 물고기가 다시 사람에게 보답하는 그런 보응의 관계 위에 이루어진 것은 아니었다. 즉 보응과는 별 무관한 상태에서 물고기가 그 능력에 있어 인간의 상식적 개념을 초월한 행위를 수행하는 틀이었으니, 그 핵심은 '전달'에 있었다.

아울러 그 방법에 있어서 복중에 일단 수용했다가 전달하는 형태가 있는가 하면, 곧장 전달하는 형태도 있었다. 전달의 대상물에 있어서도 서찰과 서도(書刀)의 크게 두 가지 양상으로 나타났던 사실을 추려볼 만하였다.

다른 일면, 아래에 인용되는 설화는 분명 물고기 신이담의 한 가지 사례로서 손색이 없는 것이다. 그것은 본 설화의 말미에 '신어(神魚)'라는 표현을 노골화시키고 있는 사실로도 자명하다. 그럼에도 이 이야기는 앞의 영어담들이 보여 주었던 신이의 개념과는 다소 상이한 장면을 연출하고 있다. 『태평광기』 권467 수족4 수괴(水怪) 〈자영춘(子英春)〉

이다.

> 子英春者 舒鄕人 善入水 捕得赤鯉 愛其色持歸 養之池中 數以光穀食之 一年 長丈餘 遂生角有翅 子英怖 拜謝之 魚言 我來迎汝 上我背 與汝俱昇 歲來歸見妻子 魚復迎之 故吳中門戶作 神魚子英祠也. 出神鬼傳
>
> 자영춘(子英春)이란 이는 서향(舒鄕) 사람이다. 잠수를 잘 하였더니, 붉은 색 잉어를 사로잡았다. 그 빛깔을 사랑하여 데리고 돌아와 연못 안에 기르면서 그때그때 알곡을 먹였다. 1년이 지나자 길이가 한 길 남짓 되면서 몸에 뿔이 나고 또 지느러미도 생겼다. 자영은 두려워서 절하며 사죄를 드렸더니, 물고기가 말하기를, "내 그대를 맞이하기 위해 온 것이라. 내 등에 타시오. 그대와 함께 올라갈지니." 하였다. 새해가 되면 그는 돌아와서 처자를 만났고, 물고기는 다시 그를 맞으러 왔다. 그러므로 오중(吳中)의 문호(門戶)에서 신어(神魚)와 자영의 사당을 지었다.
>
> -『신귀전(神鬼傳)』에서-

이것을 실은 『태평어람』에서는 〈자영춘〉이 『신귀전(神鬼傳)』의 출전이라 했고, 이와 동일 내용을 실은 『사문유취』 후집 권34 인충부(鱗蟲部)에서는 〈자영승리(子英乘鯉)〉라는 제목 하에 『열선전(列仙傳)』의 출전이라 했다. 『신귀전』이란 책은 상고해 볼 길이 막연하고, 『열선전』은 전한(前漢) 시대 유향(劉向)의 찬(撰)으로 알려졌지만 『신선전』의 편자 갈홍은 유향 작자설을 의심하면서 동경(東京), 즉 후한 시대 인물이 지었다고 했다. 아무튼 『신선전』의 진나라 때보다 연조가 오랜 문헌 가운데 실린 이 설화는 물고기의 역할 기능 면에서 전개한 수족 신이담의 역할 기능과는 구별되는 국면이 있다. 곧 복중 수용(腹中受容)의 모티브는 물론이고 서찰이거나 칼의 전달 모티브 대신, 사람이 물고기를 타고 가는 승어(乘魚)의 모티브가 새로 제시되는 점이다. 그리하여 굳이 이 또한 물고기의 기이한 이동 및 전달 모티브와 결부시키고자 한다면, 그 이동의 대상물은 서찰이거나 칼 대신 사람인 자영춘(子英春)이라 해도 무방할 것이다.

우리의 경우에도 시간 및 공간의 배경이 무시된 동화적 성격의 민담이기는 하지만 잉어의 기이담 하나가 있다. 가난한 어부가 큰 잉어를 낚아 그것을 물독에 놓아두었는데, 그 잉어가 다름 아닌 그와 부부연을 맺기 위해 일부러 찾아온 용왕의 딸이었다는 『한국전래동화집』의 〈잉어공주〉 이야기가 그것이다. 여기서 어부는 욕신금기(浴身禁忌)를 지키지 않아 공주도 잃고 가난뱅이로 돌아가는 등 고생한다. 하지만 3년 뒤에 아내인 잉어공주가 내려와 하늘나라로 데리고 올라간다는 결말을 띠고 있음으로 하여, 역시 앞의 〈자영춘〉과 한가지로 그 신이담 안에서 이동과 전달의 의미가 내함(內含)되어 있다. 그리하여 어쩌면 물고기의 신이담은 어떤 형태로든지 물체의 이동 및 전달과 긴밀히 관련되어 있지 않나 하는 조심스러운 사실 파악이 가능하다.

맺음말

〈명주가〉 배경담을 논하는 이들마다 저 한나라 시절 무명씨의 악부 〈음마장성굴행〉을 우선적으로 언거하는 것은 둘 사이의 이야기 구조에 서로 연상되는 무언가가 있는 까닭이었다. 다시 말해 설화학에서 말하는바 비슷한 유형의 이야기들이란 것이다.

〈명주가〉가 발생한 삼국시대 이전에 벌써 저 편 중국 한나라 때의 『열선전』 소재 〈자영춘〉에는 물고기에게 먹이를 준다는 급양(給養)의 모티브가 선제(先提)되어 있었다. 육조시대 『수신기』에 수록된바 잉어의 뱃속에서 찾은 상인의 칼 이야기의 경우는 '어복(魚腹) 수용을 통한 물류 전달'의 모티브로서 상통하였다. 특히 『신선전』 소재의 〈갈현〉과 같은 것은 한 단계 더 나아가 '어복 수용을 통한 서찰 전달'이라는 동일 모티브 형상도 보인 독특한 일례였다. 당의 시인이 주인공인 〈왕창령〉의 물고기 뱃속에서 찾은 칼 이야기는 앞서의 『수신기』 소재 상인의 칼 이야기에 대한 번안인지라, 이로써 이 이야기의 인기 척도를 엿볼 만하였다. 이상은 수족 영이담들 가운데 맥락이 닿을만한 면면들이었다.

한편, 수족 보응담의 경우에는 전한 7대 황제인 무제가 물고기에게 얽혀든 낚시 갈고리를 풀어주었더니 물고기로부터 야광주를 얻게 되었다고 한 〈한무제〉 이야기가 일맥(一脈)을 띠었다. 육조 시대 남조의 송 문제 시대를 배경으로 한 〈유추〉는 역시 물고기 방생으로 말미암은 진귀한 구슬의 보응담이었으며, 같은 육조의 양대(梁代)에 잉어 방생에 따른 명수(命數) 연장의 보응을 말한 〈유지형〉이 있었다. 이 같은 구명 또는 방생의 모티브 및 그 결과로서의 복록수(福祿壽) 보응의 모티브는 그 다음 당나라 때의 〈웅신〉이야기에도 재현되었으니, 여기에서 또한 잡아놓은 수많은 물고기를 놓아 주는 구명·방생의 모티브와, 물고기들의 황금 보응 모티브가 건재해 있다. 다만 잡혀서 이튿날 죽게 된 물고기가 꿈에 사람 형상으로 나타나 걸명하자 사람을 보내 곧 죽게될 찰나의 물고기를 극적으로 살려 보냈더니 다시 꿈에 나타나 절하였다는 〈왕요〉 이야기에는 구명·방생의 모티브까진 있으나 물질 보응이 결여된 점이 조금은 다르다고 할 것이다. 대신, 사람을 급히 파견하여 위기의 순간에 극적인 회생을 맞이했다는 구성만큼, 〈명주가〉의 서생이 강혼(强婚)의 급함을 알린 낭자의 메시지 뒤에 곧 타인과 혼인하게 될 찰나의 여인을 극적으로 끌어당겨 결합했다는 이야기 구성과 유사 연상을 불러일으키는 바 없지 않았다.

이제, 이상에서 다룬 중국의 수족 신이담 및 수족 보응담을 전체적인 수준에 놓고서 〈명주가〉 설화와 비교하는 마당에서는 몇 가지의 동일 모티브가 추출되는 바 있었다. 곧, 물고기를 꾸준히 먹여 기른다는 '양어(養魚)'의 모티브와, 물고기가 뱃속에 물건을 담는다는 '어복 수용'

의 모티브, 이것의 구체화 형상인 '물고기의 서찰 전달' 모티브 등이 그것이었다. 여기에 가세하여, 물고기를 둘러싸고 벌어지는 위기・절정・결말 구조의 유사(類似) 연상 등은 그 하나하나가 모두 〈명주가〉 설화의 모자이크와도 같은 존재들이었다.

그러나 여기서 〈명주가〉 설화가 반드시 위의 설화들과 일단의 수수관계가 이루어진 영향의 소산으로 인식코자 함은 아니다. 서언에서 표명한대로 접촉 취용뿐만 아니라 비접촉의 문화적 보편성까지를 포괄하는 개념 안에서의 비교문학적인 의의를 모색해 보고자 하는데 뜻을 두었다.

그러한 가운데 〈명주가〉 배경설화는 선행 중국의 수족 관계담에서는 만나보기 힘들었던 독특하고 고유한 양상을 띠고 있었다. 다름 아닌 기존의 어류담이 수족 보응과 수족 신이 중 어느 것 한 가지 면에 그 화제가 국한되고 집중되었던 데 반해, 이 배경담은 그 두 가지 화제의 교묘한 융합 안에서 새로운 경계의 수족담을 열어 보인 기특(奇特)한 설화라는 사실을 놓칠 수 없다.

<연양가(延陽歌)>와 고구려의 신분 계층

고대의 노래가 가사부전인 경우는 대부분 지명을 제목으로 삼고 있음을 본다. 지금 이 〈연양가(延陽歌)〉의 경우도 예외는 아니니, 이것이 '연양(延陽)'이란 연고지 안에서 생겨난 노래라는 정보를 표출해주고 있는 셈이 된다. 그러나 정작 연양의 소재는 다른 가요에서의 지소(地所), 이를테면 〈정읍사〉의 '정읍(井邑)'이거나, 〈명주가〉의 '명주(溟州)'에서처럼 파악이 용이한 지소처럼 보이지는 않는다.

배경담에 들어가면 불과 44자 밖에 안 되는 워낙 최단(最短)의 메시지에다, 고증의 터전도 더없이 부족하다. 〈명주가〉 배경담에서처럼 서사적이지도 않고, 〈내원성가(來遠城歌)〉 배경담에서처럼 사술적(史述的)이지도 않은지라, 가사부전의 다른 작품들에 비해 구심력 있게 귀납적인 논리 전개를 펴나가기 여간 어려운 것이 아니다.

따라서 이런 경우 합리보다는 직관에의 의존도가 높아진다. 그리하여 지금 본 작품과 관련하여 직관적 논리에 따른 갖가지 개연성이 제시된 바 있고, 또 그것들 하나하나가 중요한 검토의 대상이란 점에서 일단의 의미는 부여된다. 이렇듯 가능성 타진의 다양한 모색을 꾀하다 보면 혹 그 과정상 견강부회를 면하기 어려운 부분도 나타날 것이지만, 그것은 동시에 이 같은 작품의 진실 접근을 위해 처음 단계에서는 감수되어야 할 부분일 수도 있다.

이 과정에서 〈연양가〉 배경담을 놓고 서로 상반된 견해가 나타나게 되었으니, 그 우선적인 것은 주인공의 신분을 가늠하는 문제이다. 곧 고구려 역사가 진행되는 어느 한 시절, 하천(下賤)의 노동자 계층에 있던 어떤 사람이 탄식처럼 부른 노래였을 것이라는 추정이 있는 반면, 노동과는 무관한 일정 수준 이상의 계층으로 간주하는 측면도 없지 않았다. 더불어 지배층으로 설정시킨 듯한 견해도 없지 않으니, 검토가 요망된다. 더구나 하천한 인물이라고 했을 경우에조차 그것의 근거 및, 보다 구체적으로는 대관절 어떠한 처지에 있을 법한 것인지 다소 막연한 바가 없지 않다.

다른 한편, 문면에 나타나 있는 그대로 주인공이 다른 사람에게 거두어져 쓰인 데 대한 다행감 및 자신을 거두어 준 주인에 대한 충성을 스스로 다짐하는 노래로 이해함이 일반이지만, 그 반면에 이를 자조적인 신세 한탄의 노래로 간주해 보는 입장도 나타났다.

이 글은 이상에서 제시한 문제들에 주안(注眼)하면서 보다 타당하다고 인식되는 쪽으로의 선택과 판정을 모색하고자 한다.

연양(延陽) 표제의 분석

〈연양가〉를 소개하고 있는 최초의 문헌은 『고려사』 악지가 된다. 따라서 우선 『고려사』 권71 악지2 삼국속악 고구려 조의 연양(延陽)이란 제목 하에 수록한 내용을 보기로 한다.

> 延陽有爲人所收用者 以死自效 比之於木曰 木之資火 必有戕賊之禍 然深以收用爲幸 雖至於灰燼 所不敢辭也.
>
> 연양에 다른 사람에게 거두어져 쓰인 이가 있었다. 그는 죽기를 무릅쓰고 힘을 다 바쳤으니 그것을 나무에다 비겨 말하기를, 나무가 불을 사르게 하려면 필경엔 자기 자신을 쳐서 망가뜨려야만 하는 불행이 따른다. 하지만 거두어 쓰인 것을 깊이 다행으로 여겨 비록 자신이 타고 남은 재가 될지언정 감히 마다하지 않을 것이라 했다.

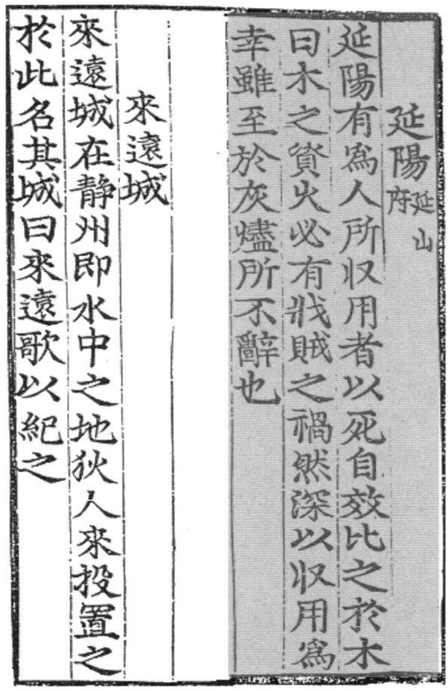

延陽 延山府

延陽有爲人所收用者以死自效比之於木曰木之資火必有戕賊之禍然深以收用爲幸雖至於灰燼所不辭也

來遠城

來遠城在静州卽水中之地狄人來投置之於此名其城曰來遠歌以紀之

『고려사』 권71 樂志2 三國俗樂 고구려 조에
수록된 <연양가> 배경담

한편, 〈내원성가〉와 〈명주가〉를 소개하여 있는 『증보문헌비고(增補文獻備考)』에는 이상하게도 이 〈연양가〉가 없다. 곧 『증보문헌비고』의 권106 악고(樂考)17 속악부(俗樂部)1의 고구려 속악 란에 〈내원성〉 및 〈명주〉라는 제하(題下)로 『고려사』 악지와 다름없는 기사 내용이 실려 있으되, 하필 〈연양가〉에 대한 기사는 궐루되어 있다는 말이다. 그것이 고의로 제외시킨 것인지, 아니면 실수로 탈루(脫漏)된 것인지 잘 알 수 없으나 이 노래만을 각별히 빼버려야 할 이유 등을 따로 생각하기 어렵다.

『고려사』가 책정시킨 노래의 표제는 연양(延陽)이었고, 이야기의 서두 또한 '연양(延陽)'으로 시작된다. 그리하여 이 작품 역시 지명을 제목으로 앞세우는 고대 가요의 일반적인 현상에서 예외적인 사항은 아니다. 그런데 정작 『고려사』 악지에 표제로서 게시된 이 연양이란 곳에 대해 『신증동국여지승람』 등을 통해 상고해 보려 하나 나타나지 않는 지소(地所)이다.

『고려사』나 『신증동국여지승람』에는 연양이란 이름이 없지만, 『조선왕조실록』에 대한 조사 과정에서는 연양역(延陽驛)이란 곳이 발견된다. 『세종실록』 지리지 황해도 평산도호부(平山都護府)의 〈평산도호부(平山都護府)〉 문화현(文化縣) 안의 기록이다.

> 文化縣 本高句麗闕口 高麗改爲儒州…驛一延陽 莊莊坪在縣東.
>
> 문화현은 본래 고구려의 궐구(闕口)이다. 고려 때는 유주(儒州)로 고쳤다. … 연양이라는 역이 하나 있고, 고을 동쪽에 장장평이 있다.

하지만 이 연양역은 아닌 듯하니, '연양(延陽)' 글자 바로 옆에 '연산부(延山府)'라 부기(附記)해 놓은 것이 있어 천착의 실마리를 제공해 주고 있다.

『신증동국여지승람』의 '연산부(延山府)'는 권54의 〈영변대도호부(寧邊大都護府)〉 건치연혁(建治沿革) 안에서 설명되고 있다.

> 迎州本高麗密雲郡一云安朔 光宗二十一年改延州爲知州 成宗十四年爲防禦使 恭愍王十五年陞延山府 本朝太宗十三年例改爲都護府 撫州本高麗雲南郡…本朝太宗十三年改爲撫山縣 世宗十一年合延山撫山 改令名爲大都護府.
>
> 영주(迎州)는 본래 고려의 밀운군(密雲郡)이었는데, 안삭(安朔)이라고도 한다. 광종(光宗) 21년에 연주(延州)로 고쳐 지주(知州)로 삼았고, 성종 14년에 방어사(防禦使)로 삼았으며, 공민왕 15년에 연산부(延山府)로 승격시켰다가 우리 조선 태종 13년에 규례에 따라 도호부로 고쳤다. 무주(撫州)는 본래 고려의 운남군(雲南郡)이었는데 … 우리 조선 태종 13년에 무산

『신증동국여지승람』에 실린 평안도 지도.
좌측 중앙부에 '寧邊'이 있다.

현(撫山縣)으로 고쳤다가 세종 11년에 연산(延山)과 무산을 합쳐 지금의 이름으로 고치고 대도호부로 삼았다.

아울러 영변이란 명칭은 조선조 세종 이후에나 비로소 생겨난 것임을 알 수 있겠고, 이 지역에 대한 바로 이전의 일컬음이 '연산(延山)'이요, 이는 고려 공민왕 때부터임을 인지할 수 있었다. 그리고 그 이전에 광종 21년(970) 이후로는 '연주(延州)', 더 이전에는 '영주(迎州)', '밀운(密雲)' 등으로 불렸음을 모색해 볼 길 있다.

하지만 이 모든 명칭 변화들은 하나같이 고려시대거나 조선시대 한도 내에서 모색 가능했던 것일 뿐, 그 보다 앞의 통일신라시대거나 삼국시대에 어떠한 호칭을 띠고 있었는지에 대해서만큼 전혀 막연할 따름이었다. 그렇다고 『고려사』 악지가 고구려 속악 조에 '연양(延陽)'이란 명칭을 제시해 놓았다고 해서 삼국시대 고구려 당시의 땅 이름이 바로 '연양(延陽)'이었다고 맘 편하게 장담할 수 있는 노릇도 못된다. 삼국시대의 명칭 연혁이 있을 경우 그것에 대한 기록을 놓치지 않는 『동국여지승람』에서 아무런 명시도 없는 때문이다. 『고려사』 악지의 집필자들이 어떠한 자료 근거에 의지하여 '연양(延陽)'을 곧장 '연산부(延山府)'로서 주기(注記)했던 것인지에 관한 설명도 해 놓은 것이 없어 더욱 난망할 따름이다.

그러나 사실은 『고려사』 악지가 제시하는 제목이 반드시 삼국시대 당시의 명칭과 밀접한 유대를 맺고 있는 것은 아니다. 다시 말해 악지가 표제로 삼는 노래의 제목은 상당수 그 노래의 연고가 되는 땅 이름을 내세우는 경우가 많거니와, 이때의 지명 책정은 반드시 삼국 그 당시에 통용되었던 이름을 일일이 고증한 나머지의 명명은 아니라는 것이다. 만일 지명이 철저한 고증의 결과에 따른 것이라고 한다면 대부분의 삼국시대 노래가 위작(僞作)으로 떨어지는 신세를 면치 못하게 된다.

지금까지는 기껏 해서 고구려의 〈명주가〉, 백제의 〈정읍사〉 등을 거론하였으되, 문제는 그 정도에서 그치는 것이 아니라 함이다. 즉 '명주'와 '정읍'이 고구려와 백제 이후의 지명이라는 점으로써 각각 고구려 노래와 백제 노래가 아니라는 주장을 펴기도 했지만, 알고 보면 이러한 문제는 하필 이 두 작품에 국한된 사항이 아닌 것이다. 신라 때 노래라는 〈동경(東京)〉·〈여나산(余那山)〉·〈목주(木州)〉 등에서 이 지명들이 모두 신라 당년에는 존재가 없던, 그 훨씬 이후에나 생겨난 이름이었던 사실 등을 상기할 필요가 있는 것이다. 삼국시대 노래의 정리 과정 중에, 처음엔 있었는데 나중에 그 제목이 일실(逸失)되었든지, 아니면 애당초 명백한 제목이 없었든지, 악지 정리에 당면해서 표제를 두어야 할 필요에 입각해서는 편의상 그 노래 발생의 연고지를 세워 편의상의 표제로 대신하였을 것으로 보인다. 이때 지명은 고구려, 백제, 신라 당시 항용되던 명칭을 세밀히 고증하여 책정하는 대신 편찬자의 시대 혹은 전대(前代) 정도의, 비교적 가까운 시간대의, 귀에 익숙한 명칭을 표제로 세웠을 것으로 이해된다.

그러므로 표제에 뜬 지명을 무조건 맹신하는 일은 유보하고, 다만 고구려 이 노래의 생성 연고지가 연산부(延山府) 곧, 지금의 영변 땅 안에서 이루어진 것임에 유의할 수 있을 따름이다. 돌아보면 고구려・통일신라 단계에서의 명칭은 아예 막연해져 알 길 없다가 고려 초에 '밀운(密雲)'이라 한 것을 엿볼 수 있으며, 고려 광종 21년(970)에 이르러야 비로소 '연양(延陽)'이란 이름에 근접되는 '연주(延州)'란 명칭이 처음 나타난다. 따라서 어차피 〈연양가〉라는 제목도 고구려 때부터 존재하고 이어져 내려온 원제(原題)는 아닌 것이다. 단지 명백한 것은 〈연양가〉의 배경지인 이곳 평안북도 영변 땅이 고구려의 옛 영토였다는 사실이다.

이 같은 엄연한 바탕 위에서 〈연양가〉에 접근하기 위한 방편적 일환으로 이 지역에 관한 사전 이해가 필요하다고 본다. 지금의 영변군 남동부엔 묘향산맥이 뻗어 있어 평안남도와의 경계를 이루어 있고, 이 군의 중동부에는 영변면이 있으며, 남서부에는 고려 공민왕 15년(1366) 처음 명명된 연산부(延山府)의 명칭이 그대로 유지된 바의 연산면(延山面)이라는 곳이 남아 있다. 묘향산은 일찍이 『삼국유사』가 단군 신화의 요람처인 태백산으로 인식했던 공간이고, 그 아래 백령면에는 고구려의 시조인 주몽이 태어난 곳으로 전해지는 우발소(瀀渤沼)가 있다. 영변면에는 김소월의 〈진달래꽃〉으로 유명한 약산(藥山)이 있는데, 이곳은 천험의 땅이라 하여 예로부터 군사적 요충지대로 이용되었으며, 뽕나무와 삼이 잘 자라는 곳으로 알려져 있다. 동북쪽 경계는 고성면인데, 여기엔 장자못 전설로 이름난 고성지(古城池) 일명 장자못이 있다. 영변면 동쪽 경계는 오리면이니, 바로 고성면과 오리면의 경계에 위치한 천이산은 뽕나무의 다산지로 이름난 곳이다. 한편으로 영변군

1576년 '영변의 약산'에서 선전관들이 계회하는 것을 기념하여 그린
<선전요우중회관서도(宣傳僚友重會關西圖)>

에는 두 개의 큰 강이 있는데, 영변을 남북으로 종단하는 구룡강과, 비스듬히 동서로 횡단하는 청천강이 그것이다. 그리고 여기 연산면 경내에서 구룡강이 끝나는 지점과 청천강 흐름 사이의 합류가 이루어진다. 그 합류지점에 장항대(獐項臺)란 곳이 있고, 그 하류에는 파군담(破軍潭)이란 못이 있으니, 다름 아닌 고구려의 장군 을지문덕이 A.D.612년에 수군(隋軍) 30만여 명을 섬멸시킨 역사적 현장이다.

이상 영변군 안의 명소를 대략 살펴보았거니와, 〈연양가〉는 바로 이 일대의 어느 곳에서 발생한 노래이다. 그리고 추측컨대 '연양(延陽)' 할 때의 연(延)은 연산(延山)의 연(延)인 듯하다. 그랬을 경우에 양(陽)은 산(山)을 기준 하여서는 남쪽을 지시하는 뜻이니, 곧 연산의 남쪽이란 뜻으로 통할 것으로 사유된다.

그렇지만 정작 연산(延山)이란 곳은 『신증동국여지승람』에서도 확인이 불가능한지라 보다 구체적인 처소를 가려내는 일이 끝내 난감할 따

石軒 임재우 墨의 <연양가> 배경담

름이었다. 다만 그 명칭의 성격상 지금의 연산면이 옛 연산부의 중심권에서 크게 벗어나지는 않았을 터이다. 또한 연산이 필경 산 이름이라는 전제에서, 그리고 오늘날은 산명(山名)으로서의 연산은 찾을 수 없다는 사실 안에서, 연산은 지금 연산면(延山面)의 위쪽에 위치한 약산이거나 천등산의 다른 이름이 아니었을까? 곧 연산면 위쪽으로는 두 개의 산이 있으니, 정북쪽으로 약산(489m), 서북쪽으로 천등산(282m)이 그것이다. 바꿔 말하면 약산의 정남쪽, 천등산의 동남쪽에 연산면이 있는 것이다. 『고려사』 악지에서는 연양이 연산부 땅이라 했고, 지금처럼 만약 약산 또는 천등산이 연산이라고 한다면 그 남쪽 땅 곧 연산면이 바로 연양(延陽)이 된다.

배경담의 분석

이와 같은 연양 땅에, 다른 사람에게 수용(收用)된 이가 있었다〔爲人所收用者〕 했다. 그리고 그는 죽기를 무릅쓰고 열심히 일하겠다는 뜻〔以死自效〕이 있었다고 했다. 문면을 통해 감지되는 피수용자(被收用者), 곧 이 노래 주인공의 신상과 신분은 아무래도 하천한 계층에 있던 사람처럼 보인다.

웬만한 한국문학사거나 한문학사에서는 제목의 소개 이상 따로 짧은 평설이나마 가한 것을 찾기가 어렵지만, 서울대 동아문화연구소『국어국문학사전』과『한국민족문화대백과사전』에서는 '연양현의 한 충실한 사람'으로,『국어국문학자료사전』에서는 '충실한 머슴'으로,『한국문학대사전』에서는 '남의집살이하는 자', 허웅・박지홍 편의『국어국문학사전』에서는 '남의집사는 사람'으로 각각 설명하였다. 조동일의『한국문학통사』에서는 '남에게 쓰이는바 되었다는 것은 노비의 신세로 떨어졌다는 뜻이 아닌가 한다'고 하여 노비 정도로 추정하였다. 이렇듯 대체로는 노비나 머슴을 연상함이 일반인 것이지만, 이와는 다소 상이한 개념으로의 이해 또한 없지 않다. 곧 이가원의『한국한문학사』에서는 이 노래의 당사자에 대해 남에게 허신(許身)한 강렬한 의지와 관서인(關西人)다운 대협기를 지닌 사람으로 받아들였다. 노비거나 머슴 등의 종속적 이미지로서보다 주체적 자아를 지닌 인물이란 인상이 강하다.

한편, 〈연양가〉에 관해 언급한 희귀한 문헌으로『임하필기(林下筆記)』가 있다. 이는 조선말의 문신 이유원(李裕元, 1814～1888)이 수록류(隨錄類)를 모아 엮은 책인데, 공교롭게도 이곳 권38 〈해동악부〉에서 그 단편(短片)의 배경담을 두고 읊은 칠언절구 한 작품을 발견할 수 있어 괄목할 만하다.

拔擢器成凡幾人	남에게 발탁되어 이룩한 이 몇이나 될까
自知効力不知身	온 힘을 쏟을 따름 내 몸 돌보지 않겠네
木之資火終灰燼	나무가 불을 피우려면 종당 재가 되는 것
爲木寧辭火及薪	나무된 다음에야 어찌 장작불을 마다하랴

여기서도 기구(起句)의 '발탁(拔擢)'이거나 '기성(器成)' 등의 어휘가

구사된 점으로 미루어 작자의 의취가 노비거나 머슴 등의 연상과는 거리가 있음을 규지하기 어렵지 않다.

『중문대사전(中文大辭典)』 안에서의 '수용(收用)'에 대한 제1의적 정의는 ①'收而用之', 곧 '거두어 쓰다'이다. 그리고 설명이 하나 더 있다. ②'俗語. 主人收納婢女使侍枕席 謂之收用 一曰收房'〔속어이니, 주인이 여종을 불러다가 잠자리 시중을 들게 하는 것을 수용이라 하는데, 수방(收房)이라고도 한다〕으로 정의하였는데, 이거야 애당초 〈연양가〉의 수용과는 전혀 무관한 것이다. 『새우리말큰사전』(신기철・신용철 편저)에서의 '수용'(收用)에 대한 뜻풀이는 "① 거두어 들여 씀 ② 공용 징수(公用徵收) / ≪고제≫. 관직에 있다가 파직되어 실무(實務)가 없던 관원(官員)을 다시 데려다 임무를 맡기던 일"로 되어 있다. ② 공용 징수 역시 〈연양가〉의 수용과는 아귀가 맞지 않고, 바로 뒤의 고제(古制) 즉 옛 제도상의 수용은 넓은 의미로 ① 거두어 들여 씀에 포괄될만한 뜻이다.

한편 『중문대사전』은 고문헌에 나타나 있는 ①의 용례를 다음과 같이 들었다.

飾攻戰者之言曰 彼不能收用彼衆.	【墨子, 非攻・中】
不意陛下復收用之.	【史記, 汲黯傳】

『묵자(墨子)』의 이 부분은 '침략을 미화하는 사람은 말하기를 그 나라들은 자기네 대중을 거두어 쓸 수가 없었기에…'의 뜻이고, 『사기(史記)』의 말은 '뜻밖에 폐하께옵서 다시 거두어 쓰셨나이다'로 통한다. 『묵자』에서의 수용은 '동원(動員)'의 의미와도 통한다고 하겠다.

그렇다면 이제 어떤 이가 다른 사람에게 거두어 쓰였다는 말이니, 이는 다름 아닌 처음의 신분이 어떤 것이었든지 간에 더 이상 그 상태대로 있지 않고 그만 신분상의 변동이 일어났다는 뜻으로 연결된다. 그리하여 국문학사전류에서 설명되듯 원래부터의 노비와 같은 고정 신분의 개념으로서보다는 신분 이동의 개념으로서 타당하다. 그리하여 조동일의 해석 안에는 어떤 사유에 의해 노비쯤으로 하강·전락된 것과 같은 신분 유동적인 개념으로 수용한 뜻이 나타나 있다. 그리고 비록 신분상의 하강은 아니지만 이가원의 '허신(許身)'이거나, 오히려 신분 상승의 의미를 지닌 이유원의 '발탁(拔擢)'도 개념상 유동적인 것이다. 특히 이유원의 발탁은 국어사전 안에 설명된 고제(古制)의 수용 개념과 직접 관계있어 보인다.

이렇듯 유동적이라는 개념에서는 서로 같았던 반면, 주인공의 신분을 연상하는 방법에서는 상당한 차이점을 드러낸다. 곧 조동일의 경우는 노비와 같은 하천한 계층의 사람으로 유추하였으나, 강렬한 의지 및 대협기를 연상한 이가원의 논급 안에서는 어쩐지 노비의 이미지와는 일정 거리의 차별성이 감지된다. 더구나 조동일의 경우, 수용을 발탁으로 간주했던 이유원의 경우와 대조하면 그 차이가 한층 더 현절한 것으로 느껴진다. 그 결과 앞의 논자의 경우는 전락된 처지에 따른 불행감이 수반되어 있고, 뒤의 두 논자의 경우는 그것이 배제되어 있다. 불행은커녕 정반대로 의욕과 희망의 뉘앙스가 준동한다. '허신(許身)' 및 '협기(俠氣)'가 주는 이미지도 그렇지만, 특히 이유원의 '발탁(拔擢)' 및 '기성(器成)'에 이르면 차라리 귀족 계층이거나 그에 버금가는 신분 계층에 있는 인물로의 암시가 한층 상승된다. 요컨대 주인공의 신분이 하층민으로 간주되는 것과 벼슬 있는 계층으로 관념 되는 것 사이에 문제가 야기되었다고도 할 수 있는 것이다.

그런데 중상류 지배층으로의 관념은 혹 지식인의 독서나 작문 과정에서, 수용의 뜻이 어떤 더 나은 벼슬로의 수용이란 의미처럼 인식된 데에 연유했을 개연성도 있다. 임금과 신하 사이의 관계 안에서 수용이란 표현이 쓰이고 있는 앞서 인용한 『사기』의 예문 같은 것이 좋은 본보기이다. 하지만 또한 『묵자』의 예문을 통해 볼 수 있듯, 수용은 일반 민간인을 대상으로도 적용되는 표현인 것이다. 아울러서 수용을,

발탁이거나 허신으로 보게 된 데는 배경담 가운데 '마음 깊이 거두어 쓰인 것을 다행이라 여겨〔深以收用爲幸〕'라는 대목이 강하게 작용했을 테지만, 이는 하필 중상류층에만 한정될 수 있는 상황은 결코 못된다. 즉 수용을 받아서 크게 다행으로 여길 수 있는 사항은 일반 백성이거나 하층민 간에도 얼마든지 가능한 일이다. 아니 단지 가능한 일일 뿐 아니라, 오히려 경제적으로 어려움을 겪고 있는 가난한 백성 사이에서 훨씬 빈도 높게 있을 수 있는 설정인 것이다.

게다가 이 배경담에는 노래 주인공의 지위를 알 만한 근거가 전혀 나타나 있지 못하다. 이 이야기 주인공이 만약 귀족층이거나 그에 버금가는 위치에 있는 사람이었다고 한다면 그냥 '～者〔有爲人所收用者〕'와 같은 표현 이상의, 그의 신분을 짐작할 수 있을만한 어떤 언급이라도 필경은 주어졌을 터이다. 이를테면 『고려사』 악지가 신라의 속악으로 전하는 〈이견대(利見臺)〉의 배경담에는 엄연히 '신라왕 부자(父子)'라는 신상이 명기되어 있고, 같은 고구려 가사부전의 속악 가운데 하나인 〈명주가〉 배경담의 남자 주인공은 분명 '서생(書生)'으로 밝혀져 있다. 이는 신라의 속악 〈여나산(余那山)〉 배경담에서도 동일하게 나타난다. 그가 일반 천서(賤庶)의 백성이 아닌 그냥 글공부하는 신분만이라도 되면, 그것을 갖춰 말하지 '～者'로 넘겨 처리하지는 않는다.

이 같은 기술(記述)의 양상은 반드시 속악에서만 그럴 뿐 아니라, 『고려사』 악지 내의 일반 '악(樂)'의 배경담 안에서도 다를 바가 없다. 〈정과정(鄭瓜亭)〉을 노래한 '내시낭중(內侍郎中) 정서(鄭敍)', 〈동백목(冬栢木)〉을 지은 '충숙왕조 채홍철(蔡洪哲)', 〈예성강(禮成江)〉 노래 배경담 속의 '중국 상인 하두강(賀頭綱)', 〈장생포(長生浦)〉 노래의 주인공 '시중(侍中) 유탁(柳濯)', 〈처용(處容)〉 배경 설화 속 인물 '신라의 헌강왕', 〈오관산(五冠山)〉을 노래한 '효자 문충(文忠)' 등등… 노래 당사자의 신원이 조금이라도 고거(考據) 가능한 경우라면 기록의 수고를 아끼지 않았음을 볼 수 있다. 실제로 일정 계층 이상 가는 사람의 이름이거나 신분이 인몰된 사례 같은 것은 여간 찾아보기 어렵고, 정녕 알기 어려운 경우라면 하다못해 위의 〈명주〉나 〈여나산〉에서처럼 '서생(書生)'이란 말이라도 넣어서 글공부하는 계층임을 알릴 수 있었을 터이다.

반면에 배경담 속의 인물이 관등(官等)도 명시된 것이 없고 이름도 드러난 것이 없는 사람일 때, 그 이야기며 노래의 주역이 대개 중서(衆庶)의 민간인 백성으로 간주되는 경향이 일반적인 것이다. 백제 속요로서 이야기만 전해지는 〈선운산(禪雲山)〉 노래에서의 부역 나간 장사(長沙) 사람과 그의 아내, 〈방등산(方等山)〉 노래의 주역인 장일현(長日縣) 여인, 〈정읍사〉의 행상인 아내, 〈지리산(智異山)〉 노래의 주인공인 구례현(求禮縣) 사람의 딸 등등은 하나같이 그 시대의 벼슬과 무관하고 이름도 잊혀진 인물들이다. 곧, 천서류(賤庶流)의 백성 일반인 것이다. 그러면 지금 이 연양 땅에 거둬 쓰임을 받았다는 자 또한 이들과 별로 다를 바 없는 천서 계층 백성 가운데 한 사람으로 유추가 되고, 따라서 의사 설정의 방향도 갖춰지게 된다.

이상, 수용된 주인공의 신분을 고구려 하층민에 속한 인물로 간주하였거니와 바로 그 하층민의 양상을 역사의 서술 안에서 볼 때 대개 하호(下戶)거나 용민(傭民), 혹은 노예 등의 이름으로 나타난다. 노예는 최하층에 속하고, 용민은 용작민(傭作民) 즉 자기 땅이 없이 남의 땅을 경작해주고 품을 받는 백성이다. 하호는 『삼국지』 위서(魏書) 동이전(東夷傳) 〈고구려〉에 보이는 표현이니, 이 기록을 통해서 당시 고구려 사회상의 한 단면을 어느 정도 엿볼 만하다.

> 其國中大家不佃作 坐食者萬餘口 下戶遠擔米糧魚鹽供給之.
>
> 그 나라 안에 있는 대가(大家)들은 손수 농사를 짓지 않는다. 이렇게 놀고먹는 자가 일만여 명이나 된다. 하호(下戶)는 멀리서 양식이나 생선·소금 등을 져다가 그들 대가들에게 공급해준다.

대가(大家)는 큰 가옥을 소유한 부잣집이란 뜻으로, 하호(下戶)는 그 아래에서 붙어먹는 백성의 자그만 가옥이란 의미로 요해된다. 대가는 먹을 양식을 제공하고 하호는 노동력을 제공했다는 말이니, 이로써 양자 사이에 서로를 필요로 하는 구조적인 상하 관계가 형성돼 있음을 알 수 있다. 또 『삼국지』 권30 위서30 동이전(東夷傳) 안의 다음 같은 부여(夫餘) 관계 기록도 그들 하호를 기준으로 한 경제적 메커니즘을 이해하는데 일조가 된다.

> 邑落有豪民 名下戶皆爲奴僕 諸加別主四出 道大者主數千家 小者數百家.
>
> 부락에는 호민(豪民)이 있으니, 이른바 하호들이 모두 그들의 노복 노릇을 한다. 모든 가(加) 벼슬에 있는 이들은 따로 네 도(道)를 관할한다. 도 가운데 큰 경우는 수천 가구를 맡아 다스리고, 작은 경우는 수백 가구를 맡아 다스린다.

여기서의 호민은 세력 있는 백성을 의미한다. 그리고 하호가 그들의 노복 노릇을 하였다니, 여기 이 호민 : 하호의 관계는 저 고구려의 대가 : 하호의 관계와 별다른 차이가 없어 보인다. 실제로 고구려와 부여는 중국인 사가(史家)의 눈으로도 동이의 모든 종족 가운데에서 가장 상사(相似)한 족속으로 비쳤던 모양이다. 『삼국지』 권30 위서30 동이전 〈고구려〉 안의 기록이다.

> 東夷舊語以爲夫餘別種 言語諸事 多與夫餘同….
>
> 동이의 옛말에 고구려는 부여에서 나누어진 종족이라 했고, 따라서 언어라든지 모든 일에서 부여와 같은 점이 많다.

이 사실에 비추어 그 사회구조 면에서도 유사성을 띠었다고 하여 특별히 이상한 현상은 아니다. 그러면 똑같이 하호 계층과 가장 밀접된 위치에 있으면서 상전의 역할을 하였던 고구려의 대가와 부여의 호민은 서로 그 표현만 달리했을 뿐 동일한 성격의 계층이라고 보아 무방할 듯싶다. 그리하여 〈연양가〉의 남에게 수용된 그 사람도 어쩌면 바로 이 대가로부터 거두어져 쓰인 하호는 아닐는지. 하호는 멀리서부터 양식이나 생선・소금 등을 져다가 공급해 주는 노복의 역할을 하는 계층이라고 했다. 이렇게 하면서 하호들이 대가로부터 받는 보상에 대해서는 비록 사서(史書)에 언급되어 있지는 않았지만 대개 생계를 지원받았던 것으로 짐작하기 어렵지 않다. 『삼국지』 위서(魏書) 동이전 〈고구려〉 조의 다음과 같은 기사는 그런대로 고구려 사람들의 곤궁한 삶의 일단을 엿보는 데 일조가 된다.

> 多大山深谷 無原澤 隨山谷以爲居 食澗水 無良田 雖力佃作 不足以實口腹.
>
> 이곳은 큰 산과 깊은 골짜기가 많고 넓은 못은 없다. 사람들은 산골짜기를 따라 살고 있어 시냇물은 마시지만 좋은 밭은 없으니 암만 힘써 농사를 지어봤자 구복(口腹)을 채울 수가 없다.

양전(良田)을 갖지 못해 아무리 농사에 힘쓴대도 먹고살기가 어려운 이 백성들은 위에서 말한 하호의 개념과 크게 어긋나 보이지 않는다. 그런 가운데도 양전이 아주 없지는 않았을 테고, 그렇게 존재하는 양전은 대가들의 몫임이 자명하다. 그러면 이렇듯 구복도 채우기 어려운 하호 중의 어떤 이가 극도의 빈곤에 시달리다가, 비교할 수 없이 좋은 조건의 양전을 갖고 있는 대가 누구에게 거두어 쓰였다고 하자. 그리하여 비로소 생계의 방도를 찾게 되어 이전의 고통에서 벗어날 수 있게 되었다면, 그는 마음속 깊이 수용된 것을 기뻐하고도〔深以收用爲幸〕 남음이 있을 것이다.

이때 수용의 형태는 생산성 없는 밭뙈기 정도 있는 무양전(無良田)

의 하호로서 직접 대가의 양전을 불하받아 거기서 생산되는 일부만을 갖는 소작농의 모습일 수 있다. 또는 한 단계 더 나아가 비록 신분상 '하호'에 속해 있긴 하지만 자기 소유의 토지가 전혀 없는 상태의 이른바 '용민(傭民)'으로서, 대가의 논밭을 용작해 주고 품삯만을 받는 형상일 가능성도 없지 않다.

이렇듯 수용된 것의 기쁨을 노래한 이 주인공의 신분을 '하호'로 추정해 본 데는, 바로 이 농민 하호들이야말로 고구려 하층민 구성원의 대부분을 차지하였을 이유가 크게 작용한 것이기도 하다.

> 촌락을 구성하는 대부분의 농민은 중국인들이 하호(下戶)라고 부른 양인(良人) 신분의 소유자들이었다. 이 양인 농민의 위에는 호민이 있었고, 밑에는 노비가 있었다.

이기백의 『한국사신론(韓國史新論)』 안의 글이다. 여기서는 하호를 명백히 노예의 신분과 구분하였으나, 고구려 사회의 하호를 노예의 일종으로 봐야 할지 토지에 매인 경작자로 봐야 할는지 사이에 논의가 같지 않다. 이 문제와 관련해서 『한국학대백과사전』의 '하호(下戶)'에 관한 다음의 설명은 그러한 실정을 잘 대변해 준다.

> 고구려의 하호는 고구려 본족(本族) 중의 범죄자・낙오자도 있었으나 그 대부분이 피정복민이었으며, 또 전쟁 때에 포로가 된 한인(漢人)들도 있었다. 이들은 농경을 포함한 생산 노동을 담당하였으나 노예는 아니고 이에 준하는 예민(隷民)이었다. 그러나 이 문제에 대하여는 이설이 많다. 고구려 사회에서 노예도 물론 생산에 종사하였겠지만 농경을 포함한 생산 일반은 대부분 하호의 노동력에 의존하였다. 이들 하호는 신분적으로 노예와는 구별되었으나 그의 사회 경제적 위치는 노예와 거의 동렬에 놓인 예민이었으므로, 이러한 견지에서 고구려의 사회 구조를 고대 노예제

적인 것으로 보게 된다. 바로 이러한 사실 때문에 하호의 문제는 여러 가지 과제를 제기하였다.

여기서 하호와 노예를 신분의 명목상으로 분리시켜 이해하고는 있으나, 실제적으로는 하호도 노예와 별 차이 없는 수준임을 말하고 있다. 앞서 『삼국지』 동이전의 기록에서 하호들이 농사만 지어 바치는 것이 아니고, 먼 데서 양식·생선·소금 등을 져다가 바친다고 한 증언도 그들이 노예나 마찬가지 신세였음을 시사해 주기에 충분하다.

이렇듯 수용된 것의 기쁨을 노래한 이 주인공의 신분을 하호로 추정해 보는 외에, 하호보다 한 단계 더 낮은 계층에 속한 노예일 수 있는 가능성에 대한 추정도 검토될 사안으로 요망된다.

그런데 노예라고 하면 근본부터 그런 신세로 태어난 태생 노예를 우선 연상하게 된다. 그리고 이 〈연양가〉의 주인공을 설령 노예로 가정한다고 해도 그가 새로 수용을 받은 상태, 즉 일정한 더 나은 쪽으로의 신분상 혹은 경제상의 변화를 매우 다행으로 여긴 상황에 있다는 점을 중시했을 때, 태생 노예로 간주하기 일단 어려운 면이 있다. 다시 말해, 그런 경우라면 태어나자부터 이미 누군가의 노예로 수용이 된 다음인데, 삶의 나중 단계에 이르러 새삼 수용의 일을 말할 나위가 없는 것이다.

그러나 혹 갑이라는 주인의 밑에 있다가 을이라는 더 나은 주인에게 팔려가 심히 다행이라고 생각했을 경우를 상정할 경우에조차 '수용'이란 표현이 적합 타당할는지는 의문이다.

그리하여 하필 태생 노예뿐만 아니고 고구려의 사회 구조 안에서 시행되었던 노예제의 보다 다양한 형태에 대해 감안해 볼 필요를 느낀다. 고구려가 역사적으로 위로는 중국과, 아래로는 백제·신라와의 끊임없는 견제 및 대결이 불가피했고, 그 극단의 양상인 전쟁 때문에 부수되는 갖가지 사회 문제들이 있었다. 또는 범죄거나 경제적인 빈곤으로 인해 야기되는 문제들도 적지 않았을지니, 노예의 다양화도 그 가운데 하나였다. 진단학회 편 『한국사 · 고대편』 안의 글이다.

> 삼국시대에 있어서의 노예는 전쟁의 격화, 사회의 불안정으로 말미암아 후기에 내려오면서 원래부터의 신분 노예와 아울러 부채 노예(負債奴隷) · 형벌 노예(刑罰奴隷) · 전쟁 노예(戰爭奴隷) 등이 증가하였으니, 이것들이 예민(隷民)으로나 가내 노예(家內奴隷)로 사역되었고, 또한 그것의 매매가 성행하여 귀족들의 주요한 재산의 척도를 이루다시피 하였다.

특히 전쟁 때의 포로 또는 피정복민이 노예가 된 전쟁 노예는 삼국시대에 가장 중요한 노비 공급원이었으며, 이들은 국가기관이나 전공(戰功)이 있는 장신(將臣) 등에게 분배되었으니 이미 공노비와 사노비의 구분이 있었다고 한다. 그리고 이들이 농경을 포함한 생산 노동을 담당했다는 데는 모두 동의하지만, 다만 그들의 신분을 노예로 한 것이 아니라 이에 준하는 하호 예민으로 편속시켰다는 앞에서의 견해도 있었다. 그러나 그들 전쟁 포로 및 피정복민이 노예로 들어갔든 예민 하호로 들어갔든 간에, 남의 나라에 붙들려 형편없는 신분으로 떨어진 사람이 수용된 것의 다행을 기뻐하였을 것이란 설정은 아무래도 어불성설로 보인다. 빚진 것을 갚을 길이 없어 노예가 된 채무 노예, 또 어떠한 죄를 짓고서 노예가 된 형벌 노예 등의 경우도 하나같이 신세 전락의 불행한 정황에 빠져버린 것이기에, 그 수용을 다행으로 여겼다고 보기에는 무리가 있다.

다만 이런 경우라면 혹 문제는 달라질 수도 있다. 토지를 잃고 유인(流人)으로 전락한 농민이 대가로부터 수용되어 일정 경작지를 부여받아 살 터전을 얻게 되었을 경우 그 수용을 다행으로 여기고 은혜에 감복할 만하다. 또는 주인공이 어떤 일로 중죄인이 되어서 평생 감옥에 갇힐 운명이거나 죽을 마당에 이르렀다고 하자. 그렇게 절망적 암담한 상황인데, 어떤 고관 또는 대가 출신의 사람이 있어 그의 직권으로 주인공의 사형 당할 일이거나 수감 당할 일을 면하게 해주면서 자신의 집의 노예로 거둔다고 가정한다. 그러면 이 주인공은 배경담에 나타난 대로 '수용된 것을 마음 속 깊은 데서부터 다행으로 여김〔深以收用爲幸〕과 동시에, 주인이 자기를 살려 준 은혜에 감격하여 죽기로써 힘쓰고〔以死自效〕, 몸이 재가 될망정 감히 마다하지 않을〔雖至於灰燼 所不敢辭〕 이유가 충분하고도 남음이 있으리라 한다. 보다 극단적으로는 이런 가정도 해 볼 수 있다. 곧 『삼국지』 권30 위서30 동이전 〈고구려〉의 다음과 같은 기록,

> 無牢獄 有罪諸加評議 便殺之 沒入妻子爲奴婢.
>
> 이 나라에는 감옥이 없다. 죄를 지은 사람이 있으면 여러 가(加) 벼슬에 있는 사람들이 모여서 의논해 가지고 죄인을 죽이고 그 처자는 데려다가 종을 삼는다.

과 관련하여 그 일이 고구려에 아직 감옥이란 것이 존재하기 이전의 사형 판정만이 존재하던 초기 사회 안에서 일어난 것일 경우, 그 다행한 감정이며 거기 따른 충성심은 절대적이랄 수밖에 없는 것이다.

지금까지 〈연양가〉 주인공의 신분을 하층민의 하호, 용민〔遊人〕, 그리고 노예 등으로 추정하여 고찰하였거니와, 배경담 뒤의 내용을 보면 주인공이 그의 상전을 위해 죽을 각오로써 보답하겠다는 뜻을 나무에 비유해 노래했다고 했다.

대관절 그는 자기의 상전을 위해 어떠한 일을 하던 사람이었을까? 그가 노예였다면 더 이를 나위도 없으려니와, 설령 노예 아닌 하호에 속해 있던 인물이었다 할지라도 그가 주인을 위해 힘썼던 일을 반드시 농경에 한정시켜 생각할 필요는 없을 것이다. 기본적으로는 대가 또는

호민의 토지에 매인 경작자의 노릇이었겠지만, 이러한 당연한 의무 외에도 여러 형태의 노동력 제공이 마저 있었음이다. 앞서 『삼국지』의 기록에도 나타나 보이듯이, 멀리서 양곡이거나 생선 · 소금 같은 것을 운반해 주는 등의 부수적인 역할도 상당량 수행했을 것으로 여겨진다. 그러한 임무 가운데는 땔감을 위해 나무를 해 오는 일 따위도 있었을 것으로 추측된다. 지금 배경담에 주의(注意)를 하면 상전이 자신을 수용해 준 데 대해 죽기를 무릅쓰며 보답하리라고 한 그 충정을 나무에다 비기어 표현했다고 했다.

고전 문학사에 있어 작자가 자신의 충성스런 뜻을 나무에다 비유시킨 문학의 일례는 하필 여기 〈연양가〉에서만 보이는 것은 아니다. 향가 〈원가(怨歌)〉의 배경설화 안에서는 효성왕이 신충(信忠)과 함께 있을 적에 장차 왕이 되면 신충을 잊지 않고 높이 기용하리라 하며 그것을 잣나무에 대고 맹세하겠다는 내용이 있다. 임금이 신하에 대한 의리를 잣나무에 비유한 일례라 볼 수 있다.

고려 충숙왕 조에 채홍철(蔡洪哲)이 먼 섬에 유배되어 갔을 때 덕릉(德陵)을 사모하여 지었더니 왕이 그것을 듣고 그날로 소환했다는 배경담이 있는 〈동백목(冬栢木)〉은 가사가 전하지 않지만, 암만 해도 임금에 대한 절조를 동백나무에 비겨 노래한 것임에 거의 틀림없다.

또 조선 세조 때 사육신의 한 사람인 성삼문의 시조,

이몸이 주거가셔 무어시 될고ᄒᆞ니
봉래산 제일봉에 낙락장송 되야이셔
백설이 만건곤ᄒᆞᆯ제 독야청청ᄒᆞ리라

에서는 자신의 임금 향한 일편단심을 낙락장송(落落長松), 곧 가지가 길게 늘어진 키 큰 소나무에 비하였다. 임금을 위한 신하의 지조가 나무에 비겨진 일례이다. 그런가 하면 조선 후기 선조 때의 기녀인 홍랑

(洪娘)이 고죽(孤竹) 최경창(崔慶昌)에게 부쳤다는 시조,

> 묏버들 갈ᄒᆡ것거 보내노라 님의 손ᄃᆡ
> 자시ᄂᆞᆫ 창밧긔 심거두고 보쇼셔
> 밤비에 새닙곳나거든 날인가도 너기쇼셔

에서는 자신을 버드나무에 비유하였으니, 버드나무는 자기의 애틋한 정분을 대신하는 의미를 지니었다.

그런데 〈연양가〉에서도 그 비유한 것이 비록 나무라 했지만, 이는 살아있는 자연의 생목(生木)이 아니라 불에 지펴지기 위한 나무 즉 화목(火木)이다. 관상(觀相)하면서 관념(觀念)하는 나무가 아닌 생활 속 실용의 나무이다. 그리하여 땔나무 장작에 비유시킨 이 대목을 통해서 연상되는 바가 없지 않다. 곧 주인공은 평상시에 땔나무를 가까이 접하고 살아가던 사람일 것이란 추측이다. 마치 고려가요 〈사모곡〉에서 아버님과 어머님의 사랑을 각각 호미와 낫 같은 농기구로 비유한 것이 농경 사회 안에서의 필연적인 결과로 볼 수 있는 것과 다를 바 없는 이치이다. 아마도 그는 땔감을 지고 날라다가 주인을 위해 그것을 때어 취사(炊事)하고 난방(煖房)하는 등의 일에 종사했던 종이거나 하호일지도 모른다.

고구려 당시의 하호거나 종이 과연 이 같은 일도 맡아 했는지 증거로 삼을 만한 기록을 찾기는 어렵다. 그럼에도 불구하고 비록 시대는 떨어져 있지만, 고려시대의 농민이나 천민과 관련된 당시의 사회 현상이 삼국시대와 큰 차이가 없다는 점을 어느 만큼 활용해 볼 나위가 있다. 따라서 고려시대에 호족에 투탁(投託)한 전호(佃戶) 내지는 노비에 관련된 다음의 설명을 통해서, 거슬러 삼국시대 당년의 상황까지 미루어 짐작할 만한 국면이 아주 막연한 것은 아니다.

> 그러므로 농민들은 역(役), 특히 군역(軍役)을 피하여 농토를 떠나 유민(流民)이 되거나 호족에 투탁(投託)하여 사적(私的) 전호(佃戶)가 되는 경우가 많았다. … 농민보다 더 천대를 받은 것이 천민이었다. 천민의 대부분은 노비로서 국가기관에 소속된 공노비(公奴婢)와 개인에 소속된 사노비(私奴婢), 그리고 사원(寺院)에 소속된 사노비(寺奴婢)가 있었다. 공노비는 소속 기관에서 잡역에 종사하거나 경작 노동에 종사하였으며 때로는 특수한 양반 관료에게 배당되어 구종(驅從)이 되기도 하였다. 사노비(私奴婢)와 사노비(寺奴婢)는 주인을 위하여 취사(炊事)·초목(樵木) 등의 일을 주로 하였으나 외거노비(外居奴婢)는 독립된 가계(家計)를 가지고 농경에 종사하였음은 앞에서 이야기한 바 있다. 노비는 신분이 세습되고 매매의 대상이 되어 노예와 비슷한 존재였다. 그러나 외거(外居)하여 농경에 종사하는 노비는 그 생활이 일반 농민과 별로 다름이 없었다.
>
> (한우근, 『韓國通史』)

호족은 고구려 때의 대가와 다를 바 없고, 농민 출신으로 호족에 투탁한 전호(佃戶)는 고구려 때의 하호의 위치에 해당한다. 노비의 체재도 거의 다를 것이 없고, 다만 절에 소속된 사노비(寺奴婢) 및 상전과는 같은 공간에 살지 않은 채 농사를 짓는 외거노비(外居奴婢)가 있다는 점 등의 변모가 보일 뿐이다.

여기서 특별히 주목되는 바는 개인에게 속해 있는 사노비(私奴婢)의 하는 일을 예시한 것이다. 그것이 다름 아닌 취사(炊事) 곧 밥 짓는 일과, 초목(樵木) 즉 나무하는 일 등이었다 하니, 공교롭게도 〈연양가〉의 주인공을 노예로 상정했을 경우와 용케 부합된다.

한편 이 노래의 배경담 후반, 즉 '비지어목왈(比之於木曰)' 이하의 부분은 공교롭게도 그 메시지 내용이 흡사 일실(佚失)된 가사의 일부 또는 상당부를 엿볼 수 있게 하는 듯한 인상을 야기하는 바 있다.

木之資火	나무가 불을 지피려면
必有戕賊之禍	반드시 날 없애는 불행이 따르는 법
然深以收用爲幸	그러나 거두어 쓰인 것 얼마나 다행이랴
雖至於灰燼	비록 타고 남은 재가 될망정
所不敢辭也	감히 마다할 길 없겠네

그리하여 부족하지만 이는 그대로 노래 원 가사에 대한 원형 유추가 아주 불가능한 것만은 아니라는 희망적인 단서 제공이 되기도 한다.

그리고 이는 배경담 전반부의 '죽기로써 힘썼다〔以死自效〕'라는 메시지와 쌍관(雙關) 호응을 이루면서 아랫사람이 자기를 거두어 준 상전에 대한 갈충(竭忠)의 뜻이 넘치는 내용이다.

앞서 주인공 신분에 대한 뉘앙스가 상하 간에 각기 달랐을망정, 주인공이 자기 주인에 대한 충의를 나타낸 노래란 점에 관한 한 아무런 이의가 없었다. 그런데 이와는 다소 관점을 달리하여 추정을 가한 다음과 같은 견해도 있어 주목을 끈다.

> 남에게 쓰이는바 되었다는 것은 노비의 신세로 떨어졌다는 뜻이 아닌가 한다. 원래는 그런 처지에서 신세타령을 하면서 부른 노동요일 것 같은 이 노래를 충직하게 주인을 섬기는 사설이 들어있다고 평가했음인지 고구려 때 나라에서 채택했을 듯하다. 노랫말이 원래는 비꼬는 뜻을 지녔던 것을 나타난 그대로 이해하고 마는 개변이 일어났을 수도 있다.
>
> (조동일, 『한국문학통사 1』)

이는 전혀 새로운 측면의 해석이랄 수 있다. 그런데 이 같은 해석의 근거는 수용의 개념을 노비 신세로의 전락으로 보았던 데에 기인한다. 그리고 수용의 개념이 정녕 신분상의 전락이란 의미로 통한다는 전제하에서는 과연 〈연양가〉가 신세타령과 함께 비꼬는 뜻을 지닌 노래일 가능성이 스스로 제고된다.

그러나 수용의 개념을 협기 넘치는 관서인의 허신(許身)이거나, 발탁을 받아 기량(器量)을 이루는 계기로서 간주하는 입장에서 본다면 결코 신세타령을 할 이유도 없고, 또 비꼬는 마음이 생길 이유도 없다. 처음부터 아예 이치에 닿지 않는 마음들일 뿐이다. 아울러 수용을 하호거나 노예의 그것으로 볼 경우조차 크게 달라질 일은 없을 것이다. 앞서 언급하였듯이 수용이란 말 자체로는 더 나쁜 신세로 떨어지는 전락의 의미는 나타나있지 않다. 게다가 『고려사』 악지가 '죽기로써 힘썼다는', '수용된 것을 깊이 다행으로 여기는' 작자의 입장을 명백히 문면상에 기록해 놓은 바이다. 암만해도 『고려사』 악지의 기록자들인 사대부 지식층이 불행한 수용을 당한 사람의 비꼬는 말인지, 다행한 수용을 받은 사람의 사실의 언어인지 구별하지 못하고 이를 그대로 충직이라 이해했다고 보기 어렵다. 아무려면 속요에 쓰이는 아이러니거나 시니시즘(cynicism) 정도를 유식 계층이 보고서 알아채지 못할 리 없는 것이다. 그보다는, 어쩌면 불행한 수용을 당한 사람의 비꼬는 말인 줄 눈치는 챘어도, 그것이 자신들의 지배적 논리에 부합한다고 여겨 그냥 충직의 언어로 받아들여 기록했다고 하는 편이 조금 더 타당해 보일 수 있다. 말하자면 위의 인용문에서 추정한바 개변에 대한 가능성을 이름이다.

하지만 『고려사』 악지 전반을 통하여 불행감에 빠진 사람의 탄식과 자조를, 거꾸로 깊은 다행감을 느끼는 사람의 충성과 맹세와 같은 전혀 상반된 언어로 바꿔 놓았다고 한다면 이는 문화적 진실에 대한 심각한 훼손이 아닐 수 없다. 그리고 원문의 모든 내용을 온통 이 같은 의심의 눈길로 본다고 했을 때 상당한 혼란이 야기될 수 있다. 일례로 신라의 가사 부전 노래 〈동경(東京)〉의 배경담을 본다.

新羅 昇平日久 政化醇美 靈瑞屢見 鳳鳥來鳴 國人作比歌以美之

> 신라는 승평(昇平)의 세월이 오래 지속되고 정치와 교화가 순미(醇美)하여 신령한 상서로움이 자주 나타나고 봉새가 날아와 울었다. 나라 사람들이 이 노래를 지어 그것을 찬미했다. (『高麗史』 권71 三國俗樂 新羅)

여기서도 문면에 나타난 것과는 다른 방식으로 해석한다고 하자. 곧 원래는 신라의 정치와 교화가 흔들려 불안한 시기에 생겨난 노래인데, 지배층의 논리와 이념에 따라 조작 또는 변개되어진 결과라고 생각한다면 정말 혼돈스러울 것이다.

대체로 『고려사』 악지가 삼국 시대거나 고려 시대 노래 배경담을 소개해놓은 것을 보면 인륜 및 상하 관계의 문제에 도덕적·정치적인 인위를 가했다는 생각이 들지는 않는다. 이 책 삼국속악 중의 백제 노래 〈방등산(方等山)〉 배경담 같은 경우는 도적에게 붙잡힌 여인이 곧바로 자신을 구하러 오지 않는 남편을 풍자한 것〔以諷其夫 不卽來救也〕으로 소개하였으니, 부부 사이의 불신과 갈등이 숨김없이 드러난 상태이다. 하지만 부부간의 이상적인 도리와 관계, 곧 부위부강(夫爲婦綱)을 우선 중하게 생각한다면 이 역시 내용을 봉건적 이념에 맞게 바꿨어야 했을 것이다. 신라 〈목주(木州)〉 효녀의 노래도 마찬가지이다. 아버지와 후모(後母)에 온갖 정성을 다 들였어도 부모가 그래도 기뻐하지 않자 이 노래를 지어 스스로 원망하였다〔父母猶不悅 孝女作是歌以自怨〕고 하였다.

한편 같은 『고려사』 악지 고려 속악(俗樂) 중의 〈사리화(沙里花)〉 배경담에는 세금이 많고 무거우며 권력자들이 약탈해 가자 백성들은 재산의 피해를 고달파하였다. 이에 새가 곡식을 쪼아 먹는 것에 부쳐서 그 일을 원망했다〔賦斂繁重 豪强奪攘 民困財傷 作此歌 托黃鳥啄粟以怨之〕고 했다. 이에서도 위정자의 비리를 굳이 감출 뜻이 없고, 그들에 대한 백성들의 원망도 아예 노골화시키고 있는 것을 볼 수 있다.

뿐만 아니라 『고려사』의 서술자에 있어 합리화의 추구거나 냉철한 비판 의식이 없는 게 아니다. 악지 신라 속악 가운데 들어 있는 〈이견대(利見臺)〉 배경담이 그런 것을 엿볼 수 있는 좋은 본보기가 된다. 곧 신라왕의 부자가 오랫동안 서로 잃고 만나지 못하고 있다가 찾게 되자 이 대(臺)를 세워 그 곳에서 부자 상봉하니 그 기쁨을 노래로 불렀다는 일화를 소개하면서, 뒤에 '왕의 부자가 서로 잃고 만나지 못할 까닭이 없다. 혹은 이웃 나라에 나가서 회동(會同)을 했었는지도 모르겠고 혹은 인질이 되었는지도 모르겠다〔王父子 無相失之理 或出會隣國 或爲質子 未可知也〕'와 같이 냉정한 판단에 입각한 이성적인 해석을 가하고 있다. 이럴진대 하필 고구려의 〈연양가〉에서만 유독 비애로 유추되는 경우를, 지배적 논리와 감성에 맞춘 낙천적인 의미 쪽으로 적절히 변용시키면서 기록했다고 보기 어려운 것이다.

맺음말

연양의 지소(地所)에 대하여는 『고려사』 악지가 '연산부(延山府)'라고 한 보주(補注)에 전적으로 의존할 수밖에는 없는 실정이었다. 고증의 결과, 그것은 조선 세종 이래 오늘날까지 쓰이는 지명인 영변(寧邊)으로 나타났다.

또한 연산(延山)이란 땅 이름과 관련하여 연양(延陽)의 어의는 산 이름으로서의 연산의 남쪽이란 의미로 유추된다. 하지만 오늘날 연산이란 곳은 확인되지 않는 처소임에도, 조선조의 연산부(延山府) 호칭, 그리고 지금 시대의 연산면(延山面)이란 지명이 아직 존재하는데 준거하여, 대개 연산면의 남쪽 어간쯤으로 추정되었다. 영변은 예로부터 뽕나무의 다산지로 이름난 곳이었다. 지금 배경담에 주인공이 자신의 충성과 희생을 불을 지피우기 위한 나무에다 비유시켰던 바의 그 땔나무란 것도 그 연상의 우선성이 이 뽕나무 편에 기울어진다.

남에게 수용되었다는 노래 주인공의 사회적 위상을 책정해 보는 문제는 보다 막연한 바 있다. 여기서는 고구려 사회의 재력가라고 할 수 있는 이른바 대가(大家)의 덕분으로 부쳐 살 수 있게 된 계층, 이를테면 그 시대 하호(下戶)로 일컬어지던 부류거나 용민(傭民), 혹은 노예 계층에 속한 피지배 하층민 인물 아무개의 상정(想定)에다 비중을 주었다.

그럼에도 여기의 '수용(收用)'이란 용어가 조선조의 학자 이유원(李裕元)의 인식 안에서는 벼슬하는 계층의 발탁과 기용(器用)의 의미로 받아들여졌던 점으로, 노래의 주인공을 전적으로 노동 계층으로만 쉽게 단정짓기 어려운 견제의 측면이 따랐다.

하지만 이 글에서는 속요 주인공들의 신분적 보편성이 귀족층보다는 서민 일반층이 대종을 이룬다는 점에 주목하였다. 또 귀족층 인사일 경우 대체로 그 관등(官等) 혹은 성명 혹은 연고지 등 어떠한 형태로든지 그 신상에 관해 마저 소개되어 나타남이 일반적 현상인데, 이와는 다르게 그냥 '남에게 수용된 자' 정도로 처리되어 있는 점에 주시하였다.

뿐만 아니라, 여기 배경담에서 작자가 자신을 불을 지피기 위한 나무 곧 화목(火木)에다 비유한 것은 문학사적으로 유식층 대부분이 살아 있는 나무 즉 생목(生木)에다 비유시켜 왔던 보편적인 현상과는 차별성이 인정된다. 동시에, 이 같은 색다른 비유도 환경론적으로 볼 때는 아마도 일상 속에서 땔나무를 자주 접할 수 있는 사람의 체험 안에서 더 높은 확률이 기대될 만한 발상이라는 점 등을 들어 하층민 신분의 방향으로 택론(擇論)하였다. 또한 결정적으로는 이 노래가 고구려의 귀족층 향유물이 아닌 고구려 '속악(俗樂)'이었다는 점을 끝까지 망각할 수 없다.

배경담의 주제는 문면에 나타난 그대로를 따랐다. 바로 주인공이 수용된 것을 깊이 다행으로 여기고, 상전을 위해 죽기로써 보답하기를 저 땔감과도 같이 하여 자신을 희생하겠노라 스스로 다짐한 충성 서약의 노래이다.

반면에 혹 노동의 괴로움을 달래보기 위한 노동요를 지배층 단위에서 충성의 메시지로 변개 하였을 가능성 제안도 없지 않았으나, 『고려사』 악지 서술의 보편성 안에서는 그같은 봉건적・지배자적 합리화나 호도의 흔적이 발견되지 않았다. 오히려 악지는 자식이 부모에 대한 원망, 아내가 남편에 대한 풍자, 신하가 임금에 대한 울분, 또 피지배자 계층이 지배자 계층에 대한 원망 등, 인간관계 갈등과 알력의 다양한 내용들을 별반 꺼림 없이 서술해 내고 있고, 혹은 나름대로 불합리해 보이는 부분을 지적해 내는 서술조차 가하고 있다. 이러한 악지에서 상전에 대한 원망이거나 신세 한탄의 메시지를 굳이 지배의 이념에 맞춰 인위적으로 개변할 이유를 찾기 어려운 것이다. 다만 이것이 노동요일 가능성에 대한 여운은 남겨둘 필요가 있다고 사료된다.

<내원성가(來遠城歌)>와 강국(强國)의 자존심

『고려사』 권71 악지의 속악 조에는 가사가 전하지 않는 고구려 노래 3편 가운데, 〈내원성(來遠城)〉의 표제를 띤 것이 있다. 오늘날은 세칭 〈내원성가(來遠城歌)〉라 하는 노래의 배경담은 너무도 간단하다.

> 來遠城 在靜州 卽水中之地 狄人來投 置之於此 名其城曰來遠 歌以紀之.
>
> 내원성은 정주(靜州)에 있었으니, 바로 물 가운데에 있는 터전이다. 적인(狄人)이 투항해오면 여기에 두도록 하였으매, 그 성을 이름하여 내원이라 한 것이고, 노래로써 그것을 기념한 것이다.

노래가 전해지지 않음은 고사하고, 노래의 배경담이라고 설명해 놓은 내용조차 고작 29자에 불과한 이 최단(最短)의 메시지를 가지고서 이 노래의 진상을 규명한다는 것은 사실상 무망(無望)한 일이 아닐 수 없다. 하지만 그렇다고 하여 단지 3편 뿐이라 희귀하기 짝이 없는 고구려 속악의 하나인 이 작품에 대해 언제까지고 그 존재를 알리는 정도의 언급만으로 안주할 수만은 없는 노릇이다.

그나마 단순한 소개 차원에서 진일보한 단평(短評)이라도 만날 수 있다면 크게 반가운 일이 된다. 이를테면 이가원이 『한국한문학사』에서,

> 정주는 지금 의주(義州)의 속에 든 고을이다. 귀화하는 적인(狄人)을 수용하고 먼 곳 사람을 오게 하였다는 뜻으로 성의 이름을 '내원'이라 하

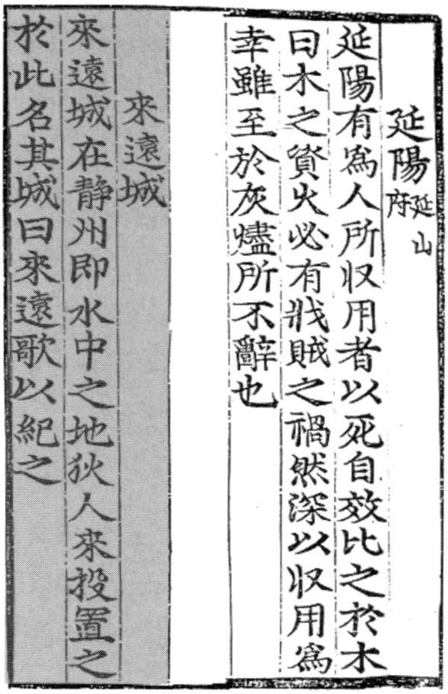
延陽 延山府

延陽有爲人所收用者以死自效比之於木曰木之貧火必有戕賊之禍然深以收用爲幸雖至於灰燼所不辭也

來遠城

來遠城在靜州卽水中之地狄人來投置之於此名其城曰來遠歌以紀之

『고려사』 악지의 고구려
俗樂 조에 소개된 배경담 <내원성가>

> 여 공적을 노래한 것이다. 그러면 이 〈내원성〉에서 강국인 수(隋)에는 반항했으나 약족(弱族)인 적(狄)에게는 대국의 금도(襟度)를 보였으며, ….

라고 하여 대부분의 문학사 및 문학론 서술이 답습해 오던 단순 소개 양상을 새롭게 넘어섰다. 그리고는 조동일의 『한국문학통사』에 와서야 그 평석의 부피가 조금 더 늘어난다.

> 〈내원성〉은 정주(靜州) 물 가운데 있는 성 이름인데, 오랑캐가 귀순해 오면 거기 머무르게 했으므로 성 이름도 멀리서 왔다는 뜻을 가진 말로 정하고, 노래를 지어서 기념했다고 한다. 정주는 압록강변의 고을이고, '물'은 압록강이다. 그 곳은 통일 신라의 영토는 아니었으니, 이 노래는 고구려 때 이미 궁중악으로 채택된 다음 통일 신라로 전해졌다고 보는

편이 순리이다. 원래는 군사들이 지어 부른 민요였겠는데 나라의 위엄을 자랑하는 데 소용되기 때문에 무력시위의 행렬 음악에 편입되지 않았던가 상상해 본다. 그런데 오랑캐 정벌을 자랑하기보다 오랑캐가 귀순해 오는 것을 기념했으니, 싸우지 않고 이기는 것이 가장 큰 승리라는 생각을 나타냈다고 보아도 좋다.

이 밖에는 암만 모색해 보아도 〈내원성〉에 관하여 더 이상의 설명을 기대할 수 없게 된다.

그런데 이제 이 29자를 가만히 유의하여 보면 그 내용에서 문학적인 단서가 될 만한 것은 없다. 다만 미흡하기 짝이 없지만 얼마간이나마 좀 더 논급 가능한 국면이 있다면 이 배경담 안에 있는 역사 고증적 사항 몇 가지가 해당된다. 곧 '내원성'과 '정주'의 지소 및 '적인'의 존재가 그러한데, 바로 이것들이 〈내원성〉 노래의 성격 파악을 위해 한두 발자국이라도 더 옮겨볼 만한 실오리같은 단서인 것이다.

내원성과 수중(水中)의 땅

『고려사』 악지에서는 내원성이 정주에 있는 고구려의 성이라 하였지만, 정작 『삼국사기』의 고구려 본기를 비롯하여 이 책의 그 어느 곳에도 이 지소를 찾아 볼 방도는 없다.

대신 내원성의 명칭과 존재는 『고려사』와 『고려사절요(高麗史節要)』의 안에서 빈도 높게 출현하고 『요사(遼史)』에도 몇몇 나타나 있다. 고려시대에 내원성을 중심한 사료들은 실상 고구려 당년의 내원성 파악에 직접적인 관계는 없지만 간접적인 이해에 뒷받침이 될 만하다. 따라서 고려 조에 있었던 내원성 중심의 사실들을 위의 두 책 및 『요사』 등에서 포괄 종합하고, 시기의 순차를 따라 요약·정리하면 다음과 같다. 편의상 각 항의 앞부분에 배열의 일련번호를 매기고, 뒷부분에 출전을 적는다.

1) 991년(성종 10): 2월에 거란 [聖宗 9년] 이 위구성(威寇城), 진화성(振化城), 내원성의 세 개 성을 세우고 수졸(戍卒)을 주둔시켰다. -『요사』

2) 101년(현종 3): 거란에 사신으로 갔던 김은부(金殷傅)가 돌아와 내원성에 이르렀을 때 거란이 여진을 시기하여 김은부를 붙잡아 갔다. -『고려사절요』·『고려사』

3) 1013년(현종 3): 서두공봉관(西頭供奉官) 문유령(文儒領)을 거란의 내원성에 보냈다. -『고려사』

4) 1015년(현종 6): 겨울에 거란이 보주(保州)와 정주(定州)를 차지했다. 보주는 현(縣) 하나와 주(州)·군(軍) 둘을 통할하니, 지금 의주에 속하는 내원현과 선주(宣州)·회화군(懷化軍)이다. 정주는 현 하나를 통할하니, 곧 정동현(定東縣)이다. -『요사』·『동사강목』

5) 1032년(덕종 1): 거란의 사신이 내원성에 이르러서 고려에 입국하려 하는 것을 고려에서 거절했다. -『고려사절요』

6) 1035년(정종 1): 거란의 내원성사(來遠城使)가 고려 흥화현(興化縣)에 통청하여 수년간의 조공 단절을 문책하고 계속 조공할 것을 독촉했다. -『고려사』·『고려사절요』

7) 1035년(정종 1): 고려에서는 조공을 할 수 없었던 입장을 밝히는 회첩을 보냈다. -『고려사』·『고려사절요』

8) 1037년(정종 3): 역시 거란의 내원성에서 조공 소홀에 대한 표장(表狀)을 요구하는 첩신을 고려의 영덕진(寧德鎭)에 보냈다. -『고려사』·『고려사절요』

9) 1055년(문종 9): 거란 내원성의 군사가 고려의 성 근처에 궁구문란(弓口門欄)을 설치하고 정사(亭舍)를 지으려 하매, 왕이 동경유수(東京留守)에게 항의하는 서신을 보냈다. -『고려사』·『고려사절요』

10) 1116년(예종 11): 3월에 거란의 내원·포주(抱州) 두 성이 여진에게 공격당하여 성중에 식량이 고갈되자 고려 백성에게 곡식을 사가려 하는 것을 국경 관리가 막았다. ―『고려사절요』

11) 1116년(예종 11): 3월에 쌀 1천 석을 보냈으나, 내원성 통군(統軍)이 사양하고 받지 않았다. ―『고려사』·『고려사절요』

12) 1116년(예종 11): 4월에 요 [거란] 의 내원·포주 두 성 소속 유민이 양과 말 수백 마리를 몰고 내투(來投)하였다. ―『고려사』·『고려사절요』

13) 1116년(예종 11): 8월에 요의 통군 야율녕(耶律寧)이 금(金)나라 장수 살갈(撒喝)에게 내원·포주 두 성을 함락당할 위기에 놓였다. 고려 왕은 포주가 본래 우리의 구지(舊地)임을 들어 돌려받고자 청원하니, 금은 알아서 취하라 하였다. ―『고려사』·『고려사절요』

14) 1117년(예종 12): 3월, 요의 내원성에서 고려에 식량 5만 석을 빌려 달라고 요구하자, 고려에서는 성의 반환을 요구했다. ―『고려사』

15) 1117년(예종 12): 3월, 금의 공격을 받은 요가 내원·포주 두 성을 고려에게 돌리니, 왕은 포주를 고쳐 의주방어사(義州防禦使)라 하고, 압록강으로 경계를 삼아 관방(關防)을 설치했다. 이에 백관(百官)이 표문(表文)을 올려 하례했다. ―『고려사』·『고려사절요』

16) 1128년(인종 6): 12월에 금나라에서 고려에 충성을 다짐시키는 서표(誓表)를 독촉하기 위해 보낸 장문의 글 가운데 내원성에 관한 언급이 있다. ―『고려사』

17) 1182년(명종 12): 금나라가 이전의 내원성을 내원군(來遠軍)으로 고쳤다. 더 나중에는 또 승격시켜 내원주(來遠州)라 했다. ―『금사(金史)』

18) 1217년(고종 4): 1월에 금의 내원성에서 고려 영덕성(寧德城)에다 동진국(東眞國)의 포선만노(蒲鮮萬奴)와 거란의 군대에 함께 대응하자는 이첩(移牒)을 보냈다. ―『고려사』·『고려사절요』

이외에 『고려사』 중의 〈김황원(金黃元)〉 열전은 14)와 관련된 기사이고, 〈김인존(金仁存)〉 열전은 15)와 관련된 기사이다. 전자는 김황원이 고립된 성에서 곡식을 구하려는 요의 입장을 돌보자는 상소를 내었다가 묵살 당했던 일이고, 후자는 금의 공격을 받은 거란이 두 성을 고려에게 돌릴 때 김인존이 그 성을 점거하여 거두고 압록강을 경계로 삼았던 당사자란 내용이었다.

한편, 조선 시대 안정복이 기존의 사서를 합리주의 사관에서 새로 검증 편찬한 『동사강목』에도 내원성의 기사가 상당수 수록되어 있다. 곧, 위의 배열 가운데서 4), 6), 7), 9), 10), 11), 13), 15) 및, 김황원 열전의 기록이 이 책에서 답습된다.

이렇듯 역사 속에서 내원성의 실재에 대해 고려 당년에는 구체적이고 다양한 기록을 통해 상세히 입증되는 바이지만, 정작 삼국 시대 안에서는 이 성에 대한 확인의 방도가 정녕 난망하기 그지없다.

더구나 1)에서 보면 어쩌면 내원성은 그 이전에는 존재도 없었는데, 거란에 의해 비로소 축조된 것 같은 분위기마저 가져다준다. 『요사』 이전의 『구당서(舊唐書)』·上 지리지에도 '내원'까지는 소개되지만, 성 이름으로서의 '내원성'은 확인되지 않는다.

그런 반면, 안정복이 6)의 내용을 판독하는 과정에 '내원성' 부분에 가한 자주(自注)는 주목할 만한 것이다.

> 盛京志 鳳凰城古蹟保州 高麗置領來遠一縣 縣在鴨綠江西北 按此云 高麗卽句麗也 麗史樂志云 高句麗來遠城在靜州 卽水中之地 … 靜州古基 今義州南二十五里. (『동사강목』 권7·上 을해 정종용혜왕 원년 夏 四月)
>
> 『성경지(盛京志)』의 봉황성(鳳凰城) 고적(古蹟) '보주(保州)'에, '고려가 내원성의 한 현(縣)을 거느렸거니와, 이는 압록강 서북쪽에 있다' 하였다. 상고하건대 여기에 말한 고려는 고구려이다. 『고려사』 악지에, '고구려의 내원성은 정주(靜州)에 있으니, 바로 물 가운데 있는 땅으로' … 정주의 옛

터는 지금의 의주(義州) 남쪽 25리이다.

『성경지(盛京志)』의 원명은 『성경통지(盛京通志)』이다. 청나라 때 동병충(董秉忠) 등이 감수한 32권으로 된 책으로, 경성(京城)·단묘(壇廟)·궁전(宮殿)·원유(苑囿)·건치연혁(建置沿革)·성야(星野)·강역(疆域)·산천(山川)·성지(城池) 등등 총 32편목으로 되어 있다. 그 뒤에 청 건륭(乾隆) 44년에 기존 32권의 부족을 채워 만든 120권짜리 『성경통지(盛京通志)』도 나왔다.

바로 이 책 가운데 나오는 '고려 내원성'을 안정복이 나름대로 '고구려 내원성'이라 판단한 것이다. 이렇듯 정작 『삼국사기』 안에서는 고거(考據)되지 않은 내원성의 고구려 연원을, 훨씬 뒤에 안정복의 『동사강목』과 그의 눈길이 닿은 중국의 『성경통지』 등에서 볼 수 있음은 진기한 일이다.

숙고하여 보면 『고려사』 안에서도 고구려의 내원성의 존재에 대한 인지의 터전이 주어져 있었다. 곧 15)에서 고려는 예종 12년에 비로소 요의 내원성을 인수받게 되었고, 이때 백관들이 왕에게 축하의 표문(表文)을 올렸다 했다. 바로 그 표문 안의 내용 중에 내원성의 이전 내력을 엿보아 짐작할 만한 약간의 단서를 제공함이 있다.

> 鴨綠舊墟 雞林故壤 越自祖宗之世 本爲襟帶之防 逮乎中世之陵夷 頗遘大遼之侵蝕 非惟人怒 實作神羞. (『고려사』 卷14 世家14 「예종」3 12년 3월 甲午)
>
> 압록강의 옛터와 계림(雞林)의 옛 땅은 멀리 조종(祖宗)의 세대로부터 본래 산천을 에워싸는 듯한 병풍 노릇을 하였나이다. 중세에 쇠퇴함에 이르러 자못 강대한 요나라의 침범을 만났으니, 이는 인간의 처지에서 분노할 일이 아니옵고 실은 신명(神明)의 수치였던 것이나이다.

압록강 옛 터와 계림의 옛 땅이라 함은 그 연상이 필경 삼국 시절 고구려 및 통일 신라 시대에 닿고, 중세는 바로 고려를 일컫는 뜻이다. 이처럼 내원성의 연혁을 아득히 고구려 때까지 거슬러 잡는 일은 오늘날까지도 그대로 인정되고 유지되는 듯싶으니, 이를테면 '내원성' 항목을 다루는 사전적 해설의 맨 첫부분은 이러하다.

> 고구려 이래 압록강의 검동도(黔同島)에 설치되었던 성. 고구려가 멸망된 뒤 여진족의 소굴이 되었다가 991년(성종 10)경 거란이 압록강 가에 위구성(威寇城)·진화성(振化城)과 함께 내원성을 다시 쌓아 여진이 송나라와 교통하는 것을 저지하는 한편, 고려 서북면에 압력을 가하였다.
>
> (『한국민족문화대백과사전』)

그럼에도 불구하고 삼국 시대 고구려의 시간대 안에서 직접 이 성의 명칭이 보이지 않는 사실에 대해서만큼 못내 석연하지는 않다. 그리하여 과연 고구려 당년에 '내원성' 바로 그 이름을 띤 성이 있었는지에 대한 의심조차 차단시킬 필요는 없다. 곧 고구려 당시의 '내원'이란 명칭이 아무런 변동 없이 통일신라를 거쳐 고려 때까지 온전히 승계되었을 가능성과 함께, 고구려 당년에는 다른 이름의 성이었는데 후대의 어느 시점에 명칭 변경이 이루어져 고려 때에 '내원'으로 불렸을 개연성을 마저 생각할 수 있는 것이다.

사실은 나타난 명칭이 신빙성 없는 경우는 하필 〈내원성〉 뿐만 아니라, 『고려사』 악지에 소개되어 있는 노래 대부분에 해당하는 문제이기도 하다. 다시 말해 악지에 소개된 노래의 제목들은 거의 다 지명을 제목으로 삼고 있고, 또한 그 제목으로 나타난 지명은 고구려나 신라, 백제 당시의 지명을 철저히 고증한 다음의 명칭이 아니란 점이다. 이를테면 같은 고구려의 노래로 되어 있는 〈명주가〉의 '명주', 백제의 노래로 되어 있는 〈정읍사〉의 '정읍', 신라의 노래라 하는 〈동경〉의 '동경'은 하나같이 삼국 시대에는 있지도 않던, 더 나중 시대에나 등장했던 땅 이름이었던 것이다. 이런 현상은 하필 위의 세 경우뿐 아니라 삼국시대 시가의 더 많은 부분에서 찾아볼 수 있다.

하지만 고구려 시대 '내원성' 명칭의 불확실성과는 관계없이, 다시 말해 그 이름이 '내원성'이었든 다른 무엇이었든 간에, 고구려 국경 변방 압록강 가에 세워져 있던 성의 존재 자체가 갖는 의미가 달라질 일은 없다.

그리고 앞서 문헌을 통해서 내원성의 소재가 설명되었다. 『고려사』 악지에서는 그것이 정주에 있었던 물 가운데의 땅이라 했다. 너무도 소략하기 짝이 없는 지리적인 설명이라 아쉬웠더니, 다행히 내원성 및 정주에 대해 언급한 다른 종류의 문헌들 안에서 한 단계 더 나아간 정보를 얻어서 알 수가 있게 된다. 곧 이미 인용한 『동사강목』에서 정주는 의주의 남쪽 25리에 위치해 있음을 알렸는데, 이는 『신증동국여지승람』(권53 의주목 고적(古跡)) 안에서조차 언급한 부분이기도 했다.

> 古靜州: 在州南二十五里 本高麗松山縣 德宗二年 築城爲靜州鎭 徙民一千戶以實之 文宗三十一年 又徙內地民百戶 城周一萬二千六百十尺 本朝太宗二年 州廢來屬 世宗朝又築石城 周二千七百七十尺 內有五井.
>
> 고정주(古靜州): 주의 남쪽 25리에 있다. 본래는 고려의 송산현이었는데, 덕종 2년에 성을 쌓고 정주진(靜州鎭)이라 하고서 백성 1천 호(戶)를 옮겨서 채웠다. 문종 31년에 다지 내지(內地)의 백성 백 호를 옮겼으니, 성의 둘레는 1만 2천 6백 10척이었다. 본조 태종 2년에 주가 없어지고, 의주에 편입되었다. 세종 때에 또 석성(石城)을 쌓았는데, 둘레가 2천 7백 70척이었고 안에는 5개의 우물이 있었다.

'정주' 앞에 옛 '고(古)' 자를 쓴 것은 조선 태종 때를 기하여 의주에 통폐합되어 그 이름이 없어진 까닭이다. 내원성은 바로 이 정주의 경내에 있던 성이고, 정주는 의주의 남쪽 25리에 있다 했으니, 내원성 역시 의주에서 그다지 먼 곳에 있지 않음을 알겠다.

또한 내원성은 수중지지(水中之地), 곧 물 가운데에 있는 땅이라 했는데, 이는 다시 말해 섬을 의미하는 것이다. 그리고 그 도명(島名)은 『고려사절요』가 권3의 현종원문대왕 3년 3월에서 내원성의 소재를 상세히 기록해 놓은 바에, 압록강 어귀에 있는 검동도(黔同島)임이 판명된다. 동시에 '물 가운데 땅'에서의 그 물이란 자연히 압록강인 것이다. 실제로 검동도는 압록강의 물 흐름 안에서 상당한 요로(要路)의 구실을 함을 『신증동국여지승람』에서 금세 확인해 볼 수 있다.

> 黔同島: 在州西十五里 周十五里 鴨綠江到此分三派 兩島在二洲間 有三氏梁 凡渡江者必由島北 赴京使臣入朝之路. (卷53 義州牧 '山川')
>
> 검동도(黔同島): 주에서 서쪽으로 15리 떨어져 있는데, 둘레가 15리이다. 압록강이 여기에 이르러서 세 갈래로 나뉘는데 두 섬이 두 모래톱 사이에 있으며, 삼씨량(三氏梁)이 있다. 무릇 강을 건너는 사람들은 반드시 이 섬의 북단을 거치는데, 중국의 수도로 들어가는 사신이 입조(入朝)하던 길이기도 하다.

위에서 검동도가 의주의 서쪽 15리에 있다고 했으니, 앞서 의주의 남쪽 25리에 있다던 정주와 더불어 의주・정주・검동도 삼자 사이의 지리적 위상이 그려진다.

그리고 이제 그 내원성이 서 있던 검동도. 여지승람의 다음 설명들은 이것의 이해에 조금 더 도움이 될 만하다.

> 鴨綠江: … 水色以鴨頭故名之 一西流爲西江 一從中流名 曰小西江 至黔同島 得合爲一 至水青梁 又分二派 一西流與狄江合 一南流爲大江 遶威化島至暗林串….
>
> 압록강(鴨綠江): … 그 물빛이 오리의 머리같이 푸르렀기에 이렇게 이

름지었다. 하나는 서쪽으로 흘러서 서강(西江)이 되고, 하나는 가운데로 흐르므로 소서강(小西江)이라 하였다. 검동도에 이르러 다시 하나로 합쳤다가 수청량(水靑梁)에 이르러 또 두 가닥으로 나뉜다. 하나는 서쪽으로 흘러 적강(狄江)과 합치고, 하나는 남으로 흘러 대강(大江)이 되니, 그것이 위화도를 에워 두르고 암림곶(暗林串)에 이르러서….

압록강의 두 지류인 서강(西江)과 소서강(小西江)이 하나로 합쳐지는 자리가 바로 검동도임을 알려 준다. 또한 '산천(山川)' 조의 '위화도(威化島)'를 보면 보다 자세한 안내에 접할 수 있다.

威化島: 在黔同島之下 周四十里 兩島之間 有鴨綠江支流隔焉 … 上三島其地俱沃饒民多耕墾 天順五年辛巳 農民爲建州衛野人所虜 自後官禁耕墾.

위화도(威化島): 검동도의 아래에 있는데, 둘레가 40리이다. 검동도와 위화도 두 섬 사이를 압록강의 지류가 가로막고 있다. … 위의 3섬 [어역도(於亦島) · 검동도 · 위화도; 필자주] 들은 땅들이 모두 비옥하므로 백성들이 많이 경간(耕墾)하였는데, 천순(天順) 5년 신사(辛巳)에 농민들이 건

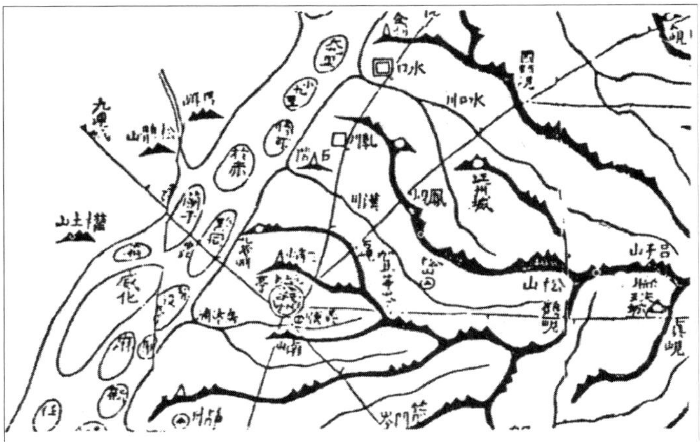

『대동여지도』의 의주군 부근. 압록강 하류에 검동도와 위화도가 보인다.

> 주위(建州衛)의 야인(野人)에게 잡혀간 뒤로는 관(官)에서 경작을 금하였다.

검동도를 포함한 이곳 삼도(三島)의 땅이 모두 비옥해서 경작하고 개간하기 좋았다는 것이다. 또한 섬의 크기에서 위화도의 둘레 40리에 비해 내원성이 들어서 있는 검동도는 그 둘레가 25리에 지나지 않아, 내원성이 별반 큰 규모는 아님을 짐작해 볼 수 있다.

『세종실록』 지리지 '의주목(義州牧)'에도 변방의 방비(防備)를 위하여 설치한 14개 요새인 14 관방(關防) 중에 이 섬을 소개하여 있는데, '검동도(黔同島)' 대신 '검동도(儉同島)'로 표기하였다.

> 關防十四處 內梁直四 九龍淵 三岐吾江 義順館西口子 十庫洞中 水口方山 金洞田洞中 清水 驢駝灘中 仇寧 儉同島 暗林串 彌勒堂…
>
> 관방(關防)이 14곳이니, 내량직사(內梁直四)·구룡연(九龍淵)·삼기오강(三岐吾江)·의순관서구자(義順館西口子)·십고동중(十庫洞中)·수구(水口)·방산(方山)·금동전동중(金同田洞中)·청수(清水)·여타탄중(驢駝灘中)·구령(仇寧)·검동도(儉同島)·암림곶(暗林串)·미륵당(彌勒堂)이요, ….

그리하여 이 기록을 통해서 나중 시대에는 여기가 의주 내의 열군데 관문 가운데 한 개 처소 역할을 담당했음도 알 수 있다.

내원성과 적인(狄人) 수용

바로 이 의주 남쪽 25리에 있는 옛 고구려 정주 경내 검동도 안의 내원성에다 투항해 온 적인(狄人)을 두었다고 『고려사』는 적고 있다.

대관절 이 적인이란 어떠한 존재를 말함인지, 단지 이 어휘 하나만으로는 그것을 어림잡는 일이 막연하기 그지없다.

본래 자전(字典)에 풀이된 '적(狄)'의 뜻은 호인(胡人), 북방의 교화를 입지 못한 민족〔北方化外之民〕이라 했고, '적인(狄人)'은 북방의 야만인〔北方之野蠻人〕으로 설명했다. 그리고 '북적(北狄)'을 찾으면 북방의 이민족〔北方之異族〕이라고 했다. 그러면 중국 북편에 있던 이민족이란 어느 한 가지 종족만을 일컫는 말이 아니다. 시대적으로 다양한 족속이 성쇠와 흥망을 거듭하였으니, 말하자면 흉노·선비·거란·유연(柔然)·돌궐·위구르·여진 등의 유목 민족 일반을 통칭하는 용어인 것이다. 이들은 호족(胡族)이란 표현으로도 대치가 가능하다. 호(胡)는 중국의 진한(秦漢) 시대 이전까지는 전적으로 흉노를 일컫는 명칭이었으나, 그 이후에는 널리 변방 바깥의 민족 일반을 일컫는 말인 까닭이다. 그런데 고구려에 내투했다던 적인은 시간 개념상 고구려와 시대를 공유했던 종족으로 그 대상을 좁혀볼 수가 있다. 따라서 이 중에 고구려 멸망(A.D.668)의 때까지 존재가 나타났던 북방의 오랑캐로는 흉노, 선비, 그리고 거란과 유연, 돌궐 등이 있었다.

일면, 지리상으로 고구려의 바로 위거나 동북쪽 바깥 편에 위치하고 있었던 동부여, 서부여, 숙신(肅愼)〔나중의 읍루, 말갈〕 등은 북방의 유목 민족인 호족과는 구별되었다. 오히려 이들은 고구려와 더불어 중국 쪽에서 일컫는바 동이(東夷)에 속하는 종족이었다. 중국의 사서들 거의 대부분이 흉노 및 오환(烏桓)〔丸〕·선비의 전(傳)을 동이의 전과 구분지어 다루고 있다. 그리하여 『후한서』 권85의 '동이열전'이나 『삼국지』 권30 위서의 '동이전'에는 부여·읍루·고구려·동옥저·예·삼한·왜가 나열 서술된다. 따라서 북적·호족의 개념과는 거리가 멀었다.

그런데 이 몇 글자 안 되는 〈내원성〉 배경담이지만 그 안에는 자칫 의미상 혼선을 빚을 수 있는 요인이 없지 않았다. 다름 아닌 '적인 내투(狄人來投)'의 '내투'에 대한 해석이 그것인데, 이는 어쩌면 해석하기에 따라서는 두 가지의 이해 방식이 가능한 대목이다. 곧 적인 내투란 적인이 와서 투항한다는 뜻이지만, 대관절 적인이 어디로 투항해 왔다는 말인지, 다시 말해 적인이 투신 및 귀순한 위치의 파악이 문제인 것이다.

그리하여 우선 그 투항의 장소가 내원성일 가능성을 짚을 수 있다. 이 경우에 지정학적으로 고구려와 호족이 압록강을 경계로 하여 피아(彼我)를 달리하는 가운데, 호족이 바로 여기 압록강 하류에 있는 검동도 안의 내원성으로 내부(來附)한 셈이 된다. 부언하면, 검동도를 끼고 있는 정주 및 의주 일대의 압록강 하류가 고구려의 영역에 속해 있는 상태에서, 그와 대립 관계에 있었던 북방 이족들이 직접 찾아와 귀순했던 양상을 연상케 되는 것이다. 이 경우 정주・의주 부근의 압록강 하류를 분계로 하여, 고구려가 그 어떤 북방 호족과 더불어 서로 대치한 사실이 있었는지 확인이 필요하지만 실제 고구려 관련의 역사 속에서 그러한 사적(史跡)은 찾아보기 어렵다.

더욱이 내원성은 강 가운데의 섬에 있는데, 그렇다면 적인은 이 섬 검동도까지 배를 타고 들어오거나, 헤엄을 쳐서 들어와 내원성에 투항했다는 말인가? 아울러 '적인 내투' 뒤의 생략된 보어를 내원성이라 할진대, 그 다음의 '치지어차(置之於此)'와 연결하여 문맥이 사족화(蛇足化)되는 것도 사실이다. 이를테면 '적인이 여기로 투항해 오면 그들을 여기에 두었다'로 되어 어색한 중복 표현이 되고 만다. 굳이 나타내고자 하는 뜻이 그런 데에 있었다면 맨 뒤의 '어차(於此)'를 덧붙일 이유가 없고, 오히려 '어차(於此)'를 '내투(來投)'의 뒤에다 놓아야 했을 것이다.

생각건대, 여기서 적인이 찾아와 투항한 현장 즉 호족의 투신처는 고구려의 서쪽 내지 서북쪽 경계, 바로 호족과 연접해 있는 전 지역이 포괄되었으리라 여겨진다. 이때 고구려의 여러 군데 접경을 통해 찾아 항복해 온 적인들은 한둘이 아니었을 테고, 예상 밖으로 그 숫자가 많아지다 보니 이들을 일괄적으로 수용·관리할 필요에 당하였을 것이다. 그리하여 이들을 한 곳에 모아 수용하기 위한 별도의 장소를 물색했을 텐데, 그러한 목적에 따라 선정된 곳이 압록강 하류 정주 경내에 있던 검동도일 것으로 추정된다. 이제 섬 안에다 새로이 성을 하나 축조하여 북방 먼 곳〔遠〕에서 투항해 온〔來〕 적인들을 치수(置收)하였고, 그 결과에 이 성의 이름 내원이 지어졌다. 배경담에 '그들을 여기에 두었으니, 그 성을 이름 하여 내원이라 했다〔置之於此 名其城曰來遠〕'고 한 것의 내막과 경위가 이와 같다고 본다.

그렇게 신성(新城)을 축조하고 원방(遠方)의 적인들을 수용한 다음, 성명(城名)까지 완수하고 난 고구려 사람들의 심사는 짐작하기 어렵지 않다. 적어도 북방의 오랑캐가 투항 또는 망명해 올 정도로 나라의 기반이 굳건해졌다는 믿음과 자부심을 느꼈을 테고, 이제 귀순자 수용소와 같은 구체적인 과업까지 치루고 난 당사자들은 만족과 기쁨에 젖었을 것이니, 바야흐로 그같은 공동체적인 감정은 드디어 노래로 표출되었다. 배경담에 적은 바 '노래 불러 기념하였다〔歌以紀之〕'의 내막과 경위가 이런 데에 있었다고 본다.

그러면 고구려가 귀부해 온 북적인들을 수치하기 위한 내원성을 구축하고 노래를 불렀다던 그 때가 언제쯤인가? 더 이상의 내원성 관련 기사를 찾을 수가 없는 마당에 고구려 흥망의 역사 700년 가운데 그 시기를 짚어 낸다는 일 자체가 막연하기 그지없는 일이다.

형편이 그러할 뿐이지만, 다만 그 700년이라는 시간의 폭을 약간이라도 줄여 가늠해 볼 길이 전무하지 만은 않을 듯싶다. 이를테면 적어도 고구려의 1대 동명왕이나 2대 유리왕 때는 물론, 그 후로도 한 동안은 압록강 하류의 의주 부근 땅이 아직 고구려 영역 안에 들지 않은 듯하였다. 예컨대 『삼국지』 위서(魏書) 권30의 오환선비동이전(烏丸鮮卑東夷傳) 〈고구려〉에 보면,

> 宮死 子伯固立 順桓之間 復犯遼東 寇新安居鄉 又攻西安平 于道上殺帶方令 略得樂浪太守妻子.
>
> 궁(宮)[고구려 6대 태조대왕]이 죽고, 아들 백고(伯固)[고구려 8대 신대왕]가 즉위하였다. 백고는 순제(順帝)와 환제(桓帝)가 지배하는 동안 또다시 요동을 침범하고 신안(新安)과 거향(居鄉)을 침구하였다. 또 서안평(西安平)을 공격하였다가 그 길에 대방령(帶方令)을 죽이고 낙랑 태수의 처자를 빼앗아 갔다.

중국의 입장에서 동이족 고구려를 낮게 보았던 까닭으로 왕호(王號) 대신 왕의 이름을 썼다. 그리고 6대 태조대왕(太祖大王)과 8대 신대왕(新大王) 사이에는 태조대왕의 아우인 수성(遂成)이 왕위에 있었던 바, 그가 7대 차대왕(次大王)이었다. 『후한서』 동이전 〈고구려〉에는 수성을 궁의 아들〔是歲宮死 子遂成立〕로 기록되어 있지만, 『삼국사기』 「태조대왕」 본기 69년 조에는 아우 수성을 파견하여〔王乃遣弟遂成〕 현도 태수와 요동 태수를 역격(逆擊)하였다고 했다. 그리고 백고를 아들이라 했으나, 『삼국사기』 신대왕(新大王) 원년 조에는 막내아우라고 기록돼 있다.

바로 이 6대 태조대왕 때야말로 고구려가 부족 연맹체에서 고대 국가 체재로의 중대한 전환을 이룩했다고 보는 것이 일반론이거니와, 이 때에 또한 고구려의 요동 공략이 가장 왕성하게 이루어졌다. 고구려를 둘러싸고 있던 요동군(遼東郡)·현도군(玄菟郡) 등 중국 군현(郡縣)과의 대립은 신대왕 백고의 때에도 그 양상이 계속되고 있음을 볼 수 있다. 순제는 후한 제8대 임금이고 환제는 11대 임금이니, 그 사이라 하면 서기 126~167년이 된다. 이와 같은 고구려의 중국 군현 침벌(侵伐)의 과정 중에 서안평 공격이 나오는데, 바로 여기 서안평의 위치가 고구려의 영역을 짐작하는데 중요한 구실을 한다. 다름 아니라, 압록강을 사이에 두고 의주와 마주해 있는 곳이 바로 서안평이었던 까닭이다.

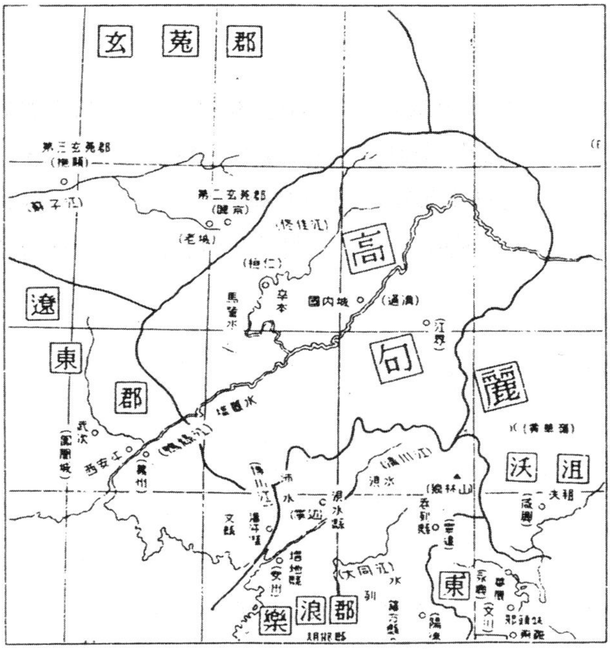

그림은 진단학회편 『한국사 · 고대편』 안의 도록을 그대로 옮겨 온 것인데, 위의 지도를 통해, 의주 또한 고구려의 영토 바깥에 있음을 볼 수 있다. 고구려의 건국 이래 한 동안 이러한 상황이 계속되었다고 보는데, 지금 이 제8대 신대왕(재위 165~179)의 시대에조차 압록강 하류의 땅이 고구려에 소속되지 못하였음을 엿보아 알 수 있는 것이다. 진단학회, 『한국사 · 고대편』 안에서의 다음곽 같은 글도 그러한 당시의 실정에 대해 요령을 얻은 설명이 되겠다.

> 신안 거향(新安居鄕)의 위치는 미상(未詳)하나 서안평현(西安平縣)은 지금 압록강 하류의 북지류인 장전 하구(長甸河口)에 있어 고구려와 경(境)을 접하고 있던 요진(要鎭)이었다. 그런즉, 이 때 고구려가 이 방면을 맹렬히 공격한 의도는 말할 것도 없이 그 진출구를 이곳에 열려고 함이

었다.

이러한 상태는 그 후로도 상당 시간 지속되었던 것으로 보인다. 곧 공손씨(公孫氏) 3대가 지배해 오던 요동이 위나라 소유로 돌아간 다음에도 고구려가 공격의 목표로 삼았던 자리는 역시 여기 서안평임이 확인된다. 『삼국지』 권30 위서30 오환선비동이전 〈고구려〉 안의 내용이다.

> 伊夷模無子 淫灌奴部 生子名位宮 伊夷模死 立以爲王 今句麗王宮是也 …正始三年 宮寇西安平 其五年 爲幽州刺史毌丘儉所破 語在儉傳.
>
> 이이모(伊夷模)는 아들이 없었는데, 관노부의 여자와 통하여 아들을 낳았으니 이름을 위궁(位宮)이라 하였다. 이이모가 죽으매 그를 왕으로 세웠으니, 지금 고구려의 왕 궁(宮)이다. … 정시(正始) 3년에 궁이 서안평을 침략하였다가, 5년에 유주자사 관구검에게 격파 당하였거니, 그 이야기가 〈관구검전(毌丘儉傳)〉에 있다.

위에서 이이모는 9대 고국천왕(179년~197년 재위)의 이름이고, 위궁은 10대 산상왕(197~227년 재위)의 이름이다. 한편 정시(正始)는 삼국시대 위(魏) 소릉(邵陵) 여공(厲公)의 연호로서, 서기 240~249년 사이에 해당한다. 그러면 정시 3년은 서기 242년이다. 이 연대는 산상왕 재위 기간에 속하지 않을 뿐더러, 『삼국사기』의 산상왕 본기를 암만 본대도 서안평을 공략한 내용은 찾아볼 수 없다. 오히려 11대 동천왕 본기에선 왕 16년(242)에 왕이 군사를 파견하여 요동의 서안평을 습격하였다〔王遣將 襲破遼東西安平〕는 기사에 접해 볼 수가 있다. 그리고 이에 따라 왕 20년(246) 8월에 현도로부터 출정한 위나라 관구검에 의해 대패하고, 10월에 환도성이 함락되면서 왕이 남옥저(南沃沮)로 달아나는 등 고전하다가 겨우 수습하였던 경위가 『삼국사기』 권17 고구려

본기5 〈동천왕〉 20년 조에 상세히 나타난다.

이렇듯 그 연표는 서로 달랐지만, 『삼국지』와 『삼국사기』에 똑같이 고구려의 서안평 공략과 위나라의 출격 사실이 나타나 있다. 앞서 고구려 8대 신대왕이 바로 이 서안평 공략에 상당한 의미를 부여시킨바 있던 진단학회 『한국사・고대편』에서는 여기서 또 한 차례 서안평 방면의 진출의 의미를 크게 강조하고 있다.

> 이와 같이 현(玄)・요(遼)・낙(樂)・대(帶)의 사군(四郡)의 지(地)가 위(魏)의 소유가 되매, 주변의 토착 사회는 새로운 압박감을 느끼게 되었고, 더욱이 발전 의욕이 충만한 고구려에서는 큰 불안감을 느끼지 아니할 수 없었다. 산곡간에 갇힌 고구려로서 진출을 꾀함에는 서북 방면보다도 서남 방면, 특히 압록강 하류 방면으로 뚫고 나아가 먼저 요동과 낙랑과의 사이를 절단시켜 놓고 차차 낙랑・대방을 잠식・탈취하는 편을 도리어 상책으로 여기었을 것이다. 그런데 지금까지의 압록강 하류 방면에 있어서의 경계는 이 강의 한 지류인 지금의 안평하(安平河) 방면에 고정화하여 별로 큰 변동이 없었다. 그래서 이 때 고구려는 이 방면으로 출구를 열려고 동천왕 16년(서기 242)에 장전하(長甸河) 하구에 위치한 위의 서안평현 [요동부의 속현] 을 공격하기 시작하여 그 후에도 침습을 가하였던 모양이다.

여기서 중국의 사서(史書) 대신 『삼국사기』의 연대기에 신임한 바, 서안평 공략의 시기를 동천왕 16년, 곧 서기 242년으로 간주하였음을 알 수 있다. 그러므로 최소한 서기 3세기 중반까지는 내원성에서의 적인 수용은 아직 수행되지 않은 일로 보인다. 더구나 이무렵은 북적과의 대치가 아닌, 중국의 한사군이거나 위(魏)와의 대치 양상 안에 있었음이다.

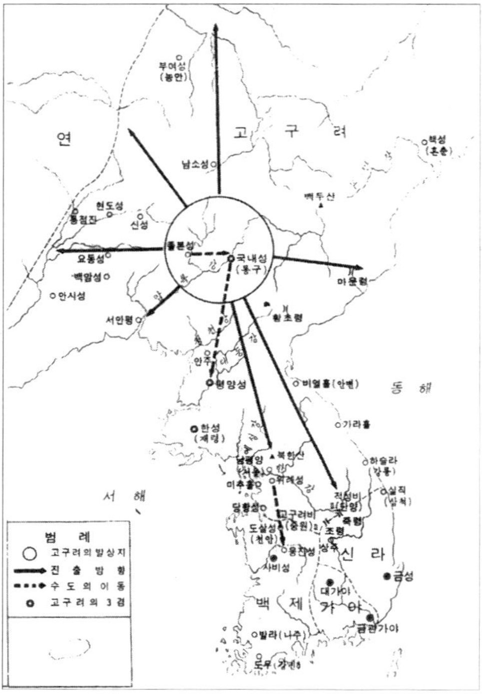

고구려 전성시대도-『한국민족문화대백과사전』 "고구려"

내원성의 적인 수용은 하류 압록강을 사이에 두고 각각 위아래로 종단하고 있는 두 군데 요충지인 서안평과 의주가 고구려의 영토로 영입된 이후라야만 했다. 그런 다음에는 나라 경계 바깥에 대치하고 있는 외족이 중국 아닌 북적이라야 함이 물론이다.

그런데 관구검의 침공 이래 얼마 동안은 고구려의 대외 활동 기사를 찾아보기 어렵다. 그런 중에 3세기 말엽인 봉상왕 2년(293)에 모처럼 북적 연(燕)의 존재가 기록상에 나타난다. 곧 『삼국사기』에 의하면 이 해 8월에 연나라 모용외(慕容廆)가 내침하매 왕이 위의 그림에 나타나 있는 신성(新城)으로 갔고, 신성 태수인 고호자(高好子)가 모용의 군사를 패퇴시켰다고 적혀 있다.

여기에서 연은 다름 아니라 오호(五湖) 선비족 가운데의 한 종족인 모용씨(慕容氏)가 세운 나라 이름이다. 바로 이 연과 고구려의 신성(新城) 싸움을 통해서, 대개 이 지역을 경계로 한 양자 간의 대립적 상황을 엿볼 만하다. 하지만 이때도 압록강 하류의 요동부 소속 서안평 쪽은 그 대립의 상대국이 아직 중국이었던 것으로 보인다. 다름 아니라 고구려가 미천왕 12년(311) 8월에 군사를 보내 요동 서안평을 습격하여 취하였다〔遣將襲取遼東西安平〕는 『삼국사기』의 기록이 그것을 잘 대변해 주고 있다.

아울러서 '습취(襲取)'란 '탈취(奪取)' 즉 빼앗았다는 뜻이니, 그러면 이때 A.D.311년에 이르러는 드디어 서안평이 고구려 땅이 되었다는 의미로 이해해도 좋을 성 싶다.

그리하여 이제 고구려가 서안평 바로 아래에 위치해 있는 압록강 하류의 섬 검동도에 성을 짓고, 그 곳에다 내투해 오는 적인들을 수용했던 일은 암만해도 이 때 311년〔미천왕 12년〕 이후의 시간 안에서 가능했을 것으로 사료가 되는 것이다. 이때는 고구려 전체 역사의 절반에 해당되는 시점이다. 결국, 내원성의 적인 수용은 고구려사의 후반기에 있었던 일로 축소시켜 생각해 볼 입지를 얻었다고 본다.

다만, 고증의 실마리가 없는 마당에 구체적으로 그 정확한 시기를 책정하기란 지금으로서는 가능한 일이 아니다. 또, 고구려에 귀순〔來投〕하여 내원성에 배치된 그 적인들이 구체적으로 어느 종족인지를 구명해 내는 일 또한 막연하다고 밖에 볼 수 없다.

그럼에도 불구하고 추론해 볼 여지조차 전혀 없는 것은 아니다. 즉 고구려가 찾아와 투항하는 북적인들을 받아들여 살게 해 주었다는 사실은, 일반론적으로 볼 때는 약자가 강자에 대한 논리 안에서 가능한 명제는 아니다. 바로 고구려가 강세에 처해 있음을 암시해 주는 명제인 것이다.

고구려는 전체 역사를 통해서 많은 북방의 이민족들과 대결하였지만, 그 가운데 고구려에게 가장 부담을 안겨 주었던 상대는 선비족의 한 부류였던 모용씨의 연나라였을 것으로 판단된다. 이들의 힘이 강성할 때는 고구려에서 조공을 바쳐야 할 때도 있었고, 특히 고국원왕 때에는 연왕 모용황(慕容皝)에 의해 미천왕의 묘가 파헤쳐져 그 시신까지 빼앗기고, 환도성이 헐리고 하는 등의 수모를 겪기도 했다. 광개토왕 때에도 신성과 남소성(南蘇城) 등 요지가 연나라에게 넘어가기도(400) 했지만, 선비 모용국에 대한 불굴의 투지는 연왕 모용희(慕容熙)의 요동성 정벌을 실패하게 만들었고(405), 목저성(木底城) 공격을 좌절(406)시키는 등, 선비족에 대한 투쟁과 극복의 의지가 팽만하였다. 이 같은 감투 정신으로 영토를 확대시켜 나갔던 것이지만, 바로 내투하는 적인을 받아줄만한 정도의 분위기 형성은 이 무렵에 이미 갖추어져 있다고 보아진다.

예컨대 『자치통감』 권95 진기(晉紀)17 2년 정월 조에 보면 336년(고국원왕 6년) 정월에 모용황이 자신의 즉위에 맞선 모용인(慕容仁)을 토벌할 때, 그 휘하에 있던 동수(佟壽)와 곽충(郭充)이 달아나서 찾아오자 고구려가 이들을 받아들인 일이 있었다. 또 같은 책 권96 진기(晉紀)18

쌍영총에 그려진 고구려 중장기병

4년 5월, 다시 말해 338년(고국원왕 8년) 5월에 역시 전연(前燕)의 모용황을 공격하는 후조(後趙)에 내통했던 봉추(封抽), 송황(宋晃), 유홍(游泓) 등이 모용황의 진압을 피해서 투항해 오자 이를 수용했던 사실이 있다. 그밖에 343년 2월에 모용황이 우문씨(宇文氏)를 쳐서 산망(散亡)케 했을 때 그 우두머리인 〔우문〕 일두귀(逸豆歸)가 멀리 사막 북쪽으로 숨었다가 결국은 고구려로 달아났다고 적은 『위서』 권103 열전91 〈흉노우문막괴(匈奴宇文莫槐)〉의 기록을 통해서도 고구려가 수용한 북방 이민족의 양태가 단일하지 않았음을 엿보아 알 수 있다.

4세기 중반까지 고구려는 전연의 모용외(285~333), 모용황(333~348)이 지배하면서 강성한 세력을 떨쳤던 상황 하에서 막대한 부담을 안고 그와 대결・투쟁했던 것이지만, 4세기 중반 이후 모용수(慕容垂)가 지배하는 후연(後燕) 시대에 들어서면 다소 달라지는 양상을 맞게 된다.

> 호삼성(胡三省)도 이 무렵에 후연은 고구려를 제압할 수 없었다고 논한 것 같이 고구려의 국력이 대외로 신장하였던 시기이다. 따라서 이 무렵은 고구려가 후연의 영토였던 요동과 현도를 장악함으로 말미암아 양국 관계는 대립상태였다고 본다. (지배선, 『중세동북아사연구』)

요동과 현도의 장악은 385년 6월인데, 이렇게 빼앗은 것을 같은 해 11월에 다시 빼앗기는 등, 양자가 서로 각축하는 형세를 이루었다. 이 같은 와중의 그 해 385년(고국양왕 2년)에는 후연의 지배 밑에 있던 사람들이 다수 고구려로 내투하였던 일도 있어 괄목된다. 『삼국사기』 권18 고구려본기6 고국양왕 2년 동(冬) 11월의 기록이다.

> 初幽冀流民多來投 農以范陽龐淵爲遼東太守 招撫之.
>
> 처음에 유주와 기주의 유민들이 상당수 고구려로 내투하자 모용농(慕

容農)은 범양의 방연을 요동 태수로 삼아 그들을 불러 위무하였다.

이것은 『삼국사기』보다 약 60년 전에 송 사마광이 편찬한 『자치통감』(권109 晉紀28 태원10년 11월)에 먼저 기록되어 있던 내용이었다.

> 先是 幽冀流民多入高句麗 農以驃騎司馬范陽龐淵爲遼東太守 招撫之.
> 이 일에 앞서 유주와 기주의 유민들이 상당수 고구려로 들어가자 모용농은 표기사마인 범양의 방연으로 요동 태수를 삼아 그들을 불러 위무토록 하였다.

가히 북방 이민족의 고구려로의 집단 내투가 사서에 나타난 본보기 사례가 될 만하였다. 뿐만 아니라, 이러한 일이 별다른 사건이 아닌 듯해도 그것이 암시하는 바는 고구려의 국력 신장과 관련하여 의미 있는 것이다. 아래의 해석은 그것을 잘 입언(立言)해 주는 논지가 된다.

> A.D.385년 6월에 고구려가 요동, 현도군을 빼앗자 유·기주의 민(民)이 고구려로 갔던 이유를 고려해 보면, 대략 두 가지로 해석된다. 하나는 고구려가 강성하여지자 양주(兩州)의 민(民)이 고구려로 내부했으리라는 것과, 다른 하나는 후연보다는 고구려가 선정(善政)을 하였기 때문에 고구려로 양주의 민이 내부한 것이라고 본다. 아무튼 위의 두 가지의 분석과 같이 유·기주의 민이 고구려로 내부하였다는 것은, 이 무렵 후연과 고구려의 관계에 있어서 고구려가 후연보다 결코 약세가 아니었다는 것을 방증한 것임에 틀림없다. (지배선, 『중세동북아사연구』)

바로 다음의 19대 광개토왕 시대에 들어와서 고구려는 연왕 모용성(慕容盛)에 의해 신성(新城)·남소(南蘇) 두 성을 빼앗기기도 했으나(400), 모용희의 즉위(401) 이후에는 선비족의 연나라 군에게 계속적인

낭패를 안겨 주었다. 그리고 5세기 중반 경에 모용부(慕容部)는 북위(北魏)에 의해 병합되고 말았다.

5세기 후반 이후의 고구려의 대립 정세는 중국의 열조(列朝), 말하자면 남북조 시대에 북위 및 북제(北齊), 그 다음으로 수, 당과의 관계가 위주로 되었지만, 이러한 시대적 흐름 안에서 역시 고구려와 연관되었던 북방호족으로 유연(柔然)과 돌궐, 그리고 거란이 있었다.

고구려가 이들 북적과의 관계에 대하여는 다음 내용이 핵심과 요체를 담았다고 할 만하다.

> 돌궐은 552년 그 상전국이었던 유연을 격파하였다. 150여 년 이상 몽고고원을 포함한 내륙 아시아 지역을 지배하면서 고구려와 우호적 관계를 유지하였던 유연이 돌궐에 의해 격파당하고 그 파동이 사방으로 확산됨에 따라, 고구려의 서북부 국경선 일대에 새로운 긴장이 고조되었다. … 고구려와 돌궐 간의 전쟁에서 때로는 돌궐의 기병대가 요동 평야의 고구려 영내에까지 공격해 오기도 하였지만, 주로 양국 간의 분쟁은 요하 상류의 거란족과, 그리고 속말 말갈 등 일부 말갈족의 지배권을 둘러싸고 치열하게 전개되었다. 양국 간의 대결은 어느 한 쪽의 결정적 승리로 귀결되지 않았고 점차 현상 유지로 기울어져 갔다. 거란족의 일부분은 여전히 고구려의 지배하에 놓여져 있었다.
>
> (“고구려”, 『한국민족문화대백과사전』)

고구려의 주변에 말갈의 존재도 끼어 있음을 본다. 그런데 『북사(北史)』에서는 말갈 대신 물길(勿吉)이라 칭했고, 고구려 북쪽에 있었다고 했다. 한편 『수서(隋書)』에서는 말갈을 동이전에 넣었고, 『당서(唐書)』에서는 북적전(北狄傳)에 넣었다. 그러나 말갈에 대해서는 사서들마다 숙신(肅愼)·읍루(挹婁)를 뒤이은 계통으로 기록하여 왔고, 또한 숙신·읍루는 당연히 동이족에 포함하여 다루어져 왔던 것이 사실이다.

그리고 고구려의 충실한 추종자로서의 면모만이 『삼국사기』 곳곳에 잘 드러나 보일 따름이다.

유연족과는 앞 시대 선비족의 경우와 달리 부드러운 외교 관계를 유지하였던 터라, 『삼국사기』 안에서도 군사적 충돌의 자취를 전혀 찾아볼 수 없다.

사실은 이 책 안에서 돌궐과의 전쟁도 찾아보기 어렵다. 고작 24대 양원왕 7년(551), 그러니까 돌궐이 유연과 철륵을 격파하고 처음 독립(552)하기 1년 전에 요동의 신성(新城)과 백암성(白巖城)을 치려다가 패전 당하는 정도가 『삼국사기』 고구려본기7 양원왕 7년 9월 조에 나타나 있을 따름이다. 남북조 열강 및, 수・당 등 본토의 강대국을 견제하는 일이 급선무였던지라 더욱 그러했을 것이다. 예컨대 『수서』 권3 〈양제(煬帝)〉・上 대업 3년 즉 607년 8월의 기록에는 수양제가 돌궐을 방문했을 때 그곳에 와 있던 고구려 사절에게 고구려왕이 조알(朝謁)하지 않은데 대해 공갈(恐喝)했다는 기록이 있다. 고구려가 돌궐과 비밀스런 외교를 했다는 것인데, 이는 말할 것도 없이 수의 세력을 견제하려는 전략으로 판단된다.

거란이며 말갈은 오히려 고구려의 적수가 되지 못하고 주로 복종당하는 관계에 있었으니, 전쟁과 그것 뒤의 투항이란 명제가 성립되기는 어려웠다. 다만 다른 세력에 이리저리 밀리다가 부락 전체가 내부해 오는 상황같은 것이 있기는 하였다. 아래 『수서』 권84 열전49 북적(北狄) 〈거란(契丹)〉의 기사는 거란민의 고구려 기탁(寄托)에 관한 일례이다.

> 當後魏時 爲高麗所侵 部落萬餘口求來附 止于白貔河 其後爲突厥所逼 又以萬家寄於高麗.
>
> 후위 때에 고려(고구려; 필자주)의 침략을 받아 부락 만여 명이 중국에 와서 붙기를 청하였고, 그들은 백비하에 머무르게 되었다. 그 후에 돌궐에게 밀리자 다시 일만 가구가 고려에 붙어살았다.

일만 명 혹은 일만 호 단위의 집단 기부(寄附)의 사례이지만, 정황으로 보아 여기서의 집단 이동은 고구려의 국경 가까운 지역에로의 귀부(歸附)로 보인다. 게다가 현실적으로 검동도의 작은 섬에 일만 가구 정도의 대규모 수용이 가능한 일이 아닌 바에 더욱 그러하다.

그 후 수문제 때에도 거란민의 중국으로의 집단 투탁(投托)이 보이는데, 이것은 내투(來投) 내지는 안치(安置)의 절차와 관련하여 크게 참고가 될 만하다. 『수서(隋書)』 권84 열전49 북적(北狄) 거란(契丹)) 열정의 한 부분이다.

> 開皇…五年 悉其衆款塞 高祖納之 聽居其故地…其後契丹別部出伏等背高麗 率衆內附 高祖納之 安置於渴奚那頡之北.
>
> 개황(開皇)[수나라 고조 문제(文帝)의 연호]… 5년에 그 무리들 모두가 와서 항복하므로, 고조는 이를 받아들이고 그들의 옛 땅에 거주함을 들어주었다. … 그 뒤에 거란의 별부(別部)인 출복(出伏) 등이 고구려를 저버린 채, 무리를 이끌어 중국에 내부(來附)하자 고조가 받아들이고, 갈해나힐(渴奚那頡)의 북쪽에 안치하였다.

내부한 북적 거란민의 무리를 조치함에 있어서 거란민의 옛 땅에 그대로 살게 하든가, 일정한 장소에다 별치(別置)시키는 방법의 두 가지가 있고, 그 외에는 다른 방법이 있을 수 없다. 앞서 일만여 호의 고구려 투탁의 경우는 바로 전자와 같이 거란민 고토(故土), 혹은 그와 가까운 땅으로의 정착을 유도했을 것으로 추측된다. 그 반면, 고구려가 내투한 적인을 내원성에 치지(置之)한 것은, 견주어 보건대 수나라가 내부한 거란민을 갈해나힐(渴奚那頡) 북쪽에 안치한 것과 같은 경우로서 사유되는 바 있는 것이다.

그 밖에 돌궐, 거란, 말갈족이 고구려에 내부한 기록을 더 찾아보기 쉽지 않다. 그러나 비록 사서에 다 기록되어 있지 않다 하더라도 북적인의 고구려 귀순은, 고구려가 있었고 그를 둘러싸고 있던 여러 갈래의 호족들이 존재했던 한에는 지속적인 양상을 띠었을 것으로 추리된다. 그렇지만, 고구려가 국운이 다하는 시간까지 귀순해 오는 적인들의 수용을 여전히 내원성에다 집중시켰는지는 알 길이 없다.

다만, 내원성의 소재지인 압록강은 고구려의 마지막 멸망의 해(668)까지 내내 다른 세력에 의해 빼앗겨 본 일이 없는 영역이었다. 『삼국사기』 고구려본기 〈보장왕〉에 보건대 왕 4년(645년)에 당태종에 의해 요동성과 백암성(白巖城)을 뺏겼으나, 압록상 서북쪽 멀리 안시성(安市城)이 아직은 고구려의 영토였다. 그 후 왕 26년(667년)에 압록강을 공략하는 당나라 고종의 군사를 퇴치하였다는 기록으로써 이때까지도 변동이 없었음이 증명된다. 그러다가 이듬해 668년(보장왕 27) 9월, 패망의 바로 전 단계에 당의 이세적(李世勣)에 의해 압록책(鴨綠柵)이 깨졌던 것이니, 압록강 하류의 검동도며 그 안에 자리하여 적인을 수용해 왔던 그 성도 새로운 역사의 흐름을 타게 되었다. 곧 고구려가 멸망한 뒤 강 유역의 대부분이 발해 영토가 되었으며, 하류 일부는 당나라에 속하게 된 것이다.

맺음말

의주 부근 압록강 하류의 위화도 옆에 검동도가 있고, 일찍이 그 섬 안에 하나의 성이 세워져 있었다. 이것이 정주의 지경 안에 있던 다름 아닌 수중의 땅〔在靜州 卽水中之地〕의 내용적 진실이다. 부언하되 옛 정주가 훗날 의주에 합쳐졌음은 『동국여지승람』에 의해 확인된 것이고, 수중은 압록강 하류를 이름 한 것이며, 그 강물 가운데의 땅이란 섬을 일컫는 것이었으되, 이제의 관심거리인 내원성이 세워졌던 섬은 『고려사절요』·『고려사』 등의 지수(指授)에 따라 검동도(黔同島) 임이 파악되었다.

다만 이상의 지소(地所) 명칭은 조선조 및 고려조의 사료 안에서 얻어진 것으로, 반드시 고구려 당년에도 이와 같았으리란 보장은 없다. '내원성'이란 명칭도 우리의 『고려사절요』 및 『고려사』에 빈번하게 나타날 뿐이고 고려 당시의 중국 편 사서인 『요사(遼史)』에도 분명히 발견되던 것이지만, 정작 『삼국사기』나 같은 시대의 중국 사록에서 검색하기 어려운 이름이었다.

그렇다 해도 이러한 현상이 고구려 시대 압록강 하류에 축조되었던 성의 존재마저 부인하는 의미가 되지는 못한다. 바로 명칭의 시대적 유동성을 무의식 속에나마 인정하는 까닭이다. 비유하자면 지난날 분명 '국민학교'를 다녔지만 이제 기준에서 '초등학교' 다닐 적에라고 말하는 것과 같은 이치이다. 논란 많은 〈명주〉의 시대 논난도 그 영문과 경위가 이러한 데 있었을 터이고, 이 외 〈동경(東京)〉, 〈목주(木州)〉 등등 시대와 지명이 맞지 않는 제목을 가진 노래들 모두에게 있어 그 입장이 동일하다고 본다.

다음으로 약 700년 고구려의 시간적 흐름 속에서 북방 이민족을 수용하던 성의 축조 가능 시기를 압축해서 가늠해 보았다. 다름 아닌 압록강 하류 검동도를 포함한 정주〔의주〕 인근 땅이 고구려 영역권 내로 편입된 이후를 찾아야만 했다. 하지만 사적 안에서 직접 정주 및 검동도를 둘러싼 고구려와 대외 세력 간의 다툼은 나타나 있지 않은 대신, 정주 인근의 서안평 공방전이 자주 보인다. 이곳은 압록강 하류를 사이에 하고 정주와 수직 종단하는 위치에 자리함으로써, 고구려의 서진(西進) 정책상 첫 번째 관문과도 같은 요충지였다. 특히 2세기 중반의 신대왕 때와 3세기 중반 동천왕 16년(242)에 한사군 및 위(魏)를 상대로 이 땅에 대한 쟁탈의 노력이 보였으나, 정작은 4세기 전반인 미천왕 12년(311)에나 그 병합이 가능하였다. 따라서 적인 수용을 위한 축성은 고구려사의 후반기 안에 이루어졌던 일로 유력함이 있다.

이무렵에 고구려와 대치하였던 북방의 호족은 선비족의 한 갈래인 모용씨의 연나라였고, 고구려는 이 강성한 힘을 지닌 북적인을 상대로 벅찬 투쟁을 거듭하는 중간 중간에 북적인 수용의 자취를 남기게 된다. 곧 모용황의 반대 세력이었던 동수(佟壽)·곽충(郭充)의 망명(336)이라든가·봉추(封抽)·송황(宋晃)·유홍(游泓)의 투항(338)은 선비족 수용의 일례이고, 역시 모용황과의 싸움에서 져서 궁극 고구려로 도망쳐 온 일두귀(逸豆歸)의 분주(奔走)(343)는 우문씨(宇文氏) 수용의 한 사례가 된다.

그 후 4세기 후반에 고구려의 대외 경쟁력이 한층 강화되고 급기야 후연과의 세력이 비등해졌을 때 후연의 피지배층 다수가 고구려로 내투(385)하였던 바, 이는 고구려로의 적인 내투가 집단의 형태를 띠면서 한·중의 사서에 함께 기록되어진 주목할 만한 사례인 것이었다.

그 다음 광개토왕·장수왕 시대의 5세기는 고구려 국력의 최전성기였던 만큼, 이 안에서 비슷한 양상이 지속되었을 것으로 추정하기 어렵지 않다.

5세기 중반에 모용부는 사라지고, 이후 고구려는 남북조 열조(列朝) 및, 그 뒤를 이은 수·당 등 본토의 강대국과 겨루느라 후반기에 등장한 유연(柔然) 및 돌궐과는 별반 대결의 자취를 남기지 못한다. 거란은 아직 힘을 펴기 이전이었고, 말갈 또한 전혀 고구려에 대적할 능력이 없었다.

그리하여 이 시대에 찾아오는 적인 내투의 양상도 싸움 뒤의 투항보다는, 역시 약자가 강자에게 기대어 오는 내부(來附)거나 투탁(投托)의 형태를 띠었을 것으로 사유된다.

그렇지만 이 무렵의 내부와 관련하여 문헌상에 확인해 볼 수 있는 바로서, 이를테면 거란민 일만 가구의 고구려 내부와 같은 것이 있다. 하지만 이는 검동도 작은 섬의 수용 한계와 견주어 실정에 맞지 않는다. 상고하건대, 적인의 대단위 집단 이주거나 투거(投居)는 고구려의 접경부근에서 수행되었을 것으로 보인다. 그리하여 내원성은 정치, 혹은 군사 관련 내투자들을 위한 귀순자 마을 또는 수용소의 기능 및 역할 공간으로서 존재했던 것으로 추정된다.

그럼에도, 구체적으로 내투한 적인들을 수용하면서 강군(强軍)의 자긍심이 충일한 기쁨을 노래로써 기념했던 그 때가 언제이며, 또 어느 때 그 성의 직능이 끝맺음되었는지 궁구할 길은 없다.

다만, 고구려가 4세기 초반에 요동 진출의 첫 관문이 되는 압록강 하류 일대 땅을 처음 영입하였던(311) 이래, 마지막 멸망의 시간(668)까지 끝끝내 자국의 영역으로 존속시켰던 사실 만을 확언할 수 있을 따름이다.

고구려의 시와 노래

초판 1쇄 인쇄 • 2013년 11월 25일
초판 1쇄 발행 • 2013년 11월 29일

저 자 • 김창룡
발행인 • 박성복
발행처 • 도서출판 월인
서울특별시 강북구 노해로25길 61(수유2동 252-9)
등 록 • 제6-0364호
등록일 • 1998년 5월 4일
전 화 • (02) 912-5000
팩 스 • (02) 900-5036
www.worin.net

ISBN 978-89-8477-551-0 93810

값 13,000원

※ 본 저서는 한성대학교 교내학술연구비 지원과제임.